HETTY OVEREEM
DIE WANDERPFARRERIN

HETTY OVEREEM

Die Wander-pfarrerin

Mit Esel, Hund und Tipi
unterwegs zu den Herzen
der Menschen

neukirchener
aussaat

Soweit nicht anders angegeben, sind alle verwendeten Bibelstellen von der Autorin selbst übersetzt worden.

Weiter wurden verwendet:
Lutherbibel, revidierter Text 1984, durchgesehene Ausgabe,
© 1999 Deutsche Bibelgesellschaft, Stuttgart. (L)
Zürcher Bibel, © 1980 Verlag der Zürcher Bibel beim Theologischen
Verlag Zürich. (ZÜ)

Die Fotos wurden dem Verlag von der Autorin zur Verfügung gestellt.
Ein Abdruck ist nur nach Rücksprache mit dem Verlag möglich.
Fotos Bildinnenteil:
S. 1 zweites Foto von oben: © Waldemar Verissimo
S. 1 drittes Foto von oben: © Le journal la Côte
S. 2 alle Fotos außer Foto Mitte links: © Dany Schaer
S. 4 Foto oben: © Le chien magazine
S. 6 Zeichnung: © Florence Aegerter-Clerc

Dieses Buch wurde auf FSC®-zertifiziertem Papier gedruckt.
FSC (Forest Stewardship Council®) ist eine nichtstaatliche,
gemeinnützige Organisation, die sich für eine ökologische und
sozialverantwortliche Nutzung der Wälder unserer Erde einsetzt.

Bibliografische Information der Deutschen Nationalbibliothek

Die Deutsche Nationalbibliothek verzeichnet diese Publikation in der
Deutschen Nationalbibliografie; detaillierte bibliografische Daten sind im
Internet über http://dnb.d-nb.de abrufbar.

© 2014 Neukirchener Verlagsgesellschaft mbH, Neukirchen-Vluyn
Alle Rechte vorbehalten
Umschlaggestaltung: Andreas Sonnhüter, Niederkrüchten,
unter Verwendung eines Bildes von © Hetty Overeem und eines
Bildes von © Peter Wey/shutterstock.com
Lektorat: Nadine Weihe, Hille
DTP: typopoint GbR, Ostfildern
Verwendete Schriften: Adobe Garamond Pro, Futura
Gesamtherstellung: CPI – Ebner & Spiegel, Ulm
Printed in Germany
ISBN 978-3-7615-6098-3 Print
ISBN 978-3-7615-6099-0 E-Book

www.neukirchener-verlage.de

»Mein Herr und mein Gott, nimm alles von mir,
was mich hindert zu dir.
Mein Herr und mein Gott, gib alles mir, was mich fördert zu dir.
Mein Herr und mein Gott, nimm mich mir und gib mich ganz
zu eigen dir.«

Bruder Klaus-Gebet

»*Gib uns, diesen Tag und alle Tage unseres Lebens abzuschließen im Frieden deiner Gegenwart: indem wir deine Wirklichkeit erkennen, dir deinen Platz geben und so unseren eigenen Platz einnehmen.*«

»*Du willst, dass wir unsere Illusionen verlassen, unsere falschen Bilder und die Gedanken, Gefühle und Verhaltensweisen, die daraus hervorgehen, um dich zu suchen und zu finden; um dich mit unserem ganzen Herzen zu lieben, dir in völliger Freiheit zu dienen. Um so zu uns selbst zurückzufinden und uns zu lieben und zu unseren Nächsten zurückzufinden und sie zu lieben.*«

»*Herr, wir danken dir in jedem Augenblick, unter allen Umständen und für alle Dinge – in dem Sinne, dass all diese Augenblicke, all diese Umstände und all diese Dinge in deinen Händen sind: Du kommst in sie hinein, du wohnst in ihnen, du erleuchtest sie, du bearbeitest sie und du verwandelst sie, damit sie uns zum Guten wirken.*«

(Aus den »textes des trois rencontres«, die regelmäßig bei den EEC-Treffen im Tipi, im Hangar, im Zugwagon oder in der Metrostation gelesen und gebetet werden. Diese Texte – inzwischen auch auf Deutsch – können auf unserer Website www. evangile-en-chemin.ch gelesen und heruntergeladen werden.)

INHALT

VORWORT

Wenn ich so zurückblicke nach drei Jahren auf Wanderschaft im Sommer von Freitag bis Sonntag mit Esel, Hund, Eselwagen und Tipi und an den Winterwochenenden in einem Hangar, einem Zugwagon oder einer Holzhütte inmitten der Menschenmenge, die rastlos umherhastet im Flon, Lausannes vollster und wüstester Metrostation ...

... was sehe ich dann vor mir?

Das Gesicht von Mario taucht auf. Mario, der mit zwei Freunden – um die 20 wie er und obdachlos wie er – eines Tages meine Hütte im Flon besucht. Der freundlich grinst und sagt: »Na ja, wir haben eigentlich sowieso nix anderes vor, und hier gibt's Kaffee.« Der immer eilig verschwindet, wenn eine Andacht anfängt, um später bei einer Mahlzeit wieder aufzutauchen. Bis er eines Tages während der Vorbereitung der Andacht von 17 Uhr dableibt. Vorbereiten heißt hier: den ärgsten Kram aufräumen, trotz lauter Proteste keinen neuen Kaffee mehr kochen und eingießen, Liedhefte rausholen, sagen: »So, jetzt fängt der Moment der Begegnung an« und (hoffentlich) einladend lächelnd hinzufügen: »Ihr könnt weggehen, wenn ihr nicht bleiben wollt, es freut mich aber, wenn ihr bleibt.«

Heute sagt Mario: »Ich bleib.«

Seine Freunde gucken ihn sprachlos an, lachen ihn aus. »Was?! Wirst etwa religiös?«

Er zuckt die Schultern. »Ihr könnt mich mal. Ich bleib jetzt hier.«

Anscheinend war die Sache erträglich, denn am nächsten Tag bleiben alle drei. Sie warnen: »Wir haben schon seit Jahrzehnten nicht mehr gesungen.«

Nun ist es an mir, die Schultern zu zucken: »Egal. Ihr könnt ja zuhören, und ich lass euch die Lieder aussuchen.«

»Aber wir kennen doch nix!«

»Dann sucht ihr eben Lieder, die euch vom Titel gefallen!«

Und so wird's gemacht. Eine richtige Lied-Entdeckungstour beginnt, auch für mich; denn die drei Jungs wählen Lieder aus, die ich nie vorgeschlagen hätte oder manchmal gar nicht kenne. Bald haben Mario und Vincent ihre Lieblingslieder. Erstaunlich. Marios Hit ist »J'ai soif de ta presence«, ein Erweckungslied, das man zusammenfassen könnte mit: »Ich sehne mich nach dir, Herr Jesus.« Wenn ich ihn frage, was ihm so daran gefällt, sagt er etwas verlegen: »Das berührt mich.«

Vincent »bestellt« immer wieder »Hevenu Shalom Aleichem«: »Da ist Rhythmus drin!«

Kamel ist es egal – Hauptsache, wir singen. Und so singen wir. Christian, ein Mitglied meiner Unterstützungsgruppe, brummt: »Als Chor sind wir noch nicht ganz perfekt.« Es stimmt, die drei singen schief wie Krähen, aber laut und extrem begeistert. Vincent brummt, den Kopf gebogen, in den Tisch hinein; Kamel versucht, meiner Stimme zu folgen, und verliert sich in für ihn schwindelnde Höhen; Mario haftet sich treu an einen einzigen Ton, dann kann auch nichts schiefgehen – mit ab und zu einem Ausschläger nach oben oder nach unten, je nach Text und Laune. Aber für mich klingt es schöner als der schönste Engelchor. Für Gott vielleicht auch.

An was denke ich noch? Vielleicht nicht sehr spirituell, aber ich sehe Speedys treuen Eselkopf vor mir. Lieb, wenn ich es nicht erwarte, stur, wenn es unbedingt nötig wäre, lieb zu sein, weil ich es eilig habe. Ich weiß noch, dass ich zu Anfang dachte: »Keine Eile mehr. Der Weg ist das Ziel, und das Ziel ist der Weg.« Diese weisen Worte stammen von einem Nomaden, einem echten diesmal; nicht von so einer halben, für viele Menschen unechten Wochenend-Nomadin, wie ich sie bin. Er hatte mich auf die Idee des Wanderpfarramtes gebracht. Seine Worte schienen mir auch sehr wahr … und sehr wenig Wirklichkeit bei dem hastigen Umhersausen, das unsere Zeit so auszeichnet. Wie schön, eine Gegen-Botschaft sagen *und* leben zu können. Sagte ich mir. Ist auch so, aber die Wirklichkeit holt einen dann doch öfter ein, als einem lieb ist. Manchmal habe ich mit Speedy geschimpft, manchmal mir gewünscht, ich hätte ein feuriges Pferd dabei und nicht einen in den Rückwärtsgang geschalteten Esel.

Ein wahrer Nomade kann kommen und gehen, wie und wann er will. Und ankommen, wann er will. Ich als Nomaden*pfarrerin* bleibe nun mal Wander*pfarrerin* und muss dann auch die Konsequenzen daraus ziehen: Man wartet auf mich, man sucht mich – meistens, ohne mich zu finden –, man braucht mich für irgendwas, ich muss irgendwo sein, irgendwo *nützlich* sein. Das ist das Gegenteil von jeder echten Nomadendynamik! Von Anfang an war ein versteckter Dorn im Fleische meines Wanderpfarramtes: Es wollte da sein, einfach sein, egal wo. Aber viele wollten mich dann doch lieber in die festen Gemeindestrukturen einordnen.

Feste Strukturen vertragen sich nicht immer mit Eseln und Wanderpfarrerinnen. Zum Beispiel, wenn ich noch vier Kilometer zu gehen habe und die Leute mich schon beim Tipi für die Andacht erwarten und sich fragen, wo ich stecke. Aber ich habe mich verirrt, trotz oder vielleicht wegen wirklich ausführlichster Erklärungen eines Dorfbewohners mit der befürchteten Einleitung: »Also, das ist wirklich ganz einfach …«

Immer wenn ein Mann mir sagt: »Also, das ist wirklich ganz einfach«, krampft sich etwas in mir zusammen. Drei Jahre Erfahrung haben mir beigebracht: Dies ist die sicherste Versicherung, dass es schiefgehen wird. Unwiderruflich und ausnahmslos. In diesem Fall auch wieder. Seit Stunden irre ich umher, die »idiotensicheren Erklärungen« (was macht das aus mir …!) à la »bei der großen Eiche links, dann rund ums Feld und dann der erste Pfad rechts« bringen mich zum Verzweifeln. Ist dies hier nun ein Pfad oder nur eine Kaninchenspur?

Gilt diese Eiche als groß oder ist sie normal? Wie groß *sind* Eichen normalerweise?

Was ich auch versuche, ich bin wieder irgendwo, wo ich nicht sein will. Ein ferner Kirchturm lockt. Aber zu welchem Dorf gehört er? Mein Telefon klingelt: »Wo steckst du denn?!« Es ist der Pfarrer des Dorfes, in dem mein Tipi schon steht. Aber ich weiß nicht, wo ich stecke. Ein Kirchturm reicht nicht zu meiner Orientierung. Endlich komme ich zu einer richtigen Straße und halte ein Auto an. »Was ist das für ein Dorf, bitte?«

Mist. Nicht das, was ich brauchte. Also muss ich noch vier weitere Kilometer gehen. Mit einem Esel, der nichts mehr will. Nur fressen. Das will ein Esel immer. Mit seinem ganzen Herzen, seiner Seele, seiner Kraft und seinem Verstand. Aber vor allem mit seiner Kraft, und die ist *groß*. Ich schleppe, ich schiebe, ich mahne, ich flehe, ich werde böse, ich locke … Speedy ist müde oder hat keine Lust mehr oder will mich ärgern. Und er geht eher rückwärts als vorwärts. Barou, mein Hund, tanzt um den Esel herum, bellt, macht sich wichtig. Ich schwitze, das Telefon klingelt wieder. Bevor die Person am anderen Ende der Leitung etwas sagen kann, schnappe ich schon: »Ja, ich weiß, ich bin zu spät, aber der Esel will nicht mehr. Ich krieg's einfach nicht hin.«

Verwunderte Stille am anderen Ende. Dann: »Wie bitte? Ist das hier *Evangile en chemin*? Ich dachte, das sei hier *Evangile en chemin* …«

Ja, das ist es auch. Aber es ist eben unterwegs, dieses Evangelium, und dann geht nicht alles, wie man es so gerne möchte.

So oft taucht Speedy auf in meiner Erinnerung. Wie er – auch wenn ich dies nicht gesehen und nur von anderen erzählt bekommen habe – um ein Uhr nachts auf einer großen Nationalstraße von Leuten aufgegabelt wird, den Baum, an den ich ihn festgebunden hatte, freudig hinter sich herschleppend.

Oder weg, gestohlen auf dem großen Paléo-Musikfestival in Nyon. Ich rufe die Festivals-Polizei um sechs Uhr morgens an:

»Bonjour, hier ist die Pfarrerin vom Esel (morgens um sechs nach einer Nacht mit zwei Stunden Schlaf war noch nie meine beste Zeit) – man hat mir den Esel gestohlen, können Sie mir helfen?«

Ich ahne das Lächeln, das sich hinter den aufmunternden Worten versteckt: »Wissen Sie, gehen Sie jetzt erst mal ruhig schlafen, nicht?«

Aber immer und vor allem sehe ich Menschen vor mir. Gesichter. Entspannte oder sehr verspannte Gesichter. Fröhliche, weinende, wütende, gleichgültige, hungrige Gesichter ... Und ich höre Worte. Geschichten. Erlebnisse. Von Leuten, die suchen. Sich suchen. Gott suchen. Ihn verloren haben. Den Sinn ihres Lebens verloren haben. Von Leuten, denen es gut geht. Denen es schlecht geht. Von Leuten, die sagen: »Wir kommen gern in Ihr Zelt, aber über Gott wollen wir nicht reden.« Und die dann, manchmal schon nach einer Minute, doch über Gott reden. Weil sie mich nicht kennen. Weil sie spüren, dass ich sie wirklich frei lasse. Dass sie nicht reden *müssen* – und deswegen reden *können*.

Ich sehe auch mich selbst. Aber nichts vonwegen »mutige Frau« (das höre ich manchmal hinter meinem Rücken). Nichts vonwegen »Sie haben aber viel Glauben!«. Wär's nur so. Ich bete immer für mehr und besseren Glauben. Und er wächst wohl auch, mein Glaube. Aber es wäre ja doch schön, wenn er ... anders wäre.

Das sag ich auch manchmal zu Gott: »Es wäre ja doch so schön, wenn ich anders wäre.« Und nur seine göttlichen Ohren hören den Zusatz: »Und das Ganze wäre auch um einiges einfacher, wenn *du* anders wärst.« Er versteht das. Er weiß, dass ich ihn irgendwo tief im Herzen doch so will, wie er ist. Muss was damit zu tun haben, dass ich irgendwo tief im Herzen weiß, dass er *mich* doch so will, wie ich bin.

Wenn ich so zurückblicke nach drei Jahren, sehe ich so viele Begegnungen, Überraschungen, Entdeckungen vor mir, dass ich mich richtig darauf freue, einen Teil dieser Erlebnisse mit Ihnen, liebe Leserin, lieber Leser, zu teilen. Nicht nur die lustigen oder traurigen Geschichten, das, was sich gut erzählen lässt. Das wäre zu einfach und täte den Menschen unrecht. Und Gott auch. Denn er hat die Idee dieses Wanderpfarramtes in mein Herz hineingegeben, und er ist es, der die Fäden in seinen Händen hält. Also will ich – mit Berücksichtigung der Vertraulichkeit und indem ich, wo nötig, Namen, Situationen und Orte ändere – auch erzählen, was die Leute mir gegeben und beigebracht haben. Durch ihre Worte, ihre Haltung, ihre Suche, ihr Finden. Ich möchte Sie mit auf Reisen nehmen – mit Speedy, Barou, dem Tipi und dem Eselwagen. Und Sie auch hineinblicken lassen in den Hangar von Champagne, in den Zugwagon im Bahnhof von Echallens, in die Hütte von *Le Flon* in Lausanne. In die Hintergründe meines Wanderpfarramtes, in meine eigenen Überlegungen und Kämpfe. Ich möchte Sie mitgenießen und, wenn Sie dazu bereit sind, auch etwas mitleiden lassen.

Aber vor allem würde ich mich freuen, wenn Sie sich ein Stück mit auf den Weg machen – den farbigen, ungewissen, unbequemen, aber total spannenden Weg des Evangeliums. Ein bisschen zusammen mit mir, aber vor allem, durch diese Geschichten hindurch, mit diesem einzigartigen, unbequemen, aber total spannenden Gott.

WAS ANDERE ÜBER EEC SAGEN

Als Hetty Overeem das Projekt *Evangile en chemin* der Leitung der *Eglise Réformée du Canton de Vaud* vorschlug, stieß es bei mir auf eine Gewissheit, einen Wunsch und einen Willen; diese drei bewegten mich damals wie heute.

Ich glaube, dass das Evangelium in der heutigen Gesellschaft etwas zu sagen hat! Damit diese Gewissheit konkret in unserer Wirklichkeit Fuß fasst, muss sie von dem Wunsch getragen werden, Gott, diesem ganz anderen, und dann auch den anderen Menschen zu begegnen. Das Herz der Mission der Kirche ist der Wunsch nach Gemeinschaft, ganz dem Beispiel Jesu entsprechend, der sein ganzes Leben unterwegs war mit dem Wunsch, Frauen, Männern und Kindern zu begegnen.

Die Idee, sich mit einem Esel auf den Weg zu machen (danke, Palmsonntagsgeschichte!), wo wir doch alle immer nur so schnell wie möglich von einem Ort zum anderen rennen, hat mich getroffen: mit einfachen Mitteln unterwegs zu sein, dicht bei den Menschen, denen man begegnet; und das alles im Gebet und im Überdenken des Evangeliums.

Und dann gibt's noch Hetty! Eine Pfarrerin, die so leidenschaftlich wünscht, anderen wie auch Gott selbst immer wieder zu begegnen; deren Lächeln, Energie und Aufmerksamkeit für andere auf ein reelles Gebetsleben hinweisen.

Sehr schnell habe ich mich entschieden, unsere kirchlichen Ressourcen zur Verfügung zu stellen, damit dieses originelle Projekt – so viele gibt's denn ja nun auch wieder nicht! – seinen Platz findet. Nichts Großes und Wahres wird ohne Schwierigkeiten gebaut: Die hat es auch hier gegeben und wird es weiterhin geben; aber das Essenzielle ist, voranzukommen ... und wenn's nur zwei Kilometer pro Stunde sind!

Heute, einige Jahre später, bedaure ich nichts. Danke an Gott und an unsere Glaubensschwestern und -brüder für das Evangelium unterwegs!

Antoine Reymond, Pfarrer und Synodalrat im Jahr 2007

Als Hetty mir Ende 2007 vorschlug, beim Ausarbeiten ihres Wanderpfarramt-Projektes mitzuarbeiten, habe ich gerne Ja gesagt. Diese originelle Idee, sich einfach Zeit zu nehmen, um bei den Leuten zu sein, bestätigte etwas, woran mir viel liegt und wofür ich mich einsetze: unsere Kirche den Menschen näherzubringen. Es wagen, eine andere Art von Beziehung mit ihnen einzugehen: mit allen, aber hauptsächlich mit denen, die sich von der Kirche entfernt haben. Eine andere Art von Beziehung, damit sie Christus kennenlernen.

Es schien mir eine Herausforderung, gerade dieses Projekt in der Kirche integriert zu sehen, und ich hoffte, meine Position als Vorsitzender eines kantonalen Kirchendepartementes (»Gesundheit und Solidarität«) könnte hier nützlich sein.

Als die Kirchenleitung das ursprüngliche dreijährige Mandat von *Evangile en chemin* nicht verlängern wollte, hat mich Hettys Entschlossenheit dazu bewegt, doch in der Unterstützungsgruppe zu bleiben – trotz chronischem Zeitmangel! Ich bin überzeugt, dass diese Art und Weise, das Evangelium konkret den Menschen nahezubringen, in unserer Gesellschaft immer notwendiger sein wird.

Die vielen Begegnungen der letzten Jahre, das erstaunliche »Augenzwinkern« Gottes und die unvergessliche Freigebigkeit zahlloser Menschen haben mich tief bereichert. Ich wünsche diesem – etwas prophetischen – Unterwegssein des Evangeliums ein langes Leben!

Roland Besse, Mitglied der Unterstützungsgruppe

Ein Tipi, ein Eselwagen, ein Esel … eine Frau und ihr Hund … Was machen die denn da in der Wiese neben meinem Haus?! Da muss ich hin! Seltsam, ist das 'ne Pfarrerin?

Aber sehr schnell fühle ich mich wohl: geteilter Glaube, geteilte Fragen, Hoffnungen, Tränen, Wut, aber auch Lachanfälle lassen mich hellhörig werden auf etwas, auf jemand, den ich schon so lange gesucht habe. ··

An diesem Wochenende wandert Gott regelrecht in mein Herz hinein. Seitdem versuche ich, jeden Tag in seins hineinzuwandern ...

Christian Ringgenberg, Mitglied der Unterstützungsgruppe

Meine Frau Marguerite und ich waren von Anfang an überzeugt, dass Gottes Ruf an Hetty, das Evangelium zu den Leuten zu bringen, gut ist. Da kann sogar unser Esel Speedy helfen, dass Kontakte entstehen, um die frohe Botschaft unseres Erlösers, Jesus Christus, weiterzugeben, und zwar an Menschen, die man nicht in der Kirche trifft.

Ja, der Esel kann Beziehungen schaffen mit der schlichten und einfachen Art, die er hat. Er ist nicht störrisch und dumm, wie es immer im Volksmund heißt, sondern Gott hat ihn als ein sehr intelligentes Tier geschaffen. Jeder Schritt ist überlegt, er stellt keinen Fuß ab, wenn er nicht sicher ist, wohin er tritt. Er nimmt sich Zeit zum Überlegen, ob es gut ist, diesen Schritt zu machen.

Manches würde sicherlich besser gehen, wenn unsere Gesellschaft mehr »Eselsart« hätte: bescheiden, überlegt, tolerant, einfühlsam, kontaktfreudig, bereitwillig, treu.

Einen Esel kann man nicht dressieren, sondern nur überzeugen. Es muss ein großes Vertrauen aufgebaut werden zwischen Mensch und Tier. Das erlebt auch Hetty mit unserem Speedy immer wieder.

Ich bin glücklich, wenn mich jemand als einen Esel bezeichnet. Das ist eine Ehre für mich.

Jacob Geiser, Eigentümer von Speedy

EINLEITUNG

Bevor ich Sie mitnehme auf meine Reise, noch ein paar Bemerkungen zu *Evangile en chemin*, wörtlich übersetzt »Evangelium unterwegs«, das ich ab jetzt mit EEC abkürzen werde, so wie wir es selbst auch machen. Die Einzelheiten werden Sie allmählich entdecken – so wie Inhalt und Form sich auch erst durch die drei Wanderjahre hindurch entwickelt haben.

EEC ist ein – so glaube ich – von Gott eingeleitetes und dann durch mich und andere hindurch verwirklichtes Projekt, das ich im Jahr 2008 meinen kirchlichen Behörden (der »EERV«, Eglise Evangélique Réformée du Canton de Vaud, Staatskirche meines Kantons) vorgeschlagen hatte. Es wurde von ihnen in der Form eines Mandates für drei Jahre angenommen.

Es ging – und geht! – darum, aus den buchstäblichen oder wörtlichen Mauern der Kirche und dann auch aus denen im übertragenen Sinne herauszugehen, um die Menschen dort zu treffen, wo sie sind. Da, wo sie sich auf ihrem Lebens- und Glaubensweg befinden. Dort, wo sie gerade sind: auf der Straße, beim Bäcker, im Café… Aber eben nicht in einer Kirche. Denn viele haben diese verlassen und kein Interesse, sie wieder zu betreten. Aber ihr Interesse an Gott ist nicht verloren gegangen, das hat sich im Laufe der letzten drei Jahre immer wieder gezeigt.

Dies ist die äußere Seite von EEC. Die innere, versteckter, aber wichtigere Seite ist etwas schwieriger zu umschreiben, doch sie gehört dazu: Vor ungefähr neun Jahren zitierte ein Pfarrer bei der Buß-und-Bettag-Versammlung in der Kathedrale von Lausanne Matthäus 17,21: »Aber diese Art fährt nicht aus außer durch Gebet und Fasten.« Plötzlich, ohne jegliche

Warnung, schüttelte Gott mich und rief: »Faste!« Ich war völlig überrumpelt. Ich? Fasten? »Aber warum denn, Herr?« Mir war klar, dass der Gedanke von Gott kam. »Und wovon?«

Keine Antwort. Also aß ich eine Woche nichts und dachte über Matthäus 4 nach, wo über das Fasten Jesu in der Wüste berichtet wird und über die anschließende Versuchung durch Satan, den Ankläger, den Illusionsspezialisten, der falsche Bilder von Gott, Mensch und Welt vorgaukelt. Ich studierte den Text, seine Varianten, seine Übersetzungen, biblische Parallelstellen, Kommentare; ich betete und sang. Bis ich verstand, dass Gott von mir ein anderes Fasten wollte – ein »Illusions-Fasten«. Er forderte mich auf, alle falschen Bilder von ihm, mir selbst und anderen als Karikaturen zu entlarven, um dann entschlossen auf sie zu verzichten. Denn falsche Bilder sorgen für hoffnungslose geistliche Verstopfung, Fasten aber macht Platz für Gottes gute Nahrung, die aufbaut, stärkt, wachsen lässt, Freude und Freiheit bringt, wie es das EEC-Morgengebet sagt: »Du willst, dass wir unsere Illusionen verlassen, unsere falschen Bilder und die Gedanken, Gefühle und Verhaltensweisen, die daraus hervorgehen – um *dich* zu suchen und zu finden; um dich mit unserem ganzen Herzen zu lieben, dir in völliger Freiheit zu dienen. Um so zu uns selbst zurückzufinden und uns zu lieben und zu unseren Nächsten zurückzufinden und sie zu lieben.«

Drei Jahre später begegnete ich einem französischen Nomaden, der mit Pferd und Wagen durch die Welt zog und mir sagte, viele Menschen würden ihn ein Stück begleiten. Denn er sei der Einzige, der heutzutage noch einfach lebe, sich auf das Wesentliche konzentriere. Und vor allem, der *Zeit* für sie habe.

Aus den beiden Begegnungen, der göttlichen in der Kathedrale und der menschlichen unterwegs in Frankreich, entstand dann einige Jahre später EEC.

So bin ich Wanderpfarrerin geworden und habe mich mit dem Esel Speedy, meinem Hund Barou, meinem Eselwagen Gijs, dem Tipi und vor allem mit Gott, dem »patron«, dem Initiator und Chef des Ganzen, auf den Weg gemacht und bin durch den Kanton »Vaud«, das Waadtland, gezogen: das erste Jahr etwa von der Mitte nach Süden zum Genfer See (Lausanne), von dort westlich und dann nach Norden; das zweite Jahr von den Waadtländischen Voralpen hinunter zum östlichen Genfer See, hoch zum Nordosten und dann zurück in die Mitte; das dritte Jahr von der Mitte nach Nordwesten über die Jurakette und wieder zurück zum westlichen Genfer See mit Endpunkt Lausanne.

Speedys Eigentümer sind Jacob und Marguerite Geiser, Mennoniten aus dem Jura, die sich für EEC begeistert haben und mir Speedy leihen, nicht zum Normaltarif von 50 Franken (40 Euro) pro Tag, sondern zuerst für 200 Franken (160 Euro) für sieben Monate und dann ganz umsonst! Sie haben mir gesagt: »Wir geben dir Speedy. Er ist der liebste und geduldigste unserer Esel. Allerdings auch der… langsamste!« Speedy war zuerst vorgesehen als Zugesel, aber es zeigte sich schon bald, dass dies nicht gut möglich war. So wurde seine Zugkraft durch einen Trecker ersetzt; aber er selbst – unersetzbar! – zog mit meinem Hund Barou und mir durch die Lande.

Jeden Freitag fuhr ich mit meinem Auto zum Ort, wo ich das vorige Wochenende gewesen war; und da ging es wieder los mit meinen beiden Tieren, von Dorf zu Dorf, von einer Stadt zur anderen, während alle möglichen Helfer den Eselwagen und mein Auto transportierten, das Tipi aufbauten, sich um das Material kümmerten und die Kommunikation regelten. Samstag und Sonntag blieben meine Tiere und ich dann an dem Ort, wo wir am Freitagabend angekommen waren, und jede Sonntagnacht fuhr ich mit Barou wieder hoch zu meiner Alphütte, wo ich wohne. Am nächsten Donnerstagmorgen ging's dann wieder den Berg herunter, um die ganze Arbeit um EEC herum zu erledigen und als Gefängnispfarrerin zu arbeiten. So war ich also nur am Wochenende unterwegs; »nur«, denn die Tage gingen von 7 Uhr morgens bis oft tief in die Nacht hinein: 1 oder 2 Uhr morgens war keine Ausnahme.

Während der Woche mussten wir jedes Mal für Speedy eine Unterkunft finden. Wir, das sind meine Unterstützungsgruppe und ich. Denn alleine kann man nicht gut unterwegs sein! Die Leute aus meiner Gruppe werden Sie durch die Kapitel hindurch besser kennenlernen, aber hier seien sie kurz vorgestellt:

Zwei Pfarrer, Philippe Rochat und Georges Besse, und eine Diakonin vom Straßenpastorat, meine Freundin Viviane Maeder, waren bei der Planungsgruppe dabei; denn EEC musste ja erst einmal überlegt und geplant und vor allem erbetet werden. Danach konnten die drei wegen Zeitmangel nicht weitermachen, aber während dieser kurzen Zeit waren sie mir unheimlich wertvoll.

Dann die »festen« Mitarbeiter: Valérie Bornoz, inzwischen Valérie Richard, Priscille Hunziker, Bernard Tripet, Franco Ciardo, Roland Besse. Später kamen hinzu: Aude Gelin und Jean-Claude Clerc. Und noch später: Christian Ringgenberg und Ludovic Papaux. Zusammen haben wir versucht, Gottes Weg zu erforschen und die Richtung einzuhalten, die er uns zeigte. Sie alle haben Wochenenden koordiniert, endlose Telefonate erledigt, praktisch mitgeholfen und an Ort und Stelle oder auf Distanz gebetet. Sie waren treu und mit Einsatz ihrer Kräfte, aber auch ihrer Freude, Fantasie und Einzigartigkeit dabei. Ohne sie wäre EEC nicht das, was es ist.

Neben ihnen haben so viele Leute geholfen: Sie haben Speedy einen Stall oder eine Wiese besorgt, den Eselwagen von einem Ort zum anderen gezogen, der gestrandeten Pfarrerin Pannenhilfe geleistet, sie genährt, ermutigt und, auch hier wieder wörtlich und im übertragenen Sinne, gewärmt. Aber eben auch infrage gestellt und korrigiert. Es ist schade, dass ich nicht jeden Einzelnen erwähnen und mich bei jedem bedanken kann; die Liste würde doch zu lang werden, eben weil es so viele sind. Aber ich habe sie nicht vergessen, und sie haben alle ihren kleinen oder großen Teil dazu beigetragen, dass EEC – diese Art, das Evangelium unterwegs zu sagen und zu leben – eben … unterwegs bleiben konnte!

KAPITEL 1

AUF DIE PLÄTZE, FERTIG …
LOS IN CRÊT-BÉRARD!

Ich bin ja *so* gespannt! Nun ist es so weit. Der offizielle Aussendungsgottesdienst hat mich … nun ja, ausgesandt. Für meinen Geschmack war er ein wenig *zu* offiziell – der Vorsitzende der kirchlichen Schublade, in die man mich hineingesteckt hat, damit ich irgendwo in der Institution eingeordnet werden kann, hatte wohl plötzlich das Gefühl, es müsse etwas extra Offizielles hinzu: Diese quirlige Idee von einem Wanderpfarreramt sollte denn doch seriös erscheinen.

Jetzt bin ich endlich unterwegs. So richtig unterwegs, wie ich's mir vorgestellt hatte. Schönes Wetter, freundlicher Esel, glücklicher Hund, abenteuerlich gestimmte Pfarrerin. Nach etwas mühsamem Getue habe ich Speedy sein »bat«, sein Joch, auflegen können und im Augenblick hält es noch. Eselwagen und Tipi warten auf mich in Jongny.

Das Handy klingelt. Am anderen Ende ertönt eine unbekannte Stimme: »Wo stecken Sie denn gerade? Wie, Sie sind ganz allein? Ich dachte, Ihre Gruppe würde Sie begleiten!« Aber meine Unterstützungsgruppe besteht nun mal nicht aus Rentnern, die ihre Zeit mehr oder weniger selber einteilen können, sondern aus hart arbeitenden, an feste Zeiten und Orte gebundenen Leuten. »Bon d'accord, dann komm ich eben selber rüber! Wo sind Sie?«

Zum ersten Mal mache ich die Übung, die sich in den nächsten Jahren unzählige Male wiederholen wird. Wo bin ich?

Als ich mir mein Wanderdasein ausmalte, hatte ich immer eine Karte in der Hand, an der ich mich fest und fehlerlos orientieren würde. Karten lesen kann ich nämlich. Womit ich aber nicht gerechnet habe, ist, dass ich mit der linken Hand die Leine des Hundes festhalte (zu viele Autos auf meiner ersten Strecke), mit der rechten die des Esels und dass meine Karte mangels besseren Platzes in meinem Rucksack steckt. »Warten Sie eben, ich guck mal.« Aber gerade sieht Barou einen anderen Hund, Speedy riecht Kleeblatt, das sich auf der anderen Straßenseite befindet, und marschiert gezielt auf diese freudige Überraschung zu. Weit und breit ist kein Pfahl zu sehen, an dem ich ihn anbinden könnte. Aber Leute. Leute, die von einem Bauernhof kommen und neugierig gucken.

»Ach, bitte, können Sie mir helfen?« Ein ahnungsloses, aber fast ein prophetisches Wort – denn einer der meistgesagten Sätze während dieser kommenden Jahre. »S'il vous plait, Monsieur, Madame, pourriez-vous m'aider?« Denn hier, unterwegs, bin ich auf einmal nicht mehr die Pfarrerin. Zumindest nicht die, welche die Leute, bewusst oder unbewusst, in ihrem Kopf haben. Die gibt, die austeilt: gute Worte, Segen, Ratschläge, Gebete. Auch wenn mir das noch nicht klar ist, ab jetzt bin ich eine Frau, die unterwegs ist, oft hungrig und frierend, sehr oft nass und noch öfter hoffnungslos verirrt. Und die unterschiedlichsten Leute sind meine Helfer, manchmal sogar meine Retter. Das ändert total die Perspektive – und dann eben auch das Verhältnis zueinander.

So oft hat mir jemand gesagt: »Wissen Sie, mit Gott will ich nichts zu tun haben. Mit seiner dusseligen Kirche erst recht nicht. Aber ich kann Ihnen doch helfen, wenn Sie Hilfe brauchen?« Und oft geht das Gespräch dann weiter und die betreffende Person sagt, warum sie nichts mehr mit Gott und Kirche zu tun haben will. Denn ihr Gegenüber ist nun nicht mehr ein offizieller Vertreter, sondern wie gesagt eine nasse, frierende, hungrige und verirrte Frau mit zwei nassen, frierenden, hungrigen und verirrten Tieren. Da kann man reden. Anders. Das öffnet Herzen. Weil es kein Trick ist. Kein Marketing, um leichter an die Leute ranzukommen. Sondern einfach Wirklichkeit. Eine Art von Armut, die dem anderen, *jedem* anderen, plötzlich einen Platz gibt. Und weil das augenscheinlich so besonders und anders ist für die Leute – und sie mir das so oft sagen –, frage ich mich, was wir verloren haben, was die Kirche verloren hat, dass sie den Menschen so oft den Eindruck gibt, sie wären niemand, sie hätten nichts zu geben.

Bei Jesus war das so anders. Ich denke an die Samariterin aus Johannes 4. Handelte es sich da um einen Trick von Jesus? Ganz bestimmt nicht. Er *war* hungrig, durstig, müde. Und *er* war es, der die Frau, diese sozial am Rande stehende Fremde ohne Namen, um Hilfe bat. Und *das* machte sie hellhörig auf das, was er ihr nachher zu sagen hatte. Die gute Nachricht, das Evangelium, braucht etwas von diesem Armsein, um so gesagt zu werden, dass es ihrem Inhalt entspricht. Form und Inhalt, Worte und Haltung, Botschaft und Rahmen, es gehört immer alles zusammen.

Wir alle haben da noch viel zu lernen. Aber – wollen wir? Sind wir Christen (sowohl Pfarrer als ehrenamtliche Mitarbeiter) bereit, unseren Komfort, unsere Sicherheit, unsere Mauern von Macht, Reichtum, Wissen und Können zu verlassen, um uns verletzlich auf den Weg zu machen? Nein, natürlich nicht alle als Wanderchristen im wörtlichen Sinn. Berufung durch Gott ist nicht identisch mit dem Unterwegssein mit einem Esel. Aber wenn ich den Esel mal als Symbol nehme, dann ist es das vielleicht doch?

Wir sind alle berufen. Der eine, durch Erfahrung und durch selbst genug auf die Nase gefallen zu sein, als Lehrer. Ein anderer, dessen Herz für Gott *und* für sein Wort und dann auch für das Herz und das Leben anderer Menschen brennt, als Evangelist. Wieder ein anderer als jemand, der »handfestlich« dienen kann und das auch will. Und wahrscheinlich braucht's etwas von allem, je nach Zeitpunkt und Situation im Leben. Und das Ganze mit freudiger Gewissheit, denn wir bringen nicht uns selbst, sondern unseren Herrn. Aber – eben weil der Knecht, der Nachfolger, nicht höher steht als sein Meister – immer mit dem »Esel«: immer mit offenen, nicht habenden Händen und Herzen: »Ach, bitte, können Sie mir helfen?«

Aber zurück zum unbekannten Menschen da am anderen Ende des Telefons, der mich ein Stück begleiten will, einfach weil er an dieses Projekt EEC glaubt. Dieser Mensch ist Bernard Tripet, der später ein treues Mitglied meiner Unterstützungsgruppe sein wird. Aber jetzt ist er erst einmal nur ein interessierter Wegbegleiter, der sich nach unserem Telefonat gleich auf den Weg zu mir gemacht und mich auch bald gefunden hat.

Wir gehen langsam, *sehr* langsam. Ich wusste, woran ich mit Speedy bin: »… der liebste, aber auch der langsamste.« Es wird Zeit für die Mittagsandacht – aber die Morgenandacht hat noch nicht stattgefunden, denn da habe ich mich mit Speedys Joch abgemüht, und als ich es endlich hingekriegt hatte, wollte ich nur eins: losgehen! Bernard schlägt vor, so bald wie möglich haltzumachen, denn er muss nun wirklich zur Arbeit. Okay – sobald wir ein Stück Wiese für Speedy finden.

Da taucht schon unsere Wiese auf. Es riecht nur etwas komisch. Speedys Ohren und Barous Schwanz wedeln glücklich, nur wir schnuppern unbehaglich. Kein Wunder, die grüne Fläche vor uns ist geschmückt mit einem riesigen Misthaufen. Zögernd sehe ich zu Bernard hinauf: »Wollen wir noch ein Stück weiter? Hier ist es, ähm, vielleicht etwas unpassend?« Aber er hat keine Zeit mehr.

Und so findet die allererste Andacht statt. Die feierliche Morgenandacht, abgeleitet von der koptischen Liturgie, die ich in Ägypten kennen- und lieben gelernt habe. Texte, die vor Freude sprudeln, weil sie die Wirklichkeit Gottes und des Menschen beschreiben und wie die beiden sich berühren. Vor einem Misthaufen.

Aber wenn man bedenkt, wie Gott selbst zwischen Misthaufen auf diese Welt kam, ist es vielleicht gar nicht so unpassend…

KAPITEL 2

EIN KURZER UMWEG: BAROU

Bevor ich meine Reise weiter beschreibe, ist aber erst einmal Barou dran, mein Hund!

Auch wenn der Esel als Erster an die Reihe kam, weil er für so viele Leute am wichtigsten ist – für mich ist und bleibt Barou mein treuster Wegbegleiter. Barou, den ich als zwei Monate alten Welpen im Tierheim von Lausanne aufgegabelt habe. Barou, der ausgesetzt wurde, weil er überflüssig war. Nicht nötig auf dieser Welt.

Ja, da hat aber jemand anders entschieden. Barou ist für ganz viele eine Eingangstür geworden. »Oooooh, ist das aber ein schöner Hund! Darf ich ihn streicheln?« Ja, das dürfen sie alle. Immer! Egal, ob Kind oder Erwachsener. Egal, ob in der Metro-Hütte, im Zelt oder unterwegs. Egal, ob im Tipi mitten auf dem Gefängnisgelände, umgeben von beeindruckenden Mengen Stacheldraht: der Gefangene, der seit Jahren kein Tier hat streicheln können und weinend und wortlos den Kopf in Barous weiches Fell begräbt. Das behinderte Kind, das ihn fast zerquetscht in seiner liebevollen Umarmung. Das ängstliche Kind, das in der entferntesten Ecke vom Tipi hockt, aber immer näher zu dem Hund rückt, zuerst die Finger, dann die Hand nach ihm ausstreckt und sich schließlich überhaupt nicht mehr von ihm trennen kann: »Vor dem kann ich nicht Angst haben!«

Sie alle dürfen ihn streicheln, mit ihm spielen, ihn rufen und kommen lassen, mit ihm Verstecken spielen. Es ist, als ob er wüsste, was von ihm erwartet wird, und auch, wie wichtig er ist. Manchmal steigt ihm das allerdings zu Kopf...

Im Tipi und im jeweiligen Winterquartier hat er seinen eigenen Platz, wo er bleiben muss. Denn manchmal hat jemand Angst vor Hunden, und jeder muss sich wohlfühlen können. Barou bleibt dort meist auch liegen, er weiß, dass meine Augen ziemlich regelmäßig auf ihn gerichtet sind. Aber er weiß auch, dass Augen sich manchmal schließen. Beim Beten lockt die Versuchung, sich vorsichtig nach vorne zu schlängeln, immer ein Stückchen weiter, bis er da angelangt ist, wo er sein will: meistens zu Füßen eines Kindes, das in freudiger Gemeinschaft mit allen anderen Anwesenden von meinem Gebet absolut nichts mehr mitkriegt und nur noch quietschend vor Vergnügen den Wuschi-Ball auf dem Boden beobachtet, der, alle vier Pfoten in der Luft, der Streicheleinheiten harrt, die er erfahrungsgemäß bekommen wird.

»Barou, ga onmiddellijk op je plaats!« – »Geh sofort an deinen Platz!« reicht zwar, um ihn seufzend und mit Märtyrerblick zu seinem Platz zurückkehren zu lassen. Der rote Faden ist dann allerdings hoffnungslos verloren.

Aber alles hat ein Ende, auch Andachten. Barou weiß, dass er am Ende aufstehen und eine Begrüßungstour machen darf. Nur, wann ist das Ende? Kein noch so gelangweilter Gottesdienstbesucher kann wetteifern mit der freudig-gespannten Erwartung des Endes, die meinem Hund innewohnt. Zu Anfang der EEC-Zeit irrt er sich noch ein paar Mal, springt wedelnd auf, wenn etwas mehr geredet oder gelacht wird. Aber nein: »Barou, op je plaats!«

Dann findet er heraus, dass ein etwas nachdrücklich gesagtes »Amen« eine gute Chance hat, das so ersehnte Ende anzukündigen. Aber nein: »Barou, op je plaats!« – gibt es doch mehrere Amen in der Liturgie. Also sucht er weiter und findet eine Hoffnung, die niemals täuscht: den Einschaltknopf des elektrischen Klaviers. Da darf er dann endlich aufstehen, wedeln, ohne jedes Schamgefühl im Mittelpunkt der Aufmerksamkeit stehen, winseln, bellen, Knie abschlecken und … singen.

Ja, Barou singt. Viele Leute sagen, ich hätte einen sprechenden Hund, so ausdrucksvoll ist alles an ihm. Aber zusätzlich hat er sich etwas ausgedacht, das ich sofort – und vergeblich – versucht habe zu unterdrücken. Von Anfang an gingen meine Proteste jämmerlich unter in der allgemeinen Begeisterung: »Oh, er *singt*! Er macht mit! Ein *frommer* Hund!« Der Anlass dieser Begeisterung ist eine Art unbeschreibliches Heulen, wobei tatsächlich mehrere Töne »erklingen«. Man stelle sich hierbei eine lachende Schnauze vor, zu mir heraufschauende Augen, die zu sagen scheinen: »Ja, hier kannste nix machen!« – voilà Barou!

Wenn wir abends schlafen gehen, wartet er vor dem Eselwagen, bis ich fertig bin: Das Bett machen mit dem Hund im Wagen ist nicht ratsam, die drei Quadratmeter reichen gerade nur eben für unsere beiden Liegeplätze. Aber dann bricht auch hier der ersehnte Augenblick an: »Barou, spring!« Mit einem Riesensprung segelt er über die Kutscherkiste, taucht kopfduckend durch die Türklappe und landet auf seine Decke. Streckt sich aus, grunzt in tiefer Zufriedenheit über sein Hundedasein und schläft ein.

Oft werde ich nachts jäh geweckt durch ein paar ausschlagende Hundepfoten gegen meinen Kopf oder Bauch: 1 Meter 50 Breite sind nicht viel, und Barou scheint oft und heftig zu träumen. Aber sogar traumlos schlafend rollen wir öfter aufeinander: Ich betone zwar immer nachdrücklich, dass ich ein flaches Grundstück für meinen Eselwagen brauche, weil es sich nun mal horizontal besser schläft. Aber die hilfreichen Leute, die mir meine Wochenendwiesen suchen, gucken da nicht so genau. Also gilt auch hier: »Barou, op je plaats!« Vorwurfsvoll seufzend und stöhnend zieht er sich dann wieder in seine Ecke zurück.

Witzig eigentlich, wie gut er gehorcht. Das hat natürlich was mit Erziehung zu tun; mit den vielen Stunden, die ich mit ihm in der Hundeschule verbracht habe. Wenn man die ersten zwei Jahre genug Zeit in seinen Hund investiert, hat man ein ganzes Hundeleben Freude daran. Denn viel Zeit (und zwar »Primetime«, nicht nur so ein bisschen nebenher, wenn alles andere, Wichtigere erledigt ist), gemischt mit konsequent liebevoller Erziehung, bringt den wahren Gehorsam hervor. Nicht die ängstlich-unterworfene Karikatur, sondern das Original, den Vertrauensgehorsam. Der Hund gehorcht, weil sich das für ihn lohnt (Kekse oder manchmal Wurst), weil es Spaß macht (man wird ausführlichst gelobt) und weil ein Hundeherz nach einer gewissen Zeit irgendwie spürt, dass es so in Ordnung ist – Frauchen oder Herrchen weiß, was sie/er tut.

Und das ist so wichtig, denn unterwegs, beim chaotischen Straßenverkehr, muss der Hund sofort gehorchen – nicht zuerst nachdenken, ob ihm das wohl passt. Seine Zukunft liegt im Gehorsam. »Platz!« ist für ein Hundeherz zwar nicht immer einfach und ganz bestimmt nicht immer wünschenswert. Aber das Tier weiß: An diesem Platz ist es *sicher*. Es ist *sein* Platz. »Op je plaats!« Da lässt sich's leben! Und da geht's los: der Startpunkt für alle kommenden Abenteuer!

Wie schwierig haben wir Menschen es oft, diesen Vertrauensgehorsam zu Gott zu finden. Das hat wohl was mit Erziehung zu tun; zu wenige Stunden investiert in die Wie-wird-man-richtig-Mensch-Schule. Die ängstlich-unterworfene Gehorsamskarikatur scheint eine eigentümliche Anziehungskraft auszuüben. Dabei sagt Jesus doch: »Ich nenne euch nicht Sklaven, denn ein Sklave weiß nicht, was sein Herr tut« (Johannes 15,15) und fügt fast sehnsüchtig hinzu: »›Freunde‹ nenne ich euch.« Aber wenn diese Freundschaft ihm so wichtig ist, wo kommt denn bloß unsere Angst her?

Ich habe mal eine Studie über den Ausdruck »die Furcht des Herrn« angefertigt, weil mir auffiel, dass er bei uns Irritation oder Angst hervorruft, während er in der Bibel mit Freude assoziiert wird. In den biblischen Zusammenhängen geht es immer um die Stellung des Menschen gegenüber Gott und darum, dass beide an ihrem Platz sind. Dann stimmen die Verhältnisse, dann blüht die Gemeinschaft wieder auf. Da, wo Gott als solcher anerkannt wird, freut er sich – und der Mensch auch: Er kann aufatmen, leben, sich verwirklichen. Und da, wo der Mensch einfach Mensch ist und nicht in den Wahn verfällt, er sei allmächtig und müsse sein Leben alleine hinkriegen; da, wo er den Glauben riskiert: »Es ist okay, Gott weiß, was er tut«, da ist er sicher.

»Op je plaats!« Da lässt's sich leben! Und da geht's los: der Startpunkt für alle kommenden Abenteuer!

KAPITEL 3

AUF DEM WEG NACH JONGNY

Nach Bernards Abreise und meinem einsamen Picknick in einer anderen, diesmal misthaufenlosen Wiese warte ich auf den Journalisten, der sich angekündigt hat. *24 Heures* ist eine viel gelesene kantonale Zeitung, und ich freue mich über ein bisschen Öffentlichkeit. Das macht das Ganze offizieller und folglich die Leute offener; denn hier in diesem Kanton bezeichnet man schon schnell als »sektiererisch«, was nicht in die politisch korrekte Formel hineinpasst. Da der Journalist seine Zeit frei einteilen wollte, haben wir keinen bestimmten Ort als Treffpunkt abgemacht: »Ich ruf Sie an, wenn ich in der Nähe bin, ja?«

Das Telefon klingelt. »Wo sind Sie denn?«

Diesmal bin ich vorbereitet: »Bei der Kurve auf der Straße, die von Puidoux hochführt, beim Wasserbrunnen.«

»Okay, ich komme.«

Er kommt nicht. Das Telefon klingelt wieder. »Welche Straße, die von Puidoux hochführt?!« Ja, das weiß ich nicht. Ich bin schon stolz, dass ich überhaupt angeben kann, wo ich bin. Nach vielem Klingeln findet er mich dann doch. Wir teilen meinen letzten Apfel, er fragt und schreibt. Geht einen Teil der Strecke mit, schiebt solidarisch einen unwilligen Speedy den steilen Wanderweg hoch, immer noch fragend und schreibend. Dann verlässt er mich wieder: »Ich warte auf Sie in Chardonne. Wann denken Sie denn, dass Sie dort ankommen?«

Das kann ich nicht sagen. Das hängt vom mir unbekannten Weg ab, davon, ob Speedy gut gelaunt ist oder nicht, davon, ob ich Leute treffen werde oder nicht und ob diese Leute sich unterhalten wollen oder nicht. »So ab 17 Uhr« ist das Genaueste, was ich angeben kann.

Fröhlich wandere ich weiter. Wie wird es wohl sein in Jongny, dem ersten Ziel? Das Dorf gehört zur Gemeinde von Dominique, meinem Mentor während der Ausbildung zur Pfarrerin vor 22 Jahren. Ich überlege mir, wie spannend das Leben doch ist. Früher hatte ich gemeint, das Leben sei mit 50 so ungefähr zu Ende – da passiere bestimmt nichts Neues mehr. Und nun bin ich über 50 – und Wanderpfarrerin; etwas, das ich mir in meinen wüstesten Träumen nicht ausgedacht hätte.

Ich muss dabei an meine erste Gemeinde in Fiez zurückdenken. Wie schön war es dort, wie gerne habe ich da gearbeitet, elf Jahre lang. Bis ein Kribbeln im Bauch mir ankündigte, dass die Zeit für etwas Neues angebrochen war. Ein Kribbeln, das zusammenfiel mit der Einsicht: Ich brauche Weiterbildung. Denn seit meiner Studienzeit in Lausanne arbeite ich nebenher in verschiedenen Gefängnissen und gerate da in Situationen hinein, wo ich mit meinem guten Willen und mit meinem bisschen Einsicht stecken bleibe. In der Gemeinde manchmal übrigens auch …

Nach mehreren Weiterbildungen, hauptsächlich im Bereich der Begleitung misshandelter Menschen, setzte sich dann die Idee einer pastoralen Beratungsstelle durch – zuerst in meinem Kopf, dann auch etwas widerwillig in meiner kantonalen Kirche. Daraus wurden elf Jahre *la Cascade*. Zuerst acht Monate ohne Gehalt, dann glücklicherweise mit, weil die Region West-Lausanne die inzwischen bewährte Beratungsstelle »adoptierte«.

Und dann, im Laufe der Zeit, hatte ich wieder dieses Kribbeln, sodass *la Cascade* nun ohne mich weitergeht. Und ich, ich gehe mal wieder ins Ungewisse …

Plötzlich werde ich aus meinen Erinnerungen gerissen. »Bonjour, Madame!« ruft mir jemand fröhlich von einer Baustelle zu. »Wo geht's denn hin?«

»Nach Jongny!«

»Ist nicht mehr weit!«

»Das hängt von ihm ab!«, lache ich und zeige auf Speedy.

»Wollen Sie was trinken?«

»Ja, gern!«

Der Mann bringt ein Glas Wasser zum Wanderweg hinauf, muss dann aber wieder an die Arbeit. Ich ziehe weiter, bis ich zehn Minuten später merke, dass ich die Hundeleine an einem Pfahl bei der Baustelle habe hängen lassen. Also wieder zurück. Speedy sträubt sich – was soll das denn nun schon wieder, denkt er bestimmt. Ging es gerade so schön runter, muss er wieder rauf. Schwitzend komme ich eine halbe Stunde später wieder bei der Baustelle an. Die Arbeit scheint inzwischen erledigt zu sein, der Mann sitzt mit einigen anderen Arbeitern am Tisch und winkt mir zu: »Trinken Sie einen Wein mit?«

Aber sicher doch! Speedy wird angebunden, guckt mir beleidigt nach, Barou darf mit. Und da um den Tisch herum geht's zuerst um die Arbeit, dann um Esel, dann um Pfarrer, dann um Gott. Einer sagt nachdenklich: »Es gäbe so viel zu fragen, aber ich komme eigentlich nie dazu, mir richtig Zeit dafür zu nehmen. Wer weiß, ob ich dieses Wochenende mal vorbeikomme...«

»Bienvenue!« Ja, das ist mir wichtig: Die Leute *sind* willkommen und müssen das wissen; dabei kann der Journalist mir helfen. Ach ja, der Journalist, der wartet bestimmt schon ungeduldig, also muss ich wieder los.

Er wartet auf mich beim Ortsanfang von Jongny. Er geht wieder treulich fragend und schreibend mit. Ein LKW fährt vorbei, bremst, hält an. Einer der Arbeiter von vorhin sitzt am Steuer. »Sieht ja toll aus, Ihr Eselwagen! Ich dachte, ich guck ihn mir gleich an, wenn Sie schon mal in der Nähe sind. Wo sind Sie denn nächstes Wochenende? Ach nee, da muss ich arbeiten. Übernächstes?«

»Weiß ich noch nicht. Wir haben noch keinen Platz gefunden.«

»Kommen Sie doch zu mir! Ich habe eine große Wiese. Ich bin zwar kein guter Gläubiger, aber aushelfen kann ich doch. Würd mich freuen!«

Ich bin ganz glücklich. So hab ich's mir vorgestellt: einfach unterwegs sein, Leute treffen, nicht wissen, wo man in zwei Wochen ist, dann plötzlich eingeladen werden. Sich führen lassen. Nein, nicht vom Zufall! Vom Heiligen Geist. Das mag für einige Ohren etwas pompös klingen, aber ich will ihm einen echten Platz geben. Das heißt auch: nicht mehr alles selber in der Hand haben, regeln und planen, nicht mehr festsitzen in Ordnungen und Strukturen und Zeittafeln und Agendas.

»Ich meld mich!«, rufe ich also zurück und notiere seine Handynummer. Er winkt noch mal und fährt los.

Der Journalist schreibt und fragt: »Wer war das denn? Kennen Sie den?«

»Seit heute Nachmittag!« Ah, da sehe ich das Tipi. Stolz steht es auf einem kleinen Feld mitten im Dorf. Und mein lieber Eselwagen. Oh wei, steht der aber schief. Unbekannte Leute gucken sich das Ganze an, fragen, was hier los ist. Ein kleiner Zirkus? Wann ist die Vorstellung? Was gibt's außer dem Esel?

Ja, eigentlich nicht viel. Eine Andacht gibt's heute Abend, wenn ich mich erst einmal ein bisschen eingewöhnt habe. Die Leute sehen sich etwas perplex an. Eine Andacht? Zum ersten Mal mache ich die Erfahrung, die ich in diesen Jahren sehr oft machen werde: Ich fühle mich klitzeklein. Keine auf den Händen gehende Pfarrerin? Keine Hundekunststücke auf einem Esel? Auch nicht ein Einziges?

Auch nicht ein Einziges. 45 Minuten singen, beten und zusammen reden über einen Text, eine Frage, die sich im Laufe des Tages gestellt hat, oder eine Bemerkung, die jemand gemacht hat. Wie soll man das überhaupt nennen? Zuerst denken die Unterstützungsgruppe und ich an das Wort »office« – so etwas Ähnliches wie »Andacht«; ein für Kircheninsider sehr bekanntes Wort. Aber wir merken schon bald, diese Insidersprache wird von den Tipi-Gästen nicht verstanden. »Office? Wieso, ist das hier ein Büro?« Nach einigen Wochen einigen wir uns auf »rencontre-tipi«: Zeltbegegnung, Tipi-Treffen. Etwas vage, aber es hat den Vorteil, dass die Leute fragen, was das beinhaltet; und dann plumpst man gleich in eine Diskussion hinein.

Es gibt also ein »rencontre-tipi«. Danach gehen die Teilnehmer – einige Gemeindemitglieder und ein paar Neugierige – nach Hause, aber meine Unterstützungsgruppe bleibt. Zusammen müssen wir an Ort und Stelle herausfinden, was fehlt, was funktioniert und was nicht; vor allem, wie die biologische Toilette, die sowohl mir als auch allen möglichen Besuchern zugutekommen soll, aufgebaut werden muss. Die Anleitung ist für mich Abrakadabra, aber die Männer meiner Gruppe haben einen wissenden Ausdruck auf ihrem Gesicht.

Wir lachen uns schief und krumm an diesem Abend. Die Toiletten übersteigen jede Erwartung. Es handelt sich um eine ziemlich neue Erfindung: Was hineinfällt, wird zuerst mittels eines Pulvers kristallisiert und gefestigt und darf dann wie normaler Müll in einen x-beliebigen Container geworfen werden. Allerdings darf der Maximalinhalt von ungefähr vier Mal »normal« aufs Klo gehen nicht überschritten werden, sonst geht das Ganze schief. Dann ist das eben meine neue Mission: regelmäßig den »Pinkel-Pegel« kontrollieren …

Am Abend betrete ich durch meine Kaninchenklappe (eine richtige Tür hat mein Eselwagen nicht) auf den Knien meinen hölzernen Palast – »Barou, spring!«. Mein Herz ist so voll von Glück, dass ich zuerst gar nicht schlafen kann. »Danke Herr«, sage ich zur Decke hinauf. Der Mond leuchtet durch die kleinen Fenster und bescheint Phils Bild von den Schafen, die friedlich in ihrer frisch grünen 23.-Psalm-Aue grasen. Phil war mein amerikanischer Gemeindepfarrer, als ich in Frankfurt wohnte. Nach fast 35 Jahren Sendepause haben er und seine Frau Ursel plötzlich wieder Kontakt gesucht und mich übers Internet gefunden. Phil ist inzwischen ein begeisterter EEC-Unterstützer geworden, und seine täglichen Gebete tragen mich.

So viel Gutes und Liebes um mich herum …

»Danke, Herr!«

KAPITEL 4

FOREL

Es ist schon wieder Freitag. Ich habe Speedy von seiner Wochenpension am Mont Pélerin abgeholt, wo er als König über zwei Eselinnen geherrscht hat. Er ist unwillig heute – kein Wunder, der Abschied von den Untertanen ist ihm schwergefallen, es regnet und eine Journalistin vom Schweizer Radio wollte unbedingt, dass er in ihr Mikrofon hineiniahen würde, denn das passe so gut in ihr Programm hinein. Hartnäckig weigerte er sich, bis die Dame seufzend Mikrofon und Rekorder einpackte und in ihr Auto brachte. Da schrie er dann plötzlich begeistert los, sodass sie schnell alles wieder herausholte, um erneut das Mikrofon vor seine Schnauze zu halten. Speedy sah sie verächtlich an, war aber bereit, etwas halbherzig zu brummen. So fuhr sie zufrieden ab.

Nun gehe ich mit meinen beiden Tieren durch den Regen nach Forel. Er macht mir nichts aus, ich bin dementsprechend gekleidet. Nur schade, dass ich bei diesem Wetter wohl keinem Menschen unterwegs begegnen werde.

Ich denke über das letzte Wochenende mit seinen Besuchern nach. Es waren noch mehr Journalisten da, fast ein bisschen zu viel des Guten. Und viele Leute, liebe Leute. Herzliche Evelyne, deren Gebete mich in den kommenden Jahren treu begleiten werden, und Marlyse. Eine Frau, die ein riesiges Picknick mitbrachte: »Ich habe gelesen, bei Ihnen wird alles einfach geteilt; wer etwas hat, bringt's mit, wer nicht, lässt es sich schenken. So hab ich ein libanesisches Essen für sieben mitgenommen. Ich dachte, das müsste reichen!«

Erstaunte Leute. Ein Mann, der nur »auf einen Sprung« vorbeikommen wollte und der drei Stunden später immer noch dasaß: »Ich weiß wahrhaftig nicht, wann ich zum letzten Mal in etwas Kirchlichem gewesen bin, aber glauben Sie mir: Lang ist's her!«

Seltsame Leute. Ein junger Mann, der Texte schreibt, so dunkel und verwirrt, dass ich nicht weiß, wie ich reagieren soll. Aber am nächsten Morgen um sieben sitzt er schon wieder vor dem Eselwagen mit frischen Croissants, und so reden wir weiter bei Kaffee und Morgensonne.

Bekannte, aber lange nicht gesehene Leute. Ein früheres Gemeindemitglied von der Zeit in Fiez ist da. In einer schwierigen Situation hatte sie alles verlassen – und nun sah ich sie plötzlich im Tipi sitzen.

So zurückdenkend ziehe ich durch den immer stärker werdenden Regen. Inzwischen sind wir eine recht triefende Gesellschaft geworden. Eine Frau ruft mir aus dem Küchenfenster zu: »Ich kenne Sie doch! Sind Sie nicht die Pfarrerin, die in der Zeitung stand? Haben Sie Zeit für einen Kaffee?« Klar habe ich Zeit, das ist ja der Sinn der Sache. Ich schäle mich aus diversen Schichten Regenkleidung und versuche, nicht zu schlammige Spuren auf dem blitzeblanken Küchenboden zu hinterlassen. Jetzt merke ich erst, wie kalt mir eigentlich ist. Die Frau fängt an zu erzählen. Von einer Tochter, die gestorben ist. Davon, wie schwer das Leben ohne sie ist, wie unnatürlich der Alltag geworden ist. Und auch, wie wenig sie Gottes Hand in dieser Situation erkennen kann.

Ich sehe diese Hand auch nicht. Ich will nur glauben, dass sie da ist, dennoch da ist. Vorsichtig frage ich die Frau nach einer Weile, ob sie möchte, dass ich für sie bete. »Aber vielleicht möchten Sie das ja gar nicht, ist es nicht der Moment dazu?« Doch, es ist der Moment. Also beten wir. Jedes Mal, wenn ich mir vorstelle, wie es wohl ist, eine Tochter zu verlieren, bleibe ich stecken. Worte scheinen da so leicht gesagt und irgendwie fehl am Platz. Aber dann denke ich wieder daran, wie Gott auch durch meine Worte trösten kann, weil er das alles ja so gut kennt.

Nachdenklich gehe ich wieder in den Regen hinaus und komme am Abend in Forel an, wo mein Kollege und Freund François uns eine Wiese hinter einem Agrargeschäft reserviert hat. Dank Stef, der voriges Wochenende mit François in Chardonne war, um sich das Ganze mal anzugucken, und der sofort seine Hilfe zugesagt hatte, ragt das Tipi nass, aber noch stolzer als letztes Wochenende hinter den Bäumen empor: Hier zeigt sich die Hand des Experten! Und Stef wird an vielen, vielen künftigen Wochenenden das Zelt aufbauen, so fachkundig und schnell wie kein anderer.

Alles ist nass! Das Tipi ist zwar wasserdicht, aber das Material musste ja zuerst mal hineingebracht werden. Na ja, um das Trocknen kümmere ich mich lieber morgen. Jetzt möchte ich nur noch bei Séverine und Denis Reymond duschen, die Speedy nach dem Wochenende beherbergen werden. Sie laden mich zum Essen ein, und ich nehme ihr Angebot gern an. Ein Zettel am Tipi erklärt, wo ich bin; falls jemand dem Regen trotzt und mich sehen will, braucht er nur anzurufen und ich komme.

Am Samstagmorgen scheint die Sonne, das Tipi dampft. Nach dem Tipi-Treffen um 9 Uhr mit einigen Besuchern aus den umliegenden Dörfern brauche ich die nächsten Stunden, um alles gründlich sauber zu machen und zu trocknen. Noch wichtiger ist, alles einen festen Platz zu geben. Voriges Wochenende war keine Zeit dazu, alles lag kreuz und quer durcheinander. Ich brauche aber etwas Ordnung um mich herum, denn das Tipi ist mein Zuhause, und ich muss mich wohlfühlen können. Um 13 Uhr ist alles fertig und sieht einladend aus.

Nur wo sind die Gäste? Die Mittagsandacht mache ich ganz allein, und das ist eine seltsame Erfahrung. »Aber« – so sage ich zu Gott – »ich plumpse besser gleich ins kalte Wasser der angeblichen Erfolglosigkeit hinein. Ich verspreche dir, ich werde die Zeltbegegnungen auch halten, wenn ich – Entschuldigung, wenn wir – ganz alleine sind, okay?« Ich habe das Gefühl, er ist nicht nur einverstanden, sondern er freut sich darüber. Und ich mich irgendwie auch. Bei diesem Zusammensein passiert etwas: Wenn ich an meinem Klavier singe, wenn ich für die Leute bete, die in der Gegend wohnen, und für die, die ich unterwegs getroffen habe, wenn ich Gott danke, dass er so ist, wie er ist, dann entsteht eine Vertraulichkeit, in der mein Herz aufblüht und die sozusagen die Atmosphäre des Tipis prägt. Und das wirkt sich dann wieder auf die Stimmung der Besucher aus. Das Tipi wird im Laufe der Zeit für die Leute ein Symbol der Gemeinschaft werden: zwischen Menschen und Gott und zwischen verschiedensten Menschen untereinander.

Ob im Tipi oder unterwegs, ich vertraue Gott auch die an, die mich unterwegs anrufen. Die Zeitungen haben berichtet, ich würde für jeden beten, der mich darum bittet, und ich habe an den letzten Wochenenden und unterwegs nach Forel mehrere Anrufe bekommen: »Können Sie für meine Tochter beten? Sie ist krank.«, »Meinem Vater geht's nicht gut …«, »Mein Freund hat mich verlassen.«

Um nicht wie ein Guru zu werden, der besser beten könnte – schlimmer noch, der mehr Chancen auf Erhörung hätte – als die Leute selber, habe ich gesagt, dass ich *mit* ihnen beten werde. Oft kommt dann ein Einwand: »Ach, wissen Sie, ich bin schon lange kein Kirchenbesucher mehr. Aber wenn *Sie* beten …« Ich bleibe trotzdem dabei: »Gott hört mich nicht besser als Sie! Ich werde wirklich gerne für Sie beten. Aber ich würde mich freuen, wenn wir es zusammen machen.«

Das ist übrigens nicht immer ganz einfach: Wie soll ich denn beten, wenn ich im Regen auf einer Straße stehe und LKWs an mir vorbeirumpeln, die das Wasser hoch aufspritzen, manchmal direkt auf mein glücklicherweise wasserdichtes Handy, während der Esel nach hinten und der Hund nach vorne zieht? Aber ich freue mich auch: Wie toll ist es, mitten in der schlammigen Wirklichkeit zu einem lebendigen, interessierten, sich wirklich um jeden Einzelnen kümmern wollenden Gott zu rufen, der richtig zuhört. Und auf seine Art und Weise und nach seiner Zeit dann auch *er*hört.

Am Nachmittag kommen mehrere Leute zu Besuch. Eine liebenswürdige ältere Frau erscheint, die sich von ihrem Freund begleiten lässt, weil sie selbst nicht gehen kann. Dieser geht hastig davon mit den Worten: »Kirche ist nicht so meine Sache, ich hole sie dann nachher ab.« Wir reden lange, glücklicherweise sind wir gerade allein. Manche Gespräche brauchen Zeit – und sind nur für vier Ohren bestimmt. Nach einer Stunde ist der Freund wieder da und freut sich: »Du siehst aber fröhlich aus! Wollen wir dann wieder?«

Ich winke ihm zu: »Sie brauchen ja nicht ins Zelt reinzukommen. Ich weiß ja, das ist Ihnen zu riskant! Aber wie wär's mit draußen essen? Ich lade Sie zu meiner außergewöhnlichen Suppe ein!«

»Ja, wenn Sie meinen, Sie könnten einen Berufskoch überzeugen?!«, gibt er zurück. Aber das macht mir keine Angst, auch wenn ich nicht gut kochen kann. Vielleicht ist es mir auch gerade deshalb ein bisschen egal, was die Leute sagen. Ich habe einfach seit anderthalb Stunden große Mengen Karotten, Lauch, Kartoffeln und Sellerie in einem Topf brodeln lassen, da kann wenig schiefgehen. Und siehe da, meine Suppe wird sogar vom Experten gelobt.

Um 23 Uhr ist der letzte Gast gegangen. Ich streichele Speedy über sein struppiges Fell, prüfe das Seil, mit dem ich ihn an einem soliden Baumzweig festgebunden habe, und ziehe mich gähnend mit Barou in meinen Eselwagen zurück. Klappe zu, »Welterusten, Barou!« – »Schlaf schön, Barou!«.

Meine friedliche Nacht wird morgens um halb sechs durch das wütende Gebell von Barou und eine laute Stimme an der Tür jäh unterbrochen: »Hetty, mach auf, ich bin's, Séverine!«

Erschrocken öffne ich die Klappe. Séverine steht da, eine Jacke über ihren Pyjama gezogen. »Speedy war weg, aber jetzt ist er wieder da! Das heißt, er ist nicht hier, aber er ist wieder da!«, strahlt sie.

Während mein schläfriges Gehirn versucht, diese gute Nachricht zu verstehen, wandert mein Blick automatisch zum Zweig, an dem ich Speedy gestern Abend angebunden hatte. Kein Zweig ist mehr zu sehen. Und auch kein Esel.

Séverine fährt fort: »Speedy hat sich heute Nacht losgerissen. Er ist, den Zweig hinter sich her ziehend, auf die Straße gegangen und um ein Uhr morgens von einem Ehepaar aufgegabelt und zum Café *le Pigeon* gebracht worden. Jetzt ist er bei einem Bauern, da kannst du ihn abholen, wann du willst.«

Schlafen kann ich nicht mehr nach dieser umwerfenden Mitteilung. Speedy mitten in der Nacht auf der großen Nationalstraße zwischen Chexbres und Oron? Über diese sind wir ja nach Forel gekommen, und schon tagsüber hatte ich Angst: so viele und so schnell fahrende Autos ... Hastig ziehe ich mich an und rufe den Bauern an. Ja, ich darf gleich kommen. Schnell noch Barou in mein Auto bringen und los geht's!

Bin ich froh, meinen Ausreißer wiederzusehen! Ich versteh zwar immer noch nicht, was da genau passiert ist, aber alles ist ja wieder gut. Der Bauer und sein Sohn heben (!) den widerstrebenden Esel einfach in einen Viehanhänger hinein, bringen ihn mir nach Forel zurück und sagen mir verschmitzt: »Eine bessere Reklame für Ihr Projekt hätten Sie sich nicht denken können! Die ganze Gegend weiß Bescheid, dass Sie hier sind: Gäste vom Restaurant *le Pigeon*, Straßenarbeiter, die Polizei ...«

Im Laufe der Wochen erfahre ich die verschiedenen Puzzlestücke der Geschichte. Nachts so um 23.30 Uhr muss Speedy sich gedacht haben, die Eselinnen seien eine sympathischere Gesellschaft als eine schlafende Pfarrerin. Ein solider Zweig? Dass ich nicht lache! Der kommt einfach mit.

Man erzählt mir später: »Die Autofahrer haben alle nur gehupt und warnende Lichtzeichen gegeben, aber keiner hat angehalten. Bis ein Ehepaar kam und ihn zum Café *le Pigeon* gebracht hat. Sie können sich vorstellen, wie alle geguckt haben, als da auf einmal ein Esel reinspaziert kam! ›Kennt hier jemand diesen Esel?‹, fragte das Ehepaar. Aber keiner erkannte ihn. Zwei Straßenarbeiter von der kantonalen Schicht haben ihn dann in der Scheune hinter dem Gasthaus eingesperrt, und der Wirt hat die Polizei angerufen. Aber die haben gemeint, es handele sich um einen Witz, und sind nicht gekommen. Also haben die Straßenarbeiter einen Bauern aus dem Bett geklingelt, der um halb drei mit seinem Anhänger gekommen ist und Ihren Grauen abtransportiert hat!

Auf der Fahrt nach Hause haben wir bei den Reymonds noch Licht brennen sehen, und plötzlich ist uns eingefallen, dass die auch Esel haben und es vielleicht ja ihrer ist! Wir haben geläutet, und Denis hat gesagt: ›Nein, unserer ist es nicht, aber ich hab da eine Idee, wem er gehören könnte…!‹«

So viele Leute haben sich um meinen Speedy gekümmert… Leute, die ich gar nicht kenne. Ein Bauer, der nachts aus dem Bett getrommelt wird, zwei Straßenarbeiter, die samstagnachts endlich freihaben und wahrhaftig nicht im Gasthaus sitzen, um schon wieder ein Hindernis aus dem Weg zu räumen. Ein Ehepaar, das wie der barmherzige Samariter nun eben *nicht* auf der anderen Straßenseite weiterfährt und so tut, als hätte es nichts gesehen, sondern anhält und sich Zeit nimmt, ein Tier und bestimmt auch Menschen vor einem unvermeidbaren Unfall zu retten.

Wenigstens den Bauern treffe ich persönlich und kann ihm danken. Er schiebt meine Dankworte weg: »Ist doch logisch. Jeder hätte das getan.« Was nicht so ganz der Wahrheit entspricht. Und die anderen? Wie kann ich mich bloß bei ihnen bedanken? Ich weiß ja nicht mal, wer sie sind…

Das Tipi-Leben geht weiter. Es ist drei Stunden später. François hat einen Familiengottesdienst vorgeschlagen: »Ich habe keine Ahnung, wer kommen wird – das weiß man nie so bei solchen besonderen Gelegenheiten. Rechne mal mit so zehn, zwölf Kindern und ein paar Eltern.«

Glücklicherweise strahlt die Sonne auf das Tipi hinab, denn wo ich bei Regen die ungefähr dreißig Kinder und zwanzig Eltern hätte unterbringen können, wäre mir ein Rätsel gewesen. Nun schleppen wir eifrig Bänke aus einer benachbarten Scheune heran. Ich rede mit den Kindern über Segen. Die guten Worte, die Gott für jeden von uns hat, weil wir ihm alle wichtig sind. Wir singen, wir lachen. Ich erzähle, wie Jesus die Kinder gesegnet hat, und erwähne, wie ich am Ende des Tipi-Treffens am Sonntagabend jeden Teilnehmer frage, ob er oder sie einen persönlichen Segen möchte. Und wenn ja, auf welche Art und Weise: einfach so mit einem gewissen Abstand – oder mit Handauflegung auf den Kopf, den Schultern, den Händen... Jeder kann selber entscheiden, weil jeder selber am besten weiß, was er braucht. Ich erzähle auch, wie ich in diesen Augenblicken versuche, Gottes Stimme für diese Person zu hören, um dann vorsichtig zu sagen, was ich meine, gehört oder gesehen zu haben.

Die Kinder hören gespannt zu. Plötzlich denke ich mir: So was Doofes – hier stehe ich nun und rede über etwas, ich könnte es doch auch einfach *tun*. Ein bisschen zögere ich noch: Kinder sind Kinder, und ich will sie nicht in etwas hineindrängen, das nicht angemessen für sie wäre. Ein Blick zu François hinüber: Was meinst du? Er nickt: »Vas-y!« – »Mach nur!«

Und so frage ich einfach: »Wer von euch möchte denn, dass ich sie oder ihn segne?

Eine einfache Frage kriegt oft einfache Antworten. Ein erster kleiner, aber entschiedener Finger geht hoch: »*Ich* möchte. Und ich hätte gern, dass du deine Hände... mmm... mal sehen... auf meinen Kopf legst!«

Und so geschieht's. Andere Finger gehen hoch. Ganz bestimmt nicht alle, das freut mich; es geht hier nicht um eine Herdenreaktion. Die, die den Segen wollen, wissen, warum. Dann meldet sich ein Erwachsener: »Ich würde eigentlich auch gern gesegnet werden – oder ist es nur für die Kinder?« Oh nein! Alle sind eingeladen! Ein Kind möchte noch für seinen kranken Großvater beten. Die ganze Versammlung betet mit.

Zum Schluss bitte ich François, mir den Segen zu geben, ich brauche ihn ja genauso. Und es ist mir wichtig, dass alle sehen: Den Segen kann und darf man empfangen – aber auch geben! Heute geben ihn zwar nur die beiden Pfarrer, aber ich hoffe, in Zukunft wird es einfach … irgendjemand sein.

KAPITEL 5

PALÉZIEUX

Von Forel geht's heute weiter nach Palézieux. Mit Barou zusammen hole ich Speedy bei den Reymonds ab, und fröhlich machen wir uns auf den Weg. Die Sonne scheint, es ist warm, die Gegend ist wunderschön, der Pfad schlängelt sich durch grüne Wiesen hindurch, die Vögel singen, ich auch. Mittags halten wir bei einem Brunnen im Wald an, die Tiere zum Trinken, ich zum Essen. Ich breite mein ausführliches Picknick vor mir auf dem Boden aus und seufze vor Zufriedenheit. Es sind nur noch ein paar Kilometer bis nach Palézieux, heute bin ich früh dran. Der Hund strahlt, Speedy, der Ausreißer, steht mit drei Knoten im Seil an einem richtigen Baum angebunden – nie wieder an einem Zweig!

Eine Familie kommt mit dem Fahrrad den Weg hochgehechelt und hält an, um etwas zu trinken. Die Kinder wollen gleich wieder weiter, aber die Frau streichelt Speedy: »Schön ist er!« Ich nicke. Ja, er ist schön. Zuerst habe ich gedacht, sein Schwanz sei etwas hässlich, weil er so schnurstracks nach unten fällt. Bis jemand mir bewundernd sagte: »*So* ein schöner, einfacher Schwanz! Der passt ja toll zum Rest des Tieres!« Da hatte ich diesen interessanten Gesichtspunkt dann gleich adoptiert.

Der Mann kommt herbei und streichelt Speedy ebenfalls. »Der sieht dem vom Samstagabend aber ähnlich, findest du nicht auch?«, fragt er seine Frau. Sie guckt andächtig zu Speedy und nickt.

Die Kinder jammern: »Los, wir wollen weiter!«, aber ich springe auf: »Was meinen Sie mit ›dem von Samstagabend‹?!«

»Ja, da haben wir einen ähnlichen wie Ihren gerettet. Der lief mitten in der Nacht auf der großen Straße herum, und weil sich niemand um ihn kümmerte, haben wir angehalten und ihn zum Café gebracht. Ich würde gerne wissen, wie es weitergegangen ist, aber wir hatten es eilig und mussten gleich wieder los.«

So laufen mir einfach Speedys Retter über den Weg und ich kann mich endlich bei ihnen bedanken. Auch sie zucken die Schultern: »Ist doch normal!« Gleichzeitig freuen sie sich, dass alles so gut ausgegangen ist, und fahren dann wieder los.

»Das gibt's doch nicht, Herr!«, sage ich, während ich den Esel wieder losbinde. »Das hast du ja toll hingekriegt!« Keine Antwort, aber etwas wie ein leises Echo klingt in meinem Herzen: »Findest du nicht auch?!«

In Palézieux werden wir wärmstens empfangen. François, der Bauer, und seine Frau Nicole kümmern sich liebevoll um Esel, Hund und Pfarrerin. Der Esel wird geimpft, der Hund bekommt eine ausgiebige Dosis Streicheleinheiten und ich werde zum Abendessen im Garten eingeladen. Ich erzähle von Speedys Abenteuer, und dass wir heute seine Retter getroffen haben. François lacht: »Jetzt fehlen nur noch die Straßenarbeiter!« Aber das scheint mir dann doch etwas zu viel verlangt.

Dieses Wochenende fehlt es nicht an Besuchern; die Pfarrerin von Palézieux hat tüchtig Reklame gemacht. Der Nachbar von gegenüber kommt mit seiner Gitarre und entpuppt sich als ein professioneller Musiker und Komponist, was mich unendlich freut: Fast nichts ist so schön wie zusammen Musik machen und singen!

Ein Ehepaar auf Radtour sieht das Tipi und den Eselwagen, kommt neugierig herbei und nimmt sich plötzlich die Zeit, für ein besonderes Anliegen zu beten. Während wir beten, kommt eine Synodalrätin meiner Kirche ins Zelt, sieht, was passiert, freut sich mit.

Am Sonntag sitze ich gerade vor meiner Suppe, da dringt der Geruch gebratener Würstchen in meine Nase. Etwas neidisch schaue ich zur Nachbarwiese hinüber, wo ein junger Mann eifrig grillt. Mein Blick muss wohl sehnsüchtig ausgesehen haben – Gemüsesuppe hat ja doch ihre Grenzen –, denn er ruft mir zu: »Wollen Sie auch ein paar?!«

»Oh ja!!«

Mit Würstchen und Salat auf Papptellern kommt er auf mich zu. Er heißt Patrick und erzählt, dass seine Freundin unten im Bauernhaus eine kleine Wohnung hat. Ich erkläre meine Arbeit und lade beide zum Nachtisch ein: eine riesige Torte, die mir ein Dorfbewohner gerade vorbeigebracht hat. Patricks Freundin kommt auch hinzu und wir machen es uns im Gras gemütlich. Patricks Blick schweift zum friedlich grasenden Speedy: »Schöner Grauer! Sieht zwar ein bisschen fleckig aus, aber François wird das schon hinkriegen, der kennt sich aus!«

Dann meint er zu seiner Freundin: »Mmm, eigentlich sieht er dem, den ich am Samstagabend gerettet habe – weißt du noch, von dem ich dir vorige Woche erzählt hab – ziemlich ähnlich. Ein bisschen heller, würd' ich sagen.«

Mein Würstchen bleibt halbwegs zwischen Teller und Mund in der Luft hängen. »*Wie* bitte?!«

»Na ja«, sagt er und schüttelt den Kopf, »vorige Woche haben mein Kumpel und ich einen Esel von der Straße aufgegabelt. Das arme Tier lief zwischen den Autos hin und her mit einem Zweig hinter sich, muss sich wohl losgerissen haben. Ein Ehepaar hat sich dann seiner erbarmt, ja, und dann haben wir uns um ihn gekümmert, weil keiner wusste, wem er gehört. Da haben wir ihn in unsere Scheune geschoben, dort war er wenigstens sicher. Die Polizei haben wir auch angerufen, aber die sind nicht gekommen. Also haben wir einen anderen Kumpel, der ganz in der Nähe wohnt, angerufen; der hat ihn dann schließlich abgeholt und in seinen Stall gebracht. Ihr Esel sieht ihm wirklich ein bisschen ähnlich …«

»Also, Herr, ich bin platt! Du hast echt Humor! Und was für ein Timing …«

Wieder keine Antwort. Aber eine leise, fast zufriedene Stimme sagt in meinem Herzen: »Findest du nicht auch?!«

KAPITEL 6

VON PALÉZIEUX NACH FERLENS

Dank François von Palézieux weiß ich, wohin ich unterwegs bin: zu einer Bauernfamilie in Ferlens, die Pferde haben. Unter dem Namen »Les calèches du Jorat« organisieren sie Ausflüge mit einer Kutsche; und wo Pferde sind, ist genug Platz für meinen Speedy. Am letzten Sonntagabend wussten meine Gruppe und ich noch nicht, wo wir am kommenden Pfingstwochenende sein würden; da habe ich mir dann doch etwas Sorgen gemacht. Roland aus meiner Gruppe hat sich mit François andächtig die Karte der Gegend angeschaut. Aber erst, als ich sagte, ich könne ausnahmsweise auch mal 15 Kilometer gehen (mit Speedys kläglichem Tempo sind das acht Stunden reine Gehzeit plus Pausen), klärt François' Gesicht auf: »Dann kannst du ja zu den Emerys, das sind Freunde von mir. Wahrhaftig keine Kirchgänger, aber immer bereit auszuhelfen.«

Und so wird's gemacht. Unterwegs sehe ich in der Ferne meinen Eselwagen vorbeirumpeln, der von dem Trecker des wahrhaftig-kein-Kirchgänger-aber-immer-bereit-auszuhelfenden Unbekannten gezogen wird. Der erste Teil meines Weges besteht diesmal aus vielbefahrenen Straßen. Einerseits ein Nachteil, denn der Hund muss an der Leine bleiben, und mitten im Verkehr mit einem Esel zu wandern, ist immer mit etwas Risiko verbunden. Aber andererseits trifft man viel mehr Leute.

Ein Auto hält an, der freundlich lachende Fahrer ruft mir zu: »Sie sind doch die Wanderpfarrerin? Kommen Sie mit, ich lade Sie zu einem Kaffee im Dorf ein. Nur zwei Minuten zurück.«

»Nur zwei Minuten für Sie! Für meinen Esel eine halbe Stunde! Tut mir leid, ich kann nicht wieder zurück, heute muss ich noch weit! Nach Ferlens ...«

Er nickt, sagt noch etwas und gestikuliert mit den Händen, aber seine Worte verlieren sich im Getöse eines vorbeifahrenden LKW. Hinter ihm hat sich schon eine Schlange ungeduldig hupender Autos gebildet, also fährt er winkend weiter.

Ich schlage einen kleinen Seitenweg ein. Laut meiner Karte werde ich über einen wunderschönen Wanderweg in einigen Stunden in Ferlens ankommen. Ich seufze vor Erleichterung. Keine Autos, kein Krach. Aber auch keine Menschen. Nach einigen spärlichen Bauernhöfen gibt es nur noch weite grüne Welt. Wir kommen gut voran, nur stimmt die Karte nicht. Oder der Weg. Oder meine Interpretation von beidem, denn ich bin nach zwei Stunden immer noch in der Pampa; weit und breit kein Haus und kein Mensch zu sehen.

Plötzlich klingelt das Telefon. Es ist der Pfarrer von Ferlens und Umgebung. Schön, dass er sich nicht geärgert hatte, als Esel und Compagnie angekündigt wurden. Er hatte nur gesagt: »Schade, dass ich es nicht vorher gewusst habe, dann hätte ich die Gemeinde einladen können.« Da hatte er natürlich recht. Ich weiß noch nicht, wie ich dieses Problem lösen soll. Meine Gruppe und ich schwanken zwischen der »Freiheit des Geistes« – was Improvisation, viel Unsicherheit und Pannen, aber gerade deswegen viel unerwartete Hilfe von oft kirchenfernen Leuten beinhaltet – und dem Rahmen menschlicher Strukturen, deren sich derselbe Geist bedient – was Langzeitplanung, Handfestes und liebe, erwartete Hilfe von Gemeindemitgliedern bedeutet.

Es ist nicht einfach, wenn diese beiden legitimen Dynamiken aufeinanderstoßen. Auch nicht einfach, wenn diese verschiedenen Gruppen aufeinanderstoßen. Es passiert öfter, dass Außenstehende sich schleunigst aus dem Weg machen, wenn die Damen des Nähkränzchens aus einer Gemeinde auftauchen. Schade, denn wenn beide Interesse füreinander aufbrächten, könnte es zu wirklich schönen Begegnungen kommen. Aber dafür braucht es guten Willen auf beiden Seiten und ein bisschen Zeit, sich aneinander zu gewöhnen.

Nun ist also der Pfarrer Jean-Jacques am anderen Ende der Leitung: »Ist es okay, wenn ich heute Abend mit ein paar Jugendlichen vorbeikomme?«

»Oh ja, gern! Aber wann? Denn ich weiß ehrlich gesagt nicht, wo ich bin.« Ich beschreibe die Landschaft.

Jean-Jacques brütet darüber, wo ich wohl sein könnte. »Ach, wirst es schon finden!«, beschließt er mit typisch männlichem Optimismus. »Ich komme dann so um sieben.«

Ich irre weiter. Warum fährt hier denn nirgendwo ein Auto? Brauche ich endlich mal eins, ist stundenlang keines zu sehen. Zögernd bleibe ich stehen, breite zum x-ten Mal die Karte vor mir aus, vergleiche, kalkuliere und kann mich denn doch nicht entscheiden.

Da! Ein Auto! Es schlängelt sich gemächlich den Hügel hinauf, mit etwas Glück muss der Fahrer mich doch sehen. Heftig mit den Armen wedelnd, laufe ich zum höchsten Punkt des Hügels. Das Auto verschwindet ... und erscheint dann wieder, bis es vor mir anhält.

»Ein Segen, dass Sie da sind!«, hechele ich erleichtert. »Ich habe keine Ahnung, wo ich bin, und muss nach Ferlens. Wissen Sie, wie ich gehen soll?«

»Klar«, lacht der Autofahrer, dem ich vor drei Stunden begegnet bin. »Ich hatte Ihnen doch gesagt, ich würde Ihnen Brot und Wasser bringen. Ich bin hier oft geritten, kenne die Gegend wie meine Westentasche und dachte, dass ich Sie hier irgendwo wohl finden würde!«

Camille serviert Brot und Wasser (»Wusste nicht, ob Sie unterwegs Wein trinken!«). Wir kommen ins Gespräch, reden und reden. Über seine Familie, seine Pläne, seine Krankheit. Erst nach anderthalb Stunden fährt er seines Weges und gehe ich meinen. Dank seiner ausführlichen Erklärungen komme ich anderthalb Stunden später heil in Ferlens an.

Ich werde Camille noch oft sehen während der nächsten Jahre…

KAPITEL 7

EIN KURZER ABSTECHER:
EVANGELIUM UNTERWEGS

Ich habe es öfter so einfach gesagt: Wir kommen ins Gespräch, wir reden und reden ... Aber worüber redet man eigentlich so – unterwegs und im Tipi? Die Menschen, die ich treffe, erzählen ihre Geschichte. Sie erzählen ein Stück sich selbst. Da brauche ich nur zuhören. Und wenn ich zuhöre, sehe ich einen Teil dieser Geschichte vor mir. Ich sehe den anderen kämpfen mit seiner Krankheit, ich sehe Eheleute sich anschreien, ich sehe jemand Gott suchen und sich dann schulterzuckend abwenden, weil seiner Meinung nach sowieso nichts passiert und zögernde Gebetsansätze anscheinend nicht gehört werden. Ich sehe Leute mühsam ihre Lebenspuzzlestücke zusammensuchen und feststellen, dass einige ganz wichtige Teile fehlen, sodass alles bruchstückhaft und unbefriedigend bleibt.

Ich sehe, wie Menschen sich ihre eigene Spiritualität zusammenbasteln, weil jeder ja heute frei ist zu glauben, was er glauben will. Sie finden dann zwar eine Art Frieden, aber irgendwie leben sie doch an ihrem eigentlichen Ziel vorbei.

Das ist natürlich nur meine Sicht. Und oft wird diese Sicht, mein eigener Glaube, wie in einer Waschmaschine gerüttelt, geschüttelt, gedreht, bis ich überhaupt nicht mehr klar sehe, weil ich mir vorstelle: Wie wär's denn, wenn der andere recht hat? Wenn es keinen wirklichen, lebendigen Gott gibt, der die Welt und uns und mein eigenes Leben fest in seiner Hand hält? Der mir in Jesus Christus zusagt, ich brauche nie mehr Angst vor ihm zu haben, ich brauche allerdings dann auch nie mehr meinen Weg so zu gehen, als ob es ihn nicht gäbe … Und dann nützt es nichts zu sagen, was man mir so oft sagt: »Ach, keiner hat hier recht oder unrecht; Hauptsache, man ist authentisch in dem, was man glaubt, und steht dazu.« Als ob die Persönlichkeit des Gottes, der in Jesus Christus uns so toll *und* so gefährlich nahegekommen ist, eigentlich nichts zur Sache täte.

Wenn das so wäre, dann ist es auch eigentlich egal, an was und an wen man glaubt, Hauptsache, es tut einem gut. Dann gibt es keine Wahrheit, an der man sich und die Welt messen kann – und soll. Und wie einfach kann jemand da sagen: »Wenn du mich nicht da stehen lässt, wo ich bin und mit meinem Glauben, so wie er ist, dann bist du ein schrecklich intoleranter Mensch, und ich will mit dir nichts zu tun haben.« Genau das halte ich mir oft vor: »Für wen hältst du dich denn? Als wenn du besser wärst und glaubst als dieser andere da vor dir.« Und ich nicke in solchen Situationen schon fast zustimmend, da rüttelt mich jemand wach und eine innere Stimme sagt mir: »Darum geht es doch gar nicht, dass du sympathisch und empathisch nicken kannst und den anderen so gut verstehst. Du darfst die Menschen lieb haben und lieb haben und nochmals lieb haben. Aber – *also!* – leugne mich nicht.«

Wenn ich Gott richtig zuhöre, hebt sich der gedankliche Nebel, ich sehe wieder klar und merke, wie wir alle ständig riskieren, in unsere Lieblingsfalle hineinzustolpern, die da heißt: »Du brauchst nicht zu wählen.« Denn wenn wir uns einen Gott nach unserem Bilde machen, wählen wir ja nicht. Dann geben wir ihm heute diese Form und morgen jene. Und fühlen uns sehr offen. Aber dann schneiden wir uns selber von Gottes Wirklichkeit ab und damit von unseren eigenen Wurzeln. Und dann vertrocknen wir …

Wählen ist heutzutage fürchterlich unpopulär. Aber Gott will, dass wir ihn wählen. Weil er sich mit seinem ganzen Herzen danach sehnt, von uns, seinen Kindern, geliebt zu werden.

Und lieben ist wählen. Es geht nicht darum, perfekt zu wählen! Wir sind ja Kinder auf dem Weg. Aber von *ganzem* Herzen.

Allerdings fängt da unterwegs die (für mich) schwierige Übung an, zu unterscheiden, worauf es ankommt: Was ist jetzt Evangelium, frohe Botschaft, für *diesen* Menschen? Was ist jetzt wichtig? Muss ich was sagen, und wenn ja, was und wie, jetzt oder später? Und bei alledem gilt es, das Allerwichtigste nicht aus den Augen zu verlieren: *Er* tut's. Er arbeitet – und ich darf mitarbeiten. Nicht umgekehrt.

So oft sage ich: »Ja, aber...« Doch dann höre ich ihn wieder in meinem Herzen: »Nein, Hetty, *nicht* umgekehrt!«

Vor vielen Jahren, als ich noch Pastorin in Fiez war, hatte ich ein Erlebnis, das ich nie mehr vergessen werde. Ich nenne es meine »Kartoffelfeld-Entdeckung«, weil ich gerade auf einem solchen saß, den Hund beobachtete und in einem Buch las. Da stieß ich auf den Satz: »Leave it to Me.« – »Vertraue es mir an, lass mich machen, übergebe es mir.« Dieser Satz schlug bei mir ein wie eine Bombe. Ich wusste, Gott redet zu mir. Ich wusste auch, warum es so wichtig war. Von klein auf habe ich gelernt, alles selber zu tun. Nur auf mich zu vertrauen und nicht auf Worte und Taten anderer, weil das sowieso nur Treibsand ist. Und nun kommt da dieser Gott und will das alles umschmeißen? Meine schöne Mauer, an der ich so hart und lange gebaut habe? Meine sichere Festung, die mich zwar einsperrt, aber mich auch schützt? Muss ich wirklich lernen, ihm allein in allem zu vertrauen? Etwas in mir schreit: »Nie!« Etwas anderes in mir seufzt: »Wie *toll* wäre das!« Diese zwei kämpfen.

Und unterwegs mit dem Evangelium wird das alles plötzlich so konkret. Denn wenn ich mich schon einem Gott anvertraue, muss er auch dieses Vertrauen wert sein. Dann darf er nicht willkürlich sein oder gleichgültig oder gleichzeitig gut und schlecht oder Licht und Dunkel zugleich. Dann muss er mich wirklich lieb haben und sich für mich einsetzen, mit Herz und

Seele, wenn man das von Gott so sagen darf. Ja, dann darf ich das sagen, weil er nämlich so *ist*. Und nicht, weil ich ihn mir so zusammenbastele, weil mir das so gut gefällt. Sondern weil Gott selbst durch die Bibeltexte hindurch mir bestätigt, dass er so ist. Ja, die Bibel darf und soll interpretiert werden. Sie ist kein Rezeptbuch. Sie ist nicht wörtlich von Gott diktiert. Aber er hat dieses Mittel gewählt, um sich bekannt zu machen.

Und das heißt dann auch, dass ich, unterwegs als Wander-pfarrerin, nicht nur empathisch nicken soll. Natürlich auch nicht, dass ich pedantisch und arrogant meine, alles besser zu wissen. Aber ich darf ehrlich Zeuge sein von dem Gott, der in seiner großen Liebe zum Menschen sich weigert zu sein, wie dieser will, dass er sei. Weil das des Menschen Untergang wäre.

So versuche ich, einen Weg zu finden. In echter Zuwendung zum Menschen, der mir unterwegs begegnet, und bereit, von ihm zu lernen und mich von ihm infrage stellen zu lassen. Aber auch in echter Freiheit, von dem Gott der Bibel zu erzählen und zu versuchen, etwas von ihm zu reflektieren.

Das erinnert mich an einen anderen Dialog zwischen Gott und mir, in dem er mir sagte: »Widerspiegele mich, reflektiere mich, wie diese Blätter die Sonne widerspiegeln. Habe lieb, habe lieb und habe nochmals lieb.«

Das ist für mich Evangelisation, wenn man denn schon die-ses oft missverstandene Wort gebrauchen will: Gott bringen, ihn geben, wie er ist. Durch mich hindurch, wie ich bin. Und das wird nie funktionieren, wenn ich nicht selber verwandelt werde, jeden Tag aufs Neue. Mein *Sein* muss durch ihn geprägt sein, sonst nützen meine Worte nichts und meine scheinbar so tollen Taten auch nicht. Die weisen ja dann nur auf mich selber hin und dienen letztendlich meiner eigenen Ehre.

So denke und höre und rede ich unterwegs immer in einer Art Gleichgewichtsübung: Gott tut's, *also* darf ich »mit-tun« und in dieser Mitarbeit total und froh ich selber sein und alle meine Gaben einsetzen. Ich darf den Menschen lieb haben und ihm sagen, dass Gott mit ihm schon weitergegangen ist und mit ihm weitergehen will, als dieser Mensch sich das vorstellen kann. Und manchmal auch vorstellen will.

Denn das ist die Frage: *Will* die Raupe ein Schmetterling werden?

KAPITEL 8

PFINGSTWOCHENENDE IN FERLENS

Am Freitagabend kommt die angekündigte Jugendgruppe mit dem Pfarrer. Sie wollen wissen, warum ich unterwegs bin, was mich beseelt und in Gang gesetzt hat. Ich erzähle und erwähne Niklaus von Flüe – auch Bruder Klaus genannt – mit seinem so einfachen, aber dringenden Gebet. Ein Gebet, das EEC in Gang gesetzt hat und begleitet:

»Mein Herr und mein Gott, nimm alles von mir, was mich hindert zu dir.

Mein Herr und mein Gott, gib alles mir, was mich fördert zu dir.

Mein Herr und mein Gott, nimm mich mir und gib mich ganz zu eigen dir.«

Wie lieb muss man Gott haben, wie gut ihn erkannt haben, um so vertrauen und alles in seine Hand legen zu können! Und doch ist hier nicht die Rede von einem spirituellen Kunstakt, wo man ständig auf Zehenspitzen geht, einem Seiltanz für die Elite. Es ist das Gebet eines Menschen, der das Allerwichtigste gesehen hat: wer und wie Gott ist, und der dann die Konsequenzen daraus gezogen und danach gelebt hat. Eigentlich das »Unterwegs-Gebet« schlechthin.

Ein Mädchen hört besonders andächtig zu. Sie heißt Aude und ist Theologiestudentin in Lausanne. Beim Abschiednehmen sagt sie: »Ich komme wieder, das steht fest!«

Pfingsten entpuppt sich als ein Wochenende bunter Gesprächsfetzen mit einem bunten Mischmasch von Menschen –

von morgens früh bis abends spät. Immer mal wieder zwischendurch unterhalte ich mich mit den Emerys, die mich so lieb auf ihrem Grundstück willkommen geheißen haben mit den entschuldigenden Worten: »Wir sind zwar keine Kirchgänger, aber ...«

Jetzt bin ich erst ein paar Wochenenden unterwegs, aber wie oft höre ich diesen Satz... Auch wieder hier in Ferlens, von verschiedensten Leuten. Manchmal klingt es, als ob die Menschen sich irgendwie nicht für gut genug halten würden, aber dennoch geben, was sie zu geben haben: in großer Freigiebigkeit und ohne jegliche Erwartung einer Gegenleistung.

Manchmal klingt es allerdings auch etwas herablassend: »Wir sind zumindest keine Heuchler, so wie die, die jeden Sonntag in der Kirche sitzen, aber das alles nur zum Schein. Wenn Sie wüssten ...!«

Und zum Schluss höre ich dann auch noch eine Art Refrain heraus – das immer wiederkehrende Motiv des schon erwähnten zusammengebastelten Gottes, aber jetzt mit der konkreten Folgerung: »Wenn es ihn schon geben sollte, dann wird er ja sehen, was wir tun, und ganz zufrieden mit uns sein.« Als wenn man sich vor Gott Punkte sammeln müsste – und könnte.

Diese gefährliche Angewohnheit des Menschen, lieber auf seine eigenen guten Taten als auf Gottes geschenkte Liebe zu bauen, ist hartnäckig. Es ist, als ginge der Mensch besonders gerne und regelmäßig in einer Art Galerie spazieren, wo er sich fasziniert falsche Bilder von Gott anguckt, um sie dann – und das ist das Schlimmste – im Herzen gespeichert mit nach Hause zu tragen. Zusammengenommen erscheinen die Bilder als eine eigenartige Exposition zum Thema »Karikaturen Gottes«.

Im ersten, etwas frostigen Ausstellungsraum wird der »göttliche Kalkulator« vorgestellt, der prüfend abwägt, wie viele Plus und Minus wir in unserem Leben gesammelt haben, sodass er uns entweder fallen lässt oder etwas widerwillig die Tür öffnet. Dann geht's zum zweiten, kuschelig beleuchteten Raum, wo ein ewig lächelnder Gott dem Menschen Streicheleinheiten verabreichen soll. Eine Glasgalerie, bestehend aus verzerrenden Spiegeln von uns selbst, führt über eine Treppe zum Untergeschoss, wo in drei düsteren Zimmern der unerbittliche Richter ausgemalt wird, vor dem auch ein noch so tolles »Zeugnis« nur ein Kopfschütteln bewirken kann: Leider reicht's nicht. Nach einer scharfen Kurve geht's dann durch den Gang des passiven oder ohnmächtigen »Weg-Gucker-Gottes«, der den Menschen alleine herumfuchteln lässt, hin zum »Gott der Willkür«, der macht, was er will, und gegen den man sowieso nicht ankommt. Wenn man dem aus dem Wege gehen will, landet man aber unerwartet beim »Ja-Nicker-Gott«, der uns folgen soll auf allen unseren Wegen, auch wenn diese Wege deutlich nichts mit ihm zu tun haben wollen. Und zum Schluss gibt es dann noch den Weihnachtsmann, der all unsere Wünsche erfüllen soll.

Eine richtige Bildergalerie von verzerrten Bildern, die uns fernhalten sollen vom wirklichen Gott, der uns in Jesus Christus nahegekommen ist. Und so vielen Menschen begegne ich auf meinem Weg, die sich ein Bild aus dieser Galerie für Gott und ihr eigenes Leben ausgesucht haben. Darum ist mir das Gebet von Bruder Klaus so wichtig: »Nimm alles von mir, was mich hindert zu dir.« Das bedeutet nichts anderes als: »Herr, lehre mich verzichten auf die Karikaturen, die meiner geistlichen Gesundheit und damit meiner Gesundheit überhaupt schaden. Lehre mich ›fasten‹, damit die spirituelle Fettschicht um mein Herz herum abgebaut wird und ich aufatmen und leben kann.«

An Pfingsten begegnet mir, wie gesagt, ein bunter Mischmasch von Menschen. Das ist zwar immer der Fall bei EEC, aber dieses Wochenende ganz besonders: Familien mit kleinen Kindern, Pfarrer, wüst tätowierte Motorradfahrer, Gemeindemitglieder, ein französischer Gitarrist mit seiner Freundin, ein Ex-Gefangener, mit dem ich mich gut verstanden habe, ein Polizist, ein Straßenmusiker aus Neuchâtel, Freunde, Jugendliche, alte Menschen… Eine liebe, doch etwas extrovertierte Frau ist auch dabei. Sie fliegt spontan einem abseits sitzenden, weil Menschenmengen hassenden, gegen Kirche allergischen Mann um den Hals und drückt ihm zu seinem Entsetzen einen herzlichen Kuss auf die Wange:»Na, dann bis bald mal wieder!« Er rückt gleich drei Meter zurück und grummelt mir zu:»Was hast du denn hier für 'ne Gesellschaft von Ausrastern eingeladen?«

Jemand hatte versprochen, für ein Barbecue zu sorgen, aber es dann glatt wieder vergessen. Auch nicht schlimm; wir legen alles Fleisch zusammen, was wir haben, improvisieren einen Grill und legen Würstchen drauf.

Beim Abend-Tipi-Treffen kommt jemand aus dem Dorf vorbei und wundert sich über die vielen Leute, die im Gras sitzen, über den Straßenmusiker, der zusammen mit dem Gitarristen improvisiert, über eine tanzende Kollegin von mir. Wir laden ihn zu uns ein, aber er wehrt ab:»Für mich ist Gottesdienst nur echt in einer Kirche, mit einem Pfarrer in Talar, der von der Kanzel redet.« Auch gut. Eine Viertelstunde später kommt er wieder vorbei mit einem Stuhl in der Hand und setzt sich schweigend dazu.

In der Ferne sehe ich den Menschenmengen-hassenden-und-gegen-Kirche-allergischen Mann mit seinem Hund herumstreunen. Bei meiner Ankündigung, dass das Abend-Tipi-Treffen nun beginne, schaut er mich vorwurfsvoll an:»Du weißt doch, das ist nix für mich! Na ja, dann lasse ich eben jetzt den Hund raus. Kannst mir ja ein Zeichen geben, wenn ihr ausgebetet habt.«

Es sind Menschen aus allen Ecken, eine bunt gefärbte Gesellschaft, in der jeder eine andere Sprache spricht, aber in der man doch zusammengehört. Wie beim ersten Pfingstfest.

Hoffentlich weht auch hier Gottes Geist bis in das letzte vielleicht kirchenallergische, aber liebeshungrige Herz hinein.

KAPITEL 9

LES MONTS DE PULLY

Zwei Wochen Ferien stehen vor der Tür! Speedy habe ich beim Bauern vom ersten Wochenende untergebracht, Barou begleitet mich wie immer in meinem Urlaub. Wieder unterwegs! Aber diesmal ist es nicht das Evangelium, sondern ich reise mit Fahrrad, Hundekarre und Zelt durch die Lande. Zwei Wochen nichts müssen, nur meiner Nase folgen, abends irgendwo landen, wo ich mein Zelt aufbauen kann, *ist* das schön! Dann geht's am nächsten Tag wieder weiter, immer weiter, bis ans Mittelmeer. Radfahren, schwimmen, lesen, lecker essen, schlafen – was will der Mensch noch mehr?

Höchstens nach zwei Wochen wieder zum Wanderpfarrerabenteuer zurück.

Am nächsten Wochenende mache ich einen Schlenker über Crêt-Bérard, wo eine Kollegin ein großes Fest organisiert hat. Es ist heiß unterwegs, und ich halte bei einem Bauernhof an, um nach Wasser für Speedy zu fragen. Eine Frau guckt aus dem Fenster und ruft: »Aber das ist ja die Wanderpfarrerin! Ich konnte nicht kommen, als Sie in Palézieux waren, und war schon so sauer, dass ich Sie verpasst habe – kommen Sie doch rein auf einen Kaffee!«

Der »Kaffee« entpuppt sich als eine richtige Mahlzeit, die mit großer Herzlichkeit serviert wird. Die Leute vertrauen mir eine ganz traurige Begebenheit an, aber es gibt auch viel zu lachen. Auf der Straße rast ein Motorradfahrer vorbei, wir hören quietschende Bremsen, die Maschine kehrt wieder um. Eine in

Leder gehüllte Gestalt kommt durch den Gartenzaun. Es ist Patrick, ein guter Bekannter von mir, der am ersten Wochenende den Eselwagen mit seinem Anhänger nach Crêt-Bérard gezogen hat. Er hat Speedy erkannt, der draußen im Schatten der Dinge harrt, die da kommen werden. Patrick musste doch eben testen, ob es wirklich Speedy selber ist ... und kommt gerade rechtzeitig für den Nachtisch!

Bald ist es Zeit, weiterzugehen. Thea, meine beste Freundin, holt mich und meine Tiere mit ihrer Kindergruppe kurz vor Crêt-Bérard ab. Sie übernachten alle hier und werden dieses Wochenende oft zum Singen kommen. Einige kenne ich: Sie gehörten zu der Gruppe, die mit mir eine CD von Bibelliedern gemacht hat.

Als Kinder haben Thea und ich schon zusammen gesungen; als Erwachsene machen wir einfach weiter!

Am nächsten Wochenende geht es von Crêt-Bérard zu den Monts de Pully. Aber am Freitagmorgen findet erst noch ein Treffen mit meiner Unterstützungsgruppe statt: immer wieder spannend, zusammen zu besprechen, was gut gewesen ist und was weniger. Wo wir hinwollen, wo wir hinkönnen. Und auch, wer bleiben kann und wer nicht: Georges, der Pfarrer meines Bergdorfes, sagt ehrlich, dass er nicht mehr kommen kann. Er wird zu alt für dieses Hin-und-her-Gereise, von einem Dorf zum anderen. Das ist traurig, aber ich bin dankbar für die vielen guten Ratschläge von Georges; für seine Weisheit, die unsere Gruppe oft vorm Ausrutschen bewahrt hat.

Wir besprechen auch, wer welche Aufgabe übernimmt. Franco wird zum ersten Mal in seinem Leben einen Trecker fahren und meinen Eselwagen von hier nach Lausanne ziehen. Roland wird an diesem Sonntag das Tipi abbauen und mitnehmen. Valérie und Priscille können dieses Wochenende nicht selbst kommen, aber sie werden beten. Und das ist nicht einfach schnell dahergesagt, im Sinne von »Herr, segne dieses Wochenende, amen«. Es ist ein echtes Engagement: EEC lebt vom Gebet, wird getragen vom Gebet, ermutigt vom Gebet;

eigentlich wird es jedes Wochenende immer wieder neu »erbetet«.

Nach dem Treffen mache ich mich auf den Weg. Die Tageswanderung mit Speedy ist mühsam heute. Der Esel will nicht, es gibt ein Unwetter mit Blitzen und Donner, Barou wird panisch. Glücklicherweise bin ich auf dieser Strecke nicht alleine. Eine Frau hat angerufen und gefragt, ob sie mitgehen darf: »Ich möchte gerne mit Ihnen reden.« Es ist das erste Mal, dass jemand die ganze Strecke mitgeht, und ich stelle fest, dass man unterwegs wirklich gut reden kann. Christine kommt von weit her, aus dem Jura; sie ist eine alleinstehende Frau mit fünf Kindern, einem harten Alltagsleben und einem großen Glauben voller Gipfel und Täler und Fragen an Gott.

Triefend vor Nässe kommen wir in den Monts de Pully an, das Tipi klappert wehmütig im kalten Wind. Wir ziehen uns um und essen unser Picknick. Unterwegs sind wir an einem kleinen Geschäft vorbeigekommen, an einer dieser Selbstbedienungshütten, die nach dem tollen Vertrauensprinzip funktionieren: Jeder nimmt, was er will, und bezahlt, was er soll, in einem kleinen Kästchen an der Wand. So haben wir an diesem Abend alles frisch: Salat, Brot, Butter, Käse, Schinken, Milch, Joghurt, Früchte. Nachdem ich abends Christine wieder zu ihrem Auto in Crêt-Bérard zurückgebracht habe, sitze ich nun einsam in meinem Klo-Zelt mit Aussicht auf den weiten Sternenhimmel – es kommt hier sowieso keiner vorbei, also habe ich den Zeltvorhang offengelassen – und denke mir: Wer hat es so gut wie ich? Welche schönste Villa bietet eine derartige Aussicht, und das vom Klo aus? Welcher Palast kann mit meinem schnuckeligen Eselwagen konkurrieren, wo der Hund schon auf mich wartet und wo ich nachher, wie eine Mumie in meinem Federbett eingerollt, einschlafen werde? Wo das Licht der Sterne sich noch ein bisschen durch die Vorhänge hindurchwagt und ich morgen früh von der Sonne oder vom Regen geweckt werde? Gibt es eine schönere Bleibe als mein tolles, wasserdichtes Tipi, in dem ich essen, beten und singen kann – und

Leute treffen, die ich gar nicht kenne, aber die nachher als Bekannte wieder weggehen? Wer hat es so gut wie ich?

Dieses Wochenende muss ich öfter an mein offenes Klo-Zelt denken: Es kommt hier sowieso keiner vorbei… Das wird leider Wirklichkeit. Die Familie Rouge wohnt zwar an einer sehr befahrenen Straße, aber der Bauernhof steht etwas abseits und die Autos fahren zu schnell, um die Plakate an der Straßenseite lesen zu können. Die Gemeinde hat ihr großes Jahresfest unten in Lutry, und so kommen auch keine Kirchenleute vorbei. Wir waren schon froh, dass Roland überhaupt einen Platz gefunden hat; denn der Weg nach Lausanne kann nur durch diese Gegend führen. Gemeindefest hin oder her, hier irgendwo musste haltgemacht werden: Der Esel kann nun mal nicht fliegen.

Zuerst macht es mir nichts aus, dass niemand vorbeikommt. Eine Frau hat angerufen und gefragt, ob ich Zeit für sie hätte, und zwar Zeit für sie alleine. Ich habe ihr zugesagt, den Ausführspaziergang für Barou am Nachmittag mit ihr zu machen; und es passt prima, dass ich dafür nicht andere Tipi-Besucher verlassen brauche. Wir reden lange und haben ein tiefes Gespräch. Ich freue mich, dass mir die elf Jahre pastoraler Beratungsstelle geholfen haben, das Puzzle »Mensch« manchmal doch ein bisschen besser zu verstehen. Und danach gibt's Essen: Spaghetti mit Salat, den die Frau versehentlich in Barous Hundenapf wäscht.

Später am Nachmittag sind einige Besucher da. Roland kommt noch mal vorbei und Eva, eine Freundin, erscheint zur Abendandacht. Und dann ist Stille. Ich warte im Tipi, ob noch andere Leute auftauchen werden, aber außer Madame Rouge, ihren Eltern und ihren zwei kleinen Kindern sehe ich niemand. Also kann ich ausnahmsweise mal früh ins Bett!

Aber bei der andauernden friedlichen Stille im Tipi am nächsten Tag wird mir mulmig. Ich fühle mich »nutzlos«, und das kann ich nicht so gut haben. Nachdem ich abends mit Yann, einem sehr sympathischen jungen Mann aus der Gemeinde, und Roland das Tipi abgebaut habe, sage ich etwas missmutig zu Gott: »Na ja, das war wohl nichts dieses Wochenende. Fast umsonst.« Roland und Yann fahren los. Ich will noch kurz zum Bauernhaus gehen, um mich von der Familie Rouge zu verabschieden. Da kommt ein junges Ehepaar aus dem Dunkeln hervor. Ich erkenne die beiden wieder, sie sind zu einer Andacht gekommen und zum Kaffee geblieben. »Gehen Sie schon?«, fragen sie.

»Ja, wir haben gerade alles aufgeräumt. Ich bleibe nie so lange am Sonntagabend, weil ich noch in die Berge zurück muss.« Ich zögere, denn ich spüre, dass sie auf etwas warten. Dann plumpse ich – allerdings nicht sehr subtil – in die Frage hinein: »Darf ich wissen: Wie stehen Sie eigentlich zu Gott?« Denn ich habe das Gefühl, ein langer Anlauf ist hier fehl am Platz, außerdem ist es schon 23 Uhr. Aber subtil oder nicht, auf diese Frage haben sie gewartet, und nun geht's los. Weil es sich im Dunkeln und stehend nun doch nicht so gut diskutieren lässt, frage ich Philippe und Jennifer Rouge, ob sie uns ein Zimmer zur Verfügung stellen können. Kein Problem.

Und so höre ich eine lange Geschichte. Die Frau weint, der Mann sitzt zuerst ein bisschen grummelig da. Ihre Ehe ist nicht das, was sie sich vorgestellt haben, aber beide wollen ein Stück weiterkommen, beide wollen, dass wir zusammen beten. Und viel mehr kann und brauche ich an diesem Abend auch nicht tun. Zuhören. Versuchen, ein Stück weit zu verstehen. Beten. Und segnen.

Denn das ist nicht dasselbe. Eine Leiterin meiner Fortbildung in Dänemark hat mal gesagt: »Wenn du betest, stellst du dich an die Seite des anderen Menschen vor Gott, und zusammen redet ihr mit ihm. Wenn du im Namen Gottes segnest, ist es, als wenn Gott sagt: ›Komme an *meine* Seite, dann wollen wir zusammen versuchen, diesem Menschen etwas zu sagen, das ihm weiterhelfen kann.‹«

Während ich morgens um ein Uhr ins Auto steige, um mit etwas Verspätung nach Hause zu fahren, ist es, als ob ich eine Stimme in mir hörte: »Fast umsonst?!«

KAPITEL 10

ROVÉRÉAZ

Chantal kam vor einigen Wochenenden zu Besuch und fragte, ob sie die Strecke nach Lausanne mit mir gehen dürfe. Nun ziehen wir von Les Monts de Pully zusammen Richtung Rovéréaz. Es ist nicht weit, nur drei bis vier Kilometer. So brauchen wir uns nicht zu beeilen und haben viel Zeit zum Reden. Voraussichtlich werden wir schon in zwei Stunden in Rovéréaz, einem Stadtteil von Lausanne, ankommen. Hier hat ein Bauer von Lausanne, Jean-Luc Chollet, eine Wiese, wo wir mehr als willkommen sind.

Die Rechnung »schon in zwei Stunden« ist allerdings ohne den Wirt Speedy gemacht. Mein Esel geht zwar willig auf unserem ausgesuchten Waldweg mit, aber bei der Kreuzung mit einem klitzekleinen Bächlein entscheidet er sich, dass er hier vor einem äußerst gefährlichen wilden Strom steht. Und hält an. Und hält an. Und… na ja, und so weiter. Chantal und ich ziehen, locken, schieben, versuchen zu überzeugen, nehmen sogar die legendäre Karotte zu Hilfe, müssen aber feststellen, dass es sich in der Tat nur um eine Legende handelt.

Wer mit einem Esel wandert, muss wissen, wann er weichen muss. So gehen wir denselben Weg wieder zurück, suchen und finden auf der Karte eine Alternative. Aber wie gut die Alternative auch auf der Karte aussehen mochte, sie entpuppt sich als Sackgasse. Nun stehen wir auf einem Hügel mit schönster Aussicht auf die Straße, die in der Tat zur Chollet-Wiese führt, aber eben tief unter uns. Speedy klappert freudig mit den Ohren,

Barou schnuppert nach Hasen, Chantal und ich inspizieren noch mal, aber fruchtlos unsere Karte. Kann man nichts machen. Also wieder zurück und dann eben an der großen Straße entlang, auch wenn das nicht ungefährlich ist.

Glücklicherweise gibt es einen, wenn auch schmalen, Fußgängerweg. Hier zeigt sich Speedy aber versöhnungsbereit. Willig quetscht er sich durch die Dornsträucher links und die Barriere rechts hindurch. Der Fahrer eines entgegenkommenden Autos hupt: Es ist Stef, der uns mit einem breiten Grinsen zuwinkt.

Nach insgesamt fünf Stunden stehe ich nun endlich auf der Wiese. Die Fenster der umliegenden Hochhäuser sehen mich wie unzählige Augen an: Hier kann ich nicht vom Klo aus die Aussicht genießen.

Es ist ein Wochenende voller Sonnenschein, voller Leute, voller Kinder. Und vor allem, »voll« Florian. Florian ist ein achtjähriger Junge, der gleich neugierig gucken kommt und danach nur noch widerwillig zum Schlafen nach Hause geht, so fasziniert ist er. Von den beiden Tieren. Vom Zelt. Vom Eselwagen. Aber auch – und das ist so schön und tut so gut – von den Tipi-Treffen. Er sitzt da, und alles an ihm ist offen: Ohren, Augen, Herz. Bei meiner Einladung »Hör mal, Florian, jetzt fängt das Tipi-Treffen an. Wenn du lieber nicht willst, kommst du einfach später wieder zurück, aber du kannst auch gerne bleiben« guckt er mich groß an und fragt: »Darf ich bitte bleiben? Ich möchte *so* gerne bleiben!«

Ich seufze tief und freudig. Nun ist es mal nicht das obligatorische »Je suis croyant mais pas pratiquant« – »Ich bin gläubig, aber gehe nicht zur Kirche«. Ich verstehe das zwar; die Formen des offiziellen Sonntagsgottesdienstes sind nicht unbedingt für jeden verlockend. Aber es wimmelt in diesem Kanton doch von Alternativen: Bibel-, Austausch-, Studien- und Lerngruppen, Alphakurse…

Ich habe das Gefühl, auch Gott seufzt tief und freudig bei diesem kindlichen »Ich möchte *so* gerne bleiben«.

Florian bleibt nicht allein. Schon bald nimmt er seinen Freund Benjamin, dann andere Kumpels mit. »Ich hab ihnen vom Tipi erzählt, und sie waren alle neugierig!« So mache ich an diesem Wochenende kein einziges Tipi-Treffen alleine. Immer sitzen fünf bis sechs Kinder im Zelt, die zuhören, Kommentare abgeben und mitjubeln. Wow! Was für eine tolle Herausforderung, das Evangelium so zu sagen, dass keiner ausgeschlossen ist, dass jeder es verstehen und sich angesprochen fühlen kann.

Das scheint übrigens ein Problem des »normalen Gottesdienstes« zu sein. So oft sagen mir Menschen: »Ich hab's echt versucht, aber ich *verstehe* den Pfarrer einfach nicht.« Florian und seine Freunde stellen Fragen, nicken, wenn sie etwas verstehen, freuen sich, sagen auch, wenn sie etwas nicht verstehen, lachen über Ungereimtheiten, runzeln die Stirn, wenn es etwas komplexer wird, fassen dann manchmal in einem klaren Satz zusammen, was ich etwas lange und mühsam versucht habe zu erklären. Sie segeln fröhlich durch Gottes spannendes Königreich hindurch, um etwas später ihre Eltern mitzubringen. Diese gucken zuerst leicht skeptisch, aber Florians Eltern winken mir zu: »Er redet über nichts anderes mehr, da müssen wir doch selber mal zu Besuch kommen!« Und dann sind Eltern und Kinder, Erwachsene und Kleine, zusammen: ein Geschenk.

Am Sonntag verlasse ich ausnahmsweise mein Zelt, um zusammen mit einer Kollegin vom naheliegenden Universitätskrankenhaus den Gottesdienst zu halten. EEC hatte gefragt, ob wir im Krankenhausgelände selbst stehen dürften; vor allem die Kinder, so dachten wir uns, hätten sicher viel Freude an Tipi, Esel, Eselwagen und Hund. Aber Direktion und Kollegen waren nicht einstimmig begeistert gewesen, und so waren wir auf Jean-Luc Chollets Wiese gelandet. Die Kollegin bat mich dann aber, zusammen einen Bittgottesdienst um Heilung vorzubereiten.

Das Wort klingt für einige vielleicht komisch, so als wenn man das vorprogrammieren könnte: Da wird geheilt! Es handelt sich aber eher »nur« um Fürbitte. Nur?

Die reformierte Kirche vom Kanton Vaud war skeptisch hinsichtlich Gebete für Kranke im Gottesdienst. Aber seit den Konferenzen eines schweizerischen Theologieprofessors, Walter Hollenweger, war es, sagen wir, politisch korrekt geworden, im Gottesdienst konkret für kranke, traurige, müde Leute zu bitten. Und nicht nur, dass »Frau X oder Herr Y seine Krankheit in Frieden tragen könne«. Es wehte ein frischer Wind, sodass man sogar dafür beten »durfte«, dass Gott diesen Menschen tatsächlich heile. Nicht magisch. Nicht durch die »richtigen« Worte. Nicht unbedingt jetzt gleich an Ort und Stelle. Nicht indem man Gott dazu zwingen oder den Menschen zu einem künstlichen Glauben hochwinden wollte, als ob seine Heilung vor allem von seiner eigenen Glaubensleistung abhinge.

Aber mit einem echten Vertrauen, dass Gott in Jesus Christus heutzutage noch heilen will und heilen kann, auch wenn dies die Frage »Warum aber mich nicht?« nur umso dringender stellt.

Ein Bittgottesdienst um Heilung ist also heute für mich angesagt, mitten im riesigen Kantonskrankenhaus. Meine Kollegin, Virginie, wartet schon, das Abendmahl ist vorbereitet, das Salböl auch.

Salböl – noch so etwas. Zwar biblisch, aber für viele leicht verdächtig. Und es ist ja auch gut, dass man nicht alles kritiklos ausprobiert. Doch vor allem wir Reformierte sind *so* vorsichtig und alles muss *so* ausführlich diskutiert und analysiert, in dafür offiziell geschaffenen Gremien und Arbeitsgruppen bearbeitet und kommentiert und in Arbeitspapiere zusammengefasst, den kirchlichen Autoritäten präsentiert und von diesen ernsthaft geprüft und korrigiert und neu den Arbeitsgruppen delegiert werden, dass die einfache Handlung darin zu ertrinken droht. Dabei sehe ich, wie gut es den Leuten tut. Brot und Wein spürt man nicht mehr, wenn man sie einmal zu sich genommen hat. Segen trägt man mit sich mit nach Hause, Worte können haften bleiben. Aber der Geruch von einem schön duftenden Öl, der stundenlang anhält, erlaubt manchmal ein anderes Bild von Gott: Es erlaubt ein Gefühl von Schönheit, von Wichtigsein, von etwas Leichtem, Fröhlichem, ja, Zärtlichem. Und das bedeutet nicht wenig für Menschen, die vielleicht zu lange und zu fasziniert die kalten Kalkulatorgottesbilder in ihrer persönlichen Galerie betrachtet haben.

In diesem Gottesdienst sehe ich zum ersten Mal eine Frau, von der Bernard mir erzählt hat: Sœur (»Schwester«) Gabrielle de Grandchamp. Sie hat sich von Anfang an sehr für EEC interessiert und bedauert, dass sie selber nicht zum Tipi kommen kann: Sie sitzt in einem Rollstuhl und hat eine schwere Kopfoperation vor sich. Ich reiche ihr das Brot und den Wein, sie sagt: »Ich bin's, Sœur Gabrielle!« Wir sehen uns an, und in diesem Augenblick entsteht eine Freundschaft.

»Möchtest du die Salbung?«

»Ja, gern!«

Wie toll wäre es gewesen, Herr, wenn ich jetzt erzählen könnte, dass während dieses Gottesdienstes Kranke geheilt wurden. Zu meiner eigenen Glorie? Ach, das spielt leider bestimmt mit, wir Menschen wollen so gerne wichtig sein. Aber doch auch wirklich zu deiner Ehre. Wenn die Menschen *sehen* würden, wer und wie du bist…

Nein, an diesem Tag gibt es keine sofortige Heilung. Kein außerordentliches Zeichen der Gegenwart Gottes. »Nur« fröhlich guckende Menschen, nur eine Sœur Gabrielle, die mir später erzählt, sie habe Kraft bekommen, um der Zukunft inklusive gefährlicher Operation vertrauensvoll entgegenzusehen.

Ich weiß noch, dass ich dachte: Das ist ja sehr schön, aber… nichts im Vergleich zu einer echten Heilung. Und darum hatte ich ja schließlich gebetet, von ganzem Herzen, und Sœur Gabrielle wäre bereit gewesen, von Gott zu empfangen, was er ihr zugedacht hätte.

Dann denke ich: Okay. Ich geb's in deine Hand. Du weißt, was du tust. Und mein Anteil ist es, genau das anzunehmen: dass du, Herr, ihr gegeben hast, was du ihr zugedacht hast.

Zurück zum Tipi, wo Florian sich auf mich stürzt. »Ich habe so gut auf Speedy aufgepasst und allen Besuchern von dir erzählt, und sie waren *so* interessiert!« Sein ganzes Gesicht strahlt. Er zeigt auf andere, neue Freunde. »Die hab ich mitgenommen zum Tipi-Treffen um 13 Uhr. Ich hab ihnen gesagt, es sei so *cool!* Dann wollten sie mit, les copains, die Kumpels!«

Und nochmals denke ich mir: Wenn doch nur alle Christen so freudig Reklame machen würden. Nicht als Erstes für den Gottesdienst, obwohl das ja ein tolles Zeichen wäre für die Herzlichkeit, mit der eine Gemeinde Außenstehende empfangen würde und dann auch ihre Formen anpassen könnte. Sondern für das Evangelium, die wirklich frohe Neuigkeit von einem Gott, der sich zutiefst auf ein Treffen mit jedem einzelnen Menschenkind *freut.* Ein Treffen, das er vorbereitet, wofür er sich Strategien ausdenkt, wofür er bereit ist, sich wie Speedy in schmale und sogar dornige Wege hineinzuquetschen.

Viele Papiere habe ich gelesen zum Thema »Evangelisation heute«, an Gruppen und Diskussionsabenden habe ich teilgenommen und viele bestimmt richtige Sachen gehört. Aber eines hat mir immer gefehlt: das einfache Zugeständnis, dass kein noch so gelungenes Papier, keine noch so tolle Strategie denselben Effekt haben wird wie dieser Satz, der ja schon (okay, mit anderen Worten, aber bestimmt mit derselben Begeisterung) den skeptischen Nathanael (Johannes 1,47) überzeugte: »Ich hab gesagt, er sei so *cool!*«

Dann wollen Kumpels vielleicht sogar mit…

KAPITEL 11

DER CAMPINGPLATZ VON VIDY IN LAUSANNE

Florian und seine Schwester Laura haben gefragt, ob sie mit-
kommen dürfen auf der Strecke von Rovéréaz zum Campingplatz von Vidy, und ihre Eltern und ich haben Ja gesagt. So
wandern wir nun fröhlich durch die Stadt, vorsichtshalber mit
einer Tüte Hundekotbeuteln, von denen es vier bis fünf für
eine Standard-Speedy-Leerung braucht. Die Leute starren uns
an, nicken dann freundlich oder sogar etwas neidisch: »So unterwegs zu sein, davon habe ich immer schon geträumt.« Ich
stelle allerdings fest, dass die schönen Szenarios in diesen Träumen selten oder nie stundenlanges Waten durch Wind und
Wasser vorsehen... Manche wenden sich aber auch etwas irri-
tiert ab. Ich höre einen Mann sagen: »Zigeuner in der Innen-
stadt, wo geht's denn hin?«

Florian führt Speedy vorsichtig und stolz durch die Straßen,
Laura und ich reden. Sie hat mir voriges Wochenende gesagt,
sie glaube nicht so an Gott wie Florian, würde aber gern mehr
drüber wissen, damit sie besser nachdenken könne. Ich mag
ihre ehrlichen Bemerkungen. Je näher wir dem Genfer See
kommen, umso voller wird's. In Ouchy kaufe ich uns ein Eis
und wir warten auf Florians Vater Ricco, der seine Kinder hier
abholen will.

Wir setzen uns auf eine Bank, um unser Eis zu essen. Die
Leute sammeln sich um Speedy. Eine Frau nähert sich mit ei-
nem Kind an der Hand. Ich warte schon auf eine der typischen
Fragen: Wie heißt der Esel? Darf ich ihn streicheln? Wie alt ist

er? Und der Hund? Und was *machen* Sie denn hier? Aber die Frau sagt in zögerndem Französisch: »Mein Sohn, er ist sieben Jahre alt. Er hat eine Frage.« Der Junge wartet noch, schluckt bei all den auf ihn gerichteten Augen und fragt dann: »Warum musste Jesus am Kreuz sterben?«

Alle Augen drehen sich zu mir. Die Leute warten, was diese seltsame Pfarrerin nun sagen wird. Denn Pfarrer sind dazu da, Antworten auf Fragen zu geben, oder?

Ja, schon. Nur mit einem Eis in der Hand auf einer Bank, umgeben von einer neugierigen Menschenmenge, ist es nicht ganz einfach, einem siebenjährigen Jungen in einigen Sätzen das zu erklären, wofür kluge Theologen ganze Bücher gebraucht haben. Ich versuche es trotzdem. Der Junge scheint nur halbwegs zufrieden. Kein Wunder.

Musste Jesus sterben? Ja, er musste. Warum? Damit Gott und Menschen wieder Freunde werden können. Ja, aber warum an einem Kreuz? Das war damals eine besonders erniedrigende Art und Weise, Menschen zu töten. Ja, aber warum musste er denn sterben? Ich fange an zu schwitzen, denn ich bin kein Fan von Rezept-Antworten, aber ich kann hier meine reformierten Nuancen nicht so richtig loswerden. Dann kommt es eben nuancenlos aus mir heraus: »Weil er uns so lieb hat. Ich versteh's auch nicht so genau, aber das weiß ich. Weil er uns lieb hat und alles zwischen Gott und uns wieder in Ordnung machen wollte. Und wenn man an ihn glaubt, dann *ist* auch alles wieder in Ordnung.«

Zehn mögliche Einwürfe – Vorwürfe? – gehen mir gleich durch den Kopf. Was sollte man denn zu anderen Religionen sagen? Und war das jetzt nicht zu moralisierend? Oder zu fromm? Und was sollte man sagen über Rettung und Versöhnung und Gott und Mensch und Sünde und… Aber was »man« sagen sollte, ist vielleicht nicht so wichtig. Der Junge nickt, seine Mutter strahlt. Die Leute gehen wieder.

Florian sagt: »C'était bien.« – »Das war gut.« Laura schweigt. Mein Eis tropft auf mein T-Shirt. »Uff!«, sage ich in Gedanken zu Gott. »Das war aber schwierig! Und nicht sehr deutlich vielleicht. Aber ich hab's versucht.«

Bei meiner Ankunft mit Speedy in Vidy – Ricco hat seine beiden Kinder inzwischen abgeholt –, sitzt Roland schon in einem Klappstuhl neben dem vom treuen Stef aufgebauten Tipi und liest. Er ist ein sehr beschäftigter Mann mit tausend Verantwortungen. Aber hier sitzt er und wartet auf mich. »Ich wollte nicht, dass du ankommst und alleine bist«, sagt er nur. Wie lieb!

Dann gibt es noch mal ein Wiedersehen mit Florian und seinem Vater. Rico sprintet heran, er läuft jeden Tag seine Runde durch die Stadt und am Seeufer entlang. Florian ist bei ihm und bringt mir zwei Zeichnungen, eine von ihm selbst mit Blumen, die andere von Laura mit Barou und Speedy. Ich befestige beide mit Heftzwecken an der Innenwand des Eselwagens – wo sie die nächsten Jahre hängen werden. Andere Kunstwerke werden folgen… Das ganze Tipi wird später dekoriert sein von mehr als hundert Kindergemälden, alle stolz als Geschenk angeboten und auch als solche geschätzt. Aber diese beiden ersten werden mich drinnen im Eselwagen begleiten, und über die Jahre lächeln Blumen, Speedy und Barou mir eine gute Nacht beziehungsweise einen guten Morgen zu.

KAPITEL 12

VON VIDY ÜBER ECUBLENS ZUM CAMPINGPLATZ VON MORGES

Nach einem Wochenende in Vidy voller Begegnungen und nicht viel Schlaf (ein langes und sehr intensives Gespräch mit einer Frau und ihrem kranken Kind im Wohnwagen bis zwei Uhr samstagmorgens; ein ebenso langes und nicht viel weniger intensives Gespräch mit dem Nachtwächter auf einem Stuhl vor der Rezeption bis zwei Uhr sonntagmorgens) geht's am nächsten Wochenende weiter am See entlang Richtung Ecublens, wo Jean-Claude Clerc und seine Frau Marie-Pierre uns auf ihrer Wiese erwarten. Und mit ihnen Freunde aus der Gegend, wo ich elf Jahre gearbeitet habe, zum Beispiel Nelly und André, mit denen ich im Urlaub in Tessin war. Auch mehrere frühere Chormitglieder sind da, sodass ich mithilfe einer kleinen Stereoanlage das vierstimmige Lied ausprobieren kann, das ich auf die Musik des zweiten Teiles von Raffs Klavierkonzert, einer unendlich zarten Melodie, geschrieben habe.

Bei einem der Tipi-Treffen merken wir, dass vier verschiedene Konfessionen vertreten sind: Ein orthodoxer Mann erzählt, was für ihn die Worte »heilig« und »Herrlichkeit Gottes« beinhalten; ein katholischer Priester, einige Mitglieder der evangelischen Gemeinde von Bussigny und wir Reformierte hören zu. Ich liebe es, wenn die verschiedenen christlichen »Farben« zusammenkommen. Diese Einheit, wie schwach sie auch zum Ausdruck kommen mag, ist mir unendlich wichtig. So freue ich mich nun ganz besonders.

Dann geht's am darauffolgenden Freitag weiter zum Campingplatz nach Morges. Stéphane, ein junger Mann, den ich in meiner Beratungsstelle *la Cascade* kennengelernt habe, rief an, weil er mich ein Stück begleiten möchte. Nun wartet er auf mich beim Wiesengelände der Uni Lausanne, wo ich Speedy vorigen Freitagabend in Begleitung von Marie, Francos Tochter, hingebracht hatte.

Stéphane darf den Esel führen. Es fängt an zu regnen, dann kommen Blitz und Donner dazu. Kalt und wie nasse Jutesäcke kommen wir in St. Sulpice an, wo Stéphane mich wieder verlässt. Mir fällt plötzlich ein, dass ein holländischer Bekannter von mir hier wohnt, und ich rufe ihn schnell an. Wir treffen uns in einem warmen Café, Speedy steht draußen angebunden und sieht uns vorwurfsvoll an.

Albert ist behindert und an einen Rollstuhl gebunden, aber einige Schritte kann er gehen. Wir kennen uns noch nicht so lange, und es ist auch nicht immer ganz einfach, ihn zu verstehen. Aber ich habe seine Direktheit gerne und freue mich, ihn wiederzusehen. Er begleitet mich dann ein Stück im Rollstuhl. Ich wollte einfach am See entlanggehen, aber Tafeln mit zähnefletschenden Hunden weisen auf Privatbesitz hin, also müssen wir wieder zur Hauptstraße hoch. Der Regen ist jetzt doch ärgerlich, ich sehe gar nichts auf meiner Karte, das Wasser tropft auf meinen Rücken. So stellen sich die Tagesträumer das Nomadendasein bestimmt nicht vor… Unglücklich und unentschlossen stehen wir an einer Straßenecke, da öffnet sich ein Fenster über uns und ein freundliches Polizistengesicht guckt heraus. »Bonjour! Kommen Sie doch auf einen Sprung rein. Sie sehen aus wie zwei nasse Waschlappen!«

Ja, diese Einladung lassen wir uns natürlich nicht entgehen. Drinnen ist es schön warm, der Kaffee aus Pappbechern tut gut, die beiden Polizisten interessieren sich sehr für EEC. Dann muss ich aber wieder weiter; Albert kehrt nach Hause zurück. Speedy, Barou und ich nehmen den vom Polizisten vorgeschlagenen Weg und erreichen bald die ersten Häuser von Morges, wo Aude schon auf mich wartet. Wir legen die letzten Kilometer zusammen mit einigen Kindern und ihren Eltern zurück. Aude, die Theologiestudentin aus Ferlens, hat EEC »adoptiert«. Sie kommt, so oft sie kann, hilft aus und hinterlässt überall kleine Zeichen von Herzlichkeit und Wärme. So finde ich in allen Ecken unerwartete Zettel: »Viel Mut, du schaffst das schon!« Oder: »Der Herr ist bei dir, überall.« Da ich diesen letzten Zettel im Klo-Zelt entdeckt habe, bekommt dieses »überall« einen besonderen Sinn.

Auf dem Campingplatz von Morges wartet das Tipi schon, umgeben von neugierigen kleinen Helfern. Roland, der Campingwart, hat uns auf die Jugendwiese gestellt, wo ich wahrscheinlich wenig Schlaf, dafür aber viele Kontakte haben würde, meint er. Aber Letzteres ist an diesem Wochenende gar nicht so einfach. Denn die Jugendlichen sind misstrauisch und befürchten – trotz Ankündigungstafeln, die mit großen Buchstaben meine offizielle Kantonskirche erwähnen – eine schlau getarnte Sekte. Sie gucken böse zu Speedy, wenn er seine (zugegebenermaßen riesigen) Haufen macht, auch wenn er diskret am äußersten Rand der Wiese steht und ich mich sofort mit Schaufel auf die Hinterlassenschaften stürze, um sie in den dafür am Zaun befestigten Müllsack zu deponieren.

Ein eifriges Gemeindemitglied nimmt an einem Tipi-Treffen teil, ist aber enttäuscht von der »soften« Art und Weise, hier im Namen Gottes tätig zu sein. »Sie müssen mehr Reklame machen! Mehr sichtbar sein! Dies ist doch viel zu diskret, machen Sie Poster, nehmen Sie den Esel mit auf den Campingplatz, kündigen Sie Vorstellungen an!«

»Ja, aber welche Vorstellungen denn?«, frage ich sie unsicher.

»Hören Sie mal, da müssen Sie sich schon etwas einfallen lassen! Dies zieht doch keine Menschen an! Denken Sie sich was Besonderes aus, laden Sie die Kinder ein, machen Sie ein bisschen Show!«

Vielleicht hat die Frau nicht ganz unrecht, denke ich mir, Reklame war ja noch nie meine Stärke. Deshalb bitte ich den

Campingwart um Erlaubnis, erhalte sie (»Aber nehmen Sie den Müllsack mit!«), klebe zwei Tafeln mit EEC-Postern zusammen, befestige sie an Speedys Joch und nehme Esel und Hund mit auf den Hauptplatz. Ich fühle mich komisch. Alle Campinggäste ziehen sich eiligst zurück in ihr Zelt, wenn ich vorbeikomme, oder schlagen demonstrativ einen Seitenweg ein. Speedy juckt's, er will sich an einem Baum kratzen, der Bindfaden von den Postern reißt, die ganze EEC-Fracht fällt in ein trauriges Knäuel auf den Boden. Da liegt nun meine Reklame.

Mir reicht's, ich kehre reklamelos wieder zurück, und siehe da, Leute kommen wieder auf mich zu. Ich weiß nicht so richtig, wie ich das Ganze interpretieren soll, ich will ja auch kein Allgemeinprinzip daraus machen, aber im Moment mache ich mal lieber weiter, wie ich es gewohnt bin und wie es zu mir passt.

Mit dem Campingwart habe ich ein unerwartet schönes Gespräch, mit zwei abreisenden Holländern auch. Viele Menschen kommen zu den Tipi-Treffen.

Am Sonntagabend – das Tipi ist schon leergeräumt, das Kreuz steht einsam davor auf dem Feld – kommen doch noch einige Jugendliche herüber. »Was machen Sie denn eigentlich? Wir haben zuerst gedacht, Sie vertreten eine Sekte. Sehen Sie selbst, dieses Kreuz...«, sagt ein Mädchen.

Ich folge ihrem Blick zu unserem Tipi-Kreuz, das so schön die Zachäusgeschichte mit dem letzten Abendmahl verbindet. Es ist von Kindergottesdienstleiterinnen aus Les Diablerets, Vers l'Eglise und Aigle gemeinsam gezeichnet und gebastelt und dann von den Kindern liebevoll angemalt worden. Ein Jünger ist grün, das Gesicht eines anderen ist blau, aber das Ganze ist so freundlich und fröhlich geworden, dass viele Leute sich zum Beten und Nachdenken davorsetzen. Und nun das: »Eine Sekte... Sehen Sie selbst...«

Das Kreuz scheint Menschen entweder anzuziehen oder wegzujagen – gleichgültig lässt es niemand. Aber das ist vielleicht nicht ganz so erstaunlich...

Das Mädchen fährt fort: »Sie haben uns ja dann in Ruhe gelassen. Und die Leute, die gekommen sind, sahen ganz normal aus. Da waren wir nun doch neugierig. Können Sie noch ein bisschen erzählen?« Ich finde es zwar schade, dass sie jetzt erst neugierig sind, aber wir haben noch etwas Zeit.

Ein Junge, der mich das ganze Wochenende fröhlich, aber auch etwas spöttisch grinsend begrüßt hat, gesellt sich dazu. »Aber warum kam denn der Rauch aus dem Tipi?«, fragt er.

»Rauch?!« Unwillkürlich drehe ich mich um, sehe aber nur mein unschuldiges, rauchloses Tipi.

»Ja, jedes Mal, wenn Sie mit Leuten zusammen gesungen haben, kam ja Rauch da oben heraus, oder?«

Ich weiß nicht, ob er an Halluzinationen leidet oder ob seine Erwartung, es handele sich hier um mystische Indianerrituale, sich gar nicht anders als nur so bestätigen kann. Manchmal sitzen Menschen so in ihren Vorurteilen fest, dass sie nur sehen, was diese Vorurteile bestätigt. Dann muss er aber selber lachen. »Ich habe gedacht, Sie rauchen Hasch zusammen, war sogar etwas neidisch! Dabei haben Sie also wirklich einfach nur gebetet und gesungen!«

Ja, bei uns wird allerdings wirklich einfach nur gebetet und gesungen. Schade, dass *das* nicht neidisch macht. Vielleicht ist es nach heutigen Erwartungen *zu* einfach?

Es ist ein eigenartiges Wochenende, denke ich mir beim Wegräumen von Speedys mindestens dreißigstem Haufen. Noch nie hat sein Darm so begeistert gearbeitet wie ausgerechnet hier auf dem Campingplatz. Mein Rücken tut weh vom vielen Auffegen und in den Müllsack deponieren, denn es gibt hier nicht nur Mengen, sondern auch einiges an Gewicht. Ist das hier etwa eine besondere Grassorte? Na ja, der letzte kleinste Krümel ist jetzt entfernt, alles ist wieder makellos grün.

Ich gehe zwei Schritte zum Tipi zurück, da höre ich hinter mir ein lautes »Platsch«. Speedys Schwanz steht hoch in der Luft, mit großer Geschwindigkeit sprudelt ein brauner, stinkender Wasserfall aus ihm heraus. Jetzt wird's mir doch zu viel. »*Merde*!«, schreie ich meinen Esel an.

»Das kann man wohl sagen!«, nickt ein Radfahrer, der gemütlich rauchend am Zaun eine Pause macht. Da muss ich doch lachen, und plötzlich ergibt sich, sozusagen aus diesem – entschuldigen Sie das Wort, aber es ist nun mal so – »Scheißhaufen« heraus ein stundenlanges, wunderbares Gespräch.

Gott hat so seine eigene Art, Reklame zu machen ...

KAPITEL 13

LAVIGNY

Nach einem mühsamen Weg stehe ich nun am Freitagabend auf dem Gelände von Lavigny, einem großen Zentrum für erwachsene behinderte Menschen. Speedy steht hinter einem Metallzaun, um ihn vor allzu freundlichen Händen zu schützen, Barou liegt an seinem eigenen Platz neben dem Tipi-Tisch. Er hat eine harte Nacht hinter sich. Ich auch ...

In der letzten Nacht gab es ein schreckliches Gewitter. Barou zitterte in unserem Eselwagen und warf sich ängstlich auf mich. Aber mit einem 35-Kilo-Hund auf dem Bauch lässt es sich nicht so richtig gemütlich schlafen, also schob ich ihn sechs Mal mit großer Entschiedenheit von mir weg. Beim siebten Mal hatte ich aber die Nase voll: dann eben ins Auto mit ihm.

Es regnete nicht, es sintflutete, also zog ich Regenjacke, Regenhose und Regenschuhe an. Klappe auf, Hund raus, Frauchen raus, schnell, schnell zum Auto. Beleidigter Hund rein, Tür zu, schnell zurück, rein in den Eselwagen, Regenklamotten vorsichtig ausgezogen – möglichst ohne alles im drei Quadratmeter kleinen Eselwagen nass zu machen. Tief seufzend kroch ich wieder in den warmen Schlafsack hinein. Augen zu. Fertig. Endlich in Ruhe schlafen!

Aber was war das? Durchdringende Lichtsignale eilten durch die Vorhänge auf mich zu. Ich schrak hoch, guckte nach draußen. Mein Auto stand wie in Feuer und Flamme: Es blinkte und blitzte und stellte die ganze Umgebung in einen hellen Schein. Erschrocken dachte ich an den gütigen Nachtwächter, der mir vorher noch gesagt hatte: »Keine Sorge, ich habe ein Auge auf Sie, so können Sie ruhig schlafen.« Im Geist sah ich ihn schon angerannt kommen, wedelnd mit Taschenlampe und Knüppel. Also: wieder Regenjacke, Regenhose, Regenschuhe an, Klappe auf, schnell zum Auto. Barou saß zwischen Lenkrad, Sitz und Warnblinkerknopf eingeklemmt und schien glücklich zu sein, wieder mit mir zum Eselwagen rennen zu dürfen …

Die ersten Gäste sind mir besonders lieb: meine Nichte Helma mit ihrem Mann Arjen und ihren zwei Kindern, Mariette und Hanneke. Sie bleiben bis zum Abend, wir können sogar noch gemütlich zusammen essen. Arjen war schon nach Palézieux gekommen, als er geschäftlich nach Zürich musste mit einem Auto voll christlicher Metal-CDs. Ich hatte ihn damals um einige seiner wüsten Exemplare gebeten, um für eventuelle Jugendliche im Tipi etwas Aktuelles bei der Hand zu haben. Ich sehe noch das entsetzte Gesicht eines lieben Gemeindemitgliedes vor mir, das beim Aufräumen helfen wollte und plötzlich auf eine grinsende Totenkopf-CD-Hülle stieß …

Eine Journalistin vom Regionalblatt taucht auf, mit Fotografin. Sie ist sehr interessiert, beneidet mich fast. Ich bin oft froh über Besuche von Journalisten, auch wenn sie mich herausfordern: Es ist nicht so einfach, den Geist von EEC zu vermitteln und nicht in Anekdoten stecken zu bleiben. Aber Zeitungsartikel haben mir bis jetzt gut geholfen; so mancher Neugieriger kommt, weil er irgendwann mal etwas über uns gelesen hat, und der »Spuk« der Sekte wird so auch etwas auf Abstand gehalten. Außerdem sind die Journalisten EEC erstaunlicherweise sehr wohlgesonnen. Ich befürchte wohl immer ein bisschen das jeweilige Endresultat der Interviews: Ich denke ja nicht über jedes Wort nach, und man weiß nie, was der andere heraushört, wo er den Akzent setzt. Aber oft bin ich positiv überrascht und sogar dankbar, wenn ich sehe, was sie geschrieben haben.

Besucher von der Institution gehen ein und aus. Einige Leute leben fast selbstständig hier; sie kommen und gehen, wann sie wollen: zum Tipi-Treffen, zum Kaffee, zum Essen. Die anderen brauchen Begleitung und kommen in kleinen Gruppen mit ihren Helfern, manche auch zum Tipi-Treffen, das sich für diese Gelegenheit in ein kurzes Gespräch mit vielen Liedern verwandelt. Ich habe die Kinder-CDs dabei, das hilft beim Mitsingen.

Andere sind nicht imstande, an Gesprächen teilzunehmen, aber sind fasziniert von den Tieren. Ich bin so stolz auf meine beiden Freunde: Sie lassen sich streicheln, am Schwanz ziehen, schieben... und bleiben offen und freundlich.

Eine Frau sitzt in ihrem Rollstuhl, starrt vor sich hin, ein leerer Blick in den Augen. Die Begleiterin versucht, sie auf Speedy aufmerksam zu machen, aber sie reagiert nicht. »Sie lebt in einer ganz eigenen Welt«, sagt die Begleiterin zu mir. »Sie merkt eigentlich gar nicht mehr, was um sie herum passiert.«

»Hat sie Angst vor Hunden?«, frage ich.

»Weiß ich nicht genau, aber ich glaube nicht.«

Ich hole Barou aus dem Tipi, hocke mich vor die Frau, Barou sitzt neben mir. Sie reagiert nicht. Vorsichtig nehme ich ihre Hand und streichele damit den Hund, lasse ihre Hand dann auf seinem Kopf ruhen. Langsam dreht sich ihr Blick zu Barou, der geduldig dasitzt und hechelt. Ihr Gesichtsausdruck verändert sich, die Augen scheinen etwas sagen zu wollen. Einen Moment ist es, als ob da zwischen ihr und dem Tier eine Verbindung bestünde, ein winziger Dialog stattfände. Die Hand bewegt sich, sucht... Dann ist der Augenblick wieder vorbei, die Tür wieder zu. Aber sie war einen Moment offen gewesen.

Ich muss an ein Versorgungsheim in Villars-Burquin denken, einem Dorf, das zu meiner Pfarrgemeinde gehörte. Ich war regelmäßig da. Es gab dort eine Frau, die die Creutzfeldt-Jakob-Krankheit hatte. Mit erschreckender Geschwindigkeit verlor sie ihre Fähigkeiten, und zum Schluss saß sie nur noch da, lediglich beim Singen hob sie den Kopf. Eines Tages sagte man mir, es gehe ihr schlecht, sie müsse in ihrem Zimmer bleiben. Ich ging hin und fand sie im Bett, den leeren Blick auf die Decke gerichtet. Ich setzte mich zu ihr, nahm ihre Hand, blieb einfach da. Sollte ich beten? Ich dachte zuerst: Was soll's, sie ist eh nicht mehr »da«, sie merkt nichts mehr. Und dann aber: Du Dussel! Gott hat seine eigenen Kommunikationskanäle, das überlasse ihm.

Und etwas Wunderbares geschah: Ich sah nichts, aber ich wusste beim Beten, dass etwas zwischen den beiden passierte, etwas hin und her ging. Wie oder was – keine Ahnung. Aber eine Tür war offen gewesen.

Als Jugendliche hatte ich Angst davor, dass Gott bei einer psychischen Krankheit nichts ausrichten könne; dass alles dann einfach wegfallen würde, weil dieses Gebiet irgendwie außerhalb seines »Kraftfeldes«, seiner Möglichkeiten läge. Wenn man in einer anderen Welt drinsteckt, wie soll Gott dann noch Zugang haben? Wenn ich nicht mehr »echt ich« bin, wie soll Gott dann zu mir kommen?

Ich bin immer fester davon überzeugt, dass er nicht nur vieles, sondern alles in seiner Hand hält. Und dass ihn nichts, aber auch gar nichts, zurückhält.

Wo ein Gott ist, ist ein Weg.

Geistige Behinderung macht mich immer noch etwas traurig. Mit körperlicher Behinderung habe ich weniger Schwierigkeiten; mein bester Freund, David aus England, hatte die »Glasknochenkrankheit« und war völlig abhängig von seinem Rollstuhl. Selten bin ich jemand begegnet, der so intensiv lebte und sich so für andere einsetzte wie er. Aber bei geistiger Behinderung fällt für mich – auf den ersten Blick – etwas weg, das unbedingt und unersetzlich zum Menschsein dazugehört.

Bis ich mich dann wieder »schüttele« und weiß: Hier ist nicht ein Behinderter, hier ist ein Mensch. Und ja, dieser Mensch ist auch behindert, aber das ist auf keinen Fall seine Identität. Die hat Gott sich vorbehalten: Hier ist sein Kind, sein geliebtes Kind, und das mag krank sein – auf welcher Ebene auch immer –, aber er hält es fest in seinen Händen und hält eine Tür offen, die für andere Menschen unsichtbar ist. Eine offene Tür, die niemand schließen kann.

Abends bereite ich mit Armin, dem Kollegen des Zentrums, den Sonntagsgottesdienst vor. Was kann ich beitragen? Ich habe noch keine Idee, aber Armin meint: »Es wird dir schon noch was einfallen!«

Am Sonntagmorgen weiß ich immer noch nichts. Bis mein Blick auf die Kerzen im Tipi fällt. Ein wahrer Schatz von Kerzen: kleine, große, fast abgebrannte, neue, gerade, schiefe, farbige, gebrochene, geschmolzene. Im Gottesdienst stelle ich sie alle auf einen kleinen Tisch und sage dann, dass sie wie unsere Herzen sind und dass Gott darin sein Licht anzünden will: in allen, egal, welche Form sie haben. Ich zünde sie an. Plötzlich schlucke ich: Einmal, in einem anderen Versorgungsheim, hatte ich allen Bewohnern eine Tüte Sonnenblumensamen gegeben, zusammen mit einem kleinen Topf. Das Ganze sollte Gottes Leben in unserem Leben darstellen. Alle Samen hätten natürlich gehorsam blühen müssen, aber die Töpfe waren trotzig leer geblieben. Und was wäre, wenn jetzt eine der Kerzen nicht brennen will oder nachher ausgeht? Aber nein, alle brennen.

Interessant: die schiefen und gebrochenen noch begeisterter als die geraden.

KAPITEL 14

PAMPIGNY

Am nächsten Wochenende heißt es: auf nach Pampigny, wo Priscille Hunziker von meiner Unterstützungsgruppe wohnt. Sie und ihr Mann Patrik waren schon Gemeindeglieder und Freunde aus meiner Zeit in Fiez. Priscille kommt mir auf halber Strecke mit den Kindern entgegen, und wir tauschen fröhlich Neuigkeiten aus.

Das Tipi steht auf dem Fußballfeld, von allen Seiten sichtbar. Es freut mich immer wieder, wie freundlich die örtlichen Behörden mitarbeiten. Immer darf ich an den tollsten Stellen stehen, immer stellt man mir alles Mögliche zur Verfügung: Toiletten, gemähtes Gras, Zäune, Reklamemöglichkeiten …

Dieses Wochenende stellt man mir noch etwas anderes zur Verfügung: Menschen. Aber das wussten weder Priscille noch ich. Die ersten Hinweise bekomme ich beim Erblicken zweier leuchtend orange gekleideter Straßenarbeiter direkt vor meinem Eselwagen, die Schilder aufhängen mit dem verheißungsvollen Wort »manifestation«, »besondere Veranstaltung«. Die ganze Straße vor dem Feld wird abgesperrt. Ich gehe mich erkundigen. »Bonjour! Was gibt's denn hier für eine Veranstaltung?«

»Das große Fest vom Curling-Klub in Lausanne, 300 Leute … Hat man das Ihnen nicht gesagt? Na ja, Sie werden wenig schlafen heute Nacht!«

Diese entmutigenden Worte können aber die freudige Tatsache nicht ändern, dass an diesem Samstag massenweise Leute bei mir vorbeikommen, sei es auch nicht unbedingt wegen geistlicher Nahrung: »Verkaufen Sie Würstchen?« ist das Anliegen derer, die ein Tipi, einen Esel und einen Eselwagen sehen und sich freuen, dass ihr Festkomitee sich so etwas Originelles hat einfallen lassen. Manche gehen schleunigst wieder weg, wenn sie merken, dass es sich hier um etwas »Frommes« handelt. Andere bleiben begeistert, holen ihre Kinder und Freunde herbei.

Eine regional politisch engagierte Frau kommt aus einem Nachbardorf herüber. Sie hat von EEC gehört, bezeichnet sich selber als »croyant-mais-pas-pratiquant«, aber ist neugierig, was uns »treibt«. Sie interessiert sich wirklich für meine Antwort und bittet schließlich um einen Segen: für sie in ihrer politischen Funktion, die nicht immer einfach ist; und als Frau, was auch nicht immer einfach ist. Roland kommt in diesem Augenblick vorbei, und auf den Wunsch der Frau hin legen wir ihr beide die Hände auf.

Eine Vertreterin des Dorfgemeinderates schaut vorbei und erkundigt sich, ob alles auch so läuft, wie es laufen müsse. Tut's!

Das Band zwischen Kirche und Staat ist ein Seltsames. Der Kanton Vaud erkennt die Kirche als nützlichen öffentlichen Dienst an und hat sich dazu verpflichtet, sie zu schützen. Aber was heißt das für ihre Identität, wenn eine Kirche als »öffentlicher Dienst« bezeichnet wird? Was ist nützlich und was nicht? Hat das Evangelium hier völlige Freiheit oder wird es, fast unmerklich, dem Staat untergeordnet, und dann auch den Kriterien dieses Staates? Und das heißt: Nichts Aufmüpfiges, nichts Entzweiendes tun und sagen. Riskiert das Evangelium unter diesen Umständen nicht, gezähmt und schließlich zahm zu werden?

Wer in unserer Kirche ordiniert wird, muss dementsprechend geloben, zu suchen, was vereinigt, und nicht das, was trennt. Das ist an sich ja schön, aber dieses Versprechen kann auch entgleisen. Nämlich dann, wenn der Konsens der politischen – und auch spirituellen! – Korrektheit an der Kirchentür hängt wie die Tafel an der Hoteltür: »Bitte nicht stören!«

Schon als Gemeindepfarrerin habe ich damit gekämpft, dass es den meisten Leuten eher um den öffentlichen Dienst zu gehen schien: Taufen, Hochzeiten, Begräbnisse… Es gehörte alles ein bisschen dazu, aber ein lebendiger Gott schien zu dieser wohligen Harmonie manchmal in eigenartigem Kontrast zu stehen.

Dieser Kontrast konnte sehr auffällig werden, wie am Tag, als man mir auftrug, nicht »zu viel« über Gott zu reden. Oder als die hochzeitliche Dekorateurin das Kreuz hinter der Kanzel verstaute, damit »die Blumen besser zu ihrem Recht kämen«. Ich war selber erstaunt über die Wut in mir, als ich sie fast mitsamt Blumen draußen vor der Kirche deponiert hätte.

Aber meistens war der Kontrast subtil: Herr, segne uns, schmücke unser Leben ein bisschen, sei für uns da – aber nicht zu viel, das ist für die Extremisten. Bitte nicht stören…

Es gibt allerdings auch Vorteile einer staatlichen Kirche, und eins davon ist unbestreitbar die schon erwähnte Hilfsbereitschaft, mit der öffentliche Behörden EEC zu Diensten stehen. Und es ist schon wahr: Wie könnte ich sonst das Wort »Evangelium« so froh und frei an Fußballfeldpfählen ankleben wie hier? Und wie könnte ich später mein Tipi aufstellen neben einem staatlich geschützten Monument wie der berühmten Abtei von Romainmôtier? Dürfte ich sonst so einfach mitten im Stadtpark von Lausanne Gottes gutes Wort sagen und singen? Und wenn ein Esel versehentlich Stadtbänke auffrisst beim Seeufer von Lutry, ist es dann nicht wunderbar, wenn die Schäden nachher mit einem Lächeln aus der Stadtkasse vergütet werden?

Nein, das Verhältnis zwischen Kirche und Staat ist nicht einfach. Aber es ist für mich neben Stein des Anstoßes doch auch oft ein Geschenk gewesen.

KAPITEL 15

DIZY

Mit Bernard wandere ich nach Dizy, einem kleinen, versteckten Dorf nicht weit von Cossonay. Ich werde wirklich eine Expertin im Kartenlesen, aber auch in der kantonalen Geografie. Das Tipi steht auf einer zentral gelegenen Wiese im Dorf, diesmal neben dem Fußballfeld – alles, was es braucht, um die Leute auf EEC aufmerksam zu machen. Jeder ist eingeladen, jeder kann kommen.

Aber jeder kommt nicht. Zumindest nicht die Dorfbewohner. Nicht mal die Kinder. Es ist zwar schön, Zeit zu haben für die Leute, die anderswoher kommen, vor allem für Catherine, eine Freundin von Bernard: Wir reden lange und intensiv, beten für ihre Heilung und einen Job. Aber es wurmt mich doch ein bisschen, dass keine Einheimischen vorbeikommen, wo ich doch so schön zentral stehe, vielleicht 500 Meter vom Dorfkern entfernt. So beschließe ich nachmittags, mit meinen Tieren auf Kundschaft zu gehen. Lange Tische stehen überall am Straßenrand, Menschen sitzen darum herum. Ich höre fröhliches Stimmengemurmel, das bei meinem Auftauchen plötzlich aufhört. »Bonjour!«, sage ich fröhlich.

»Bonjour«, klingt es zurück. Sonst nichts. Nur auf uns gerichtete Blicke und tiefes Schweigen. Etwas unbehaglich gehe ich weiter. Später höre ich, dass sie unter sich gesagt haben: »Wenn sie auf dem Rückweg wieder hier vorbeikommt, laden wir sie ein, ja?«

Und so geschieht's. »Un verre, Madame?« – »Trinken Sie einen mit?

»Ah oui!« Ich setze mich an einen Tisch, Barou liegt zu meinen Füßen. Speedys freundlicher Eselskopf quetscht sich zur Freude aller zwischen die Köpfe der Gäste in der (nicht beschämten) Hoffnung, nicht nur Krümel, sondern auch Handfesteres vom Tisch zu schnappen. Und so bin ich auf einmal in die Gemeinschaft hineingenommen.

Eine Stunde später wage ich zu fragen: »Warum ist denn vorher keiner von euch vorbeigekommen? So weit stehe ich doch nicht von hier entfernt!«

Wieder gibt es einen Moment unbehaglichen Schweigens. Dann sagt mein Gegenüber: »Wir haben gedacht, du seist so'n Sektierer. Wussten nicht, dass man so toll mit dir reden kann. Dass du uns nix aufzwingen willst.«

»Aber ihr habt doch die Plakate gesehen? Da steht doch der Name der Kantonskirche drauf?«

»Mmm, nun ja, aber wir dachten, du willst uns dann wohl wieder in die Kirchenbänke hineinbringen, uns die Leviten lesen, dass wir nicht mehr kommen …«

Ich bin doch etwas verblüfft. Später finde ich dann noch heraus, dass im Dorf einige Evangelisationsversuche gemacht worden sind, die »nicht gut gefallen sind«, wie man hier sagt. Vielleicht zu eifrig? Zu sehr auf das Ergebnis, zu wenig auf die Leute selbst bedacht? Ich weiß es nicht. Vielleicht bin ich ja selber zu »lauwarm«, weil ich nicht schnurstracks auf Bekehrung aus bin? Ist es das? Muss »unverdünntes« Evangelium nicht Widerstand aufrufen, und ist es unbedingt ein gutes Zeichen, dass »man so toll mit mir reden kann«? So schwierige Fragen … Und du, Herr, sagst nichts dazu.

Am Abend gibt's dann ein Problem: Der Bauer, der uns beim Aufräumen helfen wollte und versprochen hatte, Speedy in den kommenden Tagen zu beherbergen, ist nicht da. Bei meinem Anruf stellt sich heraus, dass er Pfarrerin, Esel und Rest völlig vergessen hat. Er ist inzwischen weit weg im Wallis. »Ich komme aber zurück, es tut mir wirklich leid ...«

»Aber nein, das muss nicht sein. Wir schaffen das schon! Wenn Sie mir nur sagen, wo ich Speedy unterbringen kann.«

»Wissen Sie was, ich frage meinen Sohn und seine Freunde. Die können ja ausnahmsweise auch mal was tun. Ich ruf sie jetzt gleich an.«

Ich fühle mich etwas unbehaglich ob des ausnahmsweise-auch-mal-was-tun-könnenden Sohnes. Aber Bernard muss los, ich weiß nicht, wo ich Speedy und den Eselwagen lassen soll, also warte ich gelassen ab. Und dann kommen drei junge Männer zwischen 20 und 25 näher, mit schlürfenden Füßen und etwas unwilligen Gesichtern.

»Wir sollen helfen«, kündigt einer von ihnen an. »Wir haben wenig Zeit, also los, was gibt's zu tun?« Aber schnell wandelt sich die Unwilligkeit in Neugier. Einer holt den Trecker und braust mit dem Eselwagen davon. Der Sohn des Bauern zieht mit Speedy los.

Der Dritte setzt sich gemütlich rauchend auf den Zaun. »Wer sind Sie denn eigentlich? Was machen Sie denn hier?«

Ich erkläre, ich sei Hetty, und im Augenblick Pfarrerin unterwegs.

»Pfarrerin? Was ist das eigentlich genau?«

Ich denke zuerst, er will mich nur ärgern, aber er weiß es wirklich nicht.

»Meine Eltern und ich haben nie was mit Kirche zu tun gehabt«, sagt er entschuldigend. Dann, etwas hämisch: »Aber im Satanskult kenne ich mich gut aus.«

»Aha?« Ich sehe ihn gleichgültig an. Wenn er meint, mir damit imponieren zu können, hat er die Falsche vor sich.

Das ärgert ihn: »Wieso? Schockiert Sie das nicht?«

»Och«, sage ich, »es würde mich schon schockieren. Wenn es wahr wäre.«

Er lacht und zündet sich eine neue Zigarette an. »Sie fallen nicht drauf rein? Na, vielleicht kann man ja doch mit Ihnen reden!« Er fängt an, Fragen zu stellen. Über den Glauben: »Meinen Sie nicht, es ist eh egal, Hauptsache, man glaubt an etwas und lässt die anderen in Ruhe?« Über die Kirche: »Was ist das – protestant?« Über Jesus: »Der war doch wie so'n Rocker?« Nochmals über die Kirche: »Die wollen doch alle nur Geld.« Und das alles zwar im spöttischen Ton, aber etwas anderes versteckt sich dahinter: ein Wissen-Wollen, eine immer deutlichere Neugier und sogar eine gewisse Verlegenheit, dass er von all dem keine Ahnung hat. Er entschuldigt sich wieder: »Ich hab mich nie darum gekümmert, es hat mich nie interessiert.«

»Aber es interessiert dich doch (inzwischen sind wir beim Du), guck mal, all die Fragen, die du stellst!«

»Ja, jetzt, so einfach draußen ...«, murmelt er zwischen dem Zigarettenrauch hindurch.

Dann kommen die beiden anderen wieder. »So, das ist geregelt. Jetzt noch das Material und dann zum Hangar. Wo ist die Kletsche?«

Wir können den ganzen EEC-Kram im Auto verstauen, bis auf das Kreuz, das einsam in der Dämmerung auf dem Feld steht.

»Siehste«, sagt mein fragender Freund, »so was Sektiererisches, so'n Kreuz. Kannst du das nicht besser weglassen?«

Ich erkläre ihm und den beiden anderen: Ich kann viel weglassen, aber ganz bestimmt nicht das Kreuz.

»Ja, sie ist stur wie ein Esel«, nickt er.

Der Autobesitzer schaut misstrauisch auf das Kreuz. »Das will ich aber nicht in meinem Auto haben!« Doch die Alternative, es quer durchs Dorf zu schleppen – denn für mich ist es zu schwer –, reizt ihn erst recht nicht, also findet selbst das Kreuz seinen Platz, und krächzend rollt das Ganze Richtung Hangar des Bauern.

Inzwischen ist es 23 Uhr und dunkel. Ich warte auf die Jungs, um mich bei ihnen zu bedanken, sie waren ja wirklich toll. Mittlerweile bin ich aber ganz schön müde.

Endlich kommen sie wieder zurück und halten vor mir an. »Äh, wir wollten dich zum Essen einladen.«

Fast begehe ich einen großen Fehler, ich sehne mich ja so nach meinem Bett. »Das ist ja lieb, äh, ich habe eigentlich schon gegessen…« Dann schlucke ich glücklicherweise den restlichen Satz, dass ich nämlich schrecklich müde bin, hinunter und ende mit: »Aber ich habe immer noch Hunger! Also toll, ich komme mit!«

Sie nicken. »Folge uns!« Sie steigen in ihr Auto und ich in meins, und so geht's über Hügel und Täler, durch schlafende Dörfer, immer den roten Rücklichtern der »Kletsche« hinterher. Ich wundere mich: Gibt's nicht ein etwas näher liegendes Restaurant? Dann sehe ich rote Schilder am Straßenrand: *manifestation*! Wo geht's bloß hin? Wir fahren auf einen riesigen Parkplatz. Neue Schilder: *concours des jeunes paysans*, eine Art Trecker-Wettkampf der jungen Bauern aus der Region. Die drei nehmen mich mit in die Festhalle, bestellen für mich, Freunde kommen und begrüßen sie, wir setzen uns alle um einen großen Tisch. Wenn ich vorgestellt werde als »jemand Religiöses mit Esel und Hund«, werde ich verwundert, doch freundlich aufgenommen, und bald geht auch hier das Fragen los. »Du redest also von Gott? Wer ist das eigentlich, Gott?«

Ich werfe die Frage erst mal zurück. »Und wer oder wie ist Gott eigentlich für euch?«

Nach etwas Schweigen sagt einer: »Er ist im Universum und kommt dann manchmal, einmal zur Erde. Weiß nicht.«

Wie kurz zuvor denke ich zuerst, sie wollen mich reinlegen, aber nein, es ist bitterer Ernst. Gott, Kirche, Pfarrer… Sie sind alle so unendlich weit weg von der täglichen Wirklichkeit dieser jungen Leute. Und doch haben die meisten von ihnen ein paar Jahre Konfirmandenunterricht gehabt, das gehört in diesem Kanton noch so dazu. Aber es tut mir weh, den jungen Leuten an diesem Abend zuzuhören. Denn was *hängen* bleibt von Predigten und Konfirmandenunterricht und Kirchenbesuchen, das hat keiner in der Hand. Aber was kommt als Thema dran? Respekt, Toleranz, Nächstenliebe?

Auf meinen Reisen kreuz und quer durch den Kanton – und jetzt auch hier wieder – sagen mir die Leute so oft, es hätte noch keiner mit ihnen so richtig persönlich über Jesus und Gott geredet. Kirchenkultur, religiöse Werte, Nächstenliebe können doch nie das ganz einfache Wort ersetzen, mit dem Christen von ihrem Gott erzählen. Sie können auch nicht die Aufrichtigkeit ersetzen, mit der nach diesem Wort gelebt wird. Mag es manchmal noch so stolpernd und gebrechlich sein.

Wir reden lange an diesem Abend in der riesigen Festhalle, die immer leerer wird. Ich versuche, den jungen Leuten Jesus Christus ein Stückchen näherzubringen. Ich erzähle, wie er mir geholfen, ja, mich sogar befreit hat. Wie ich mich dann wieder von ihm entfernt habe, die Stimme des guten Hirten (Psalm 23; Johannes 10) mit der des falschen (Johannes 10) verwechselnd. Wie konnte es dazu kommen?

Da war die Angst. Die Angst, ein ewig fordernder und nie zufriedener Gott würde mein »Ich« eher aufschlucken als aufblühen lassen. Ja, ich hatte so mein eigenes Exemplar aus der Karikaturausstellung… Aber darum gerade kann ich vielleicht so gut verstehen, wie gefährlich diese Karikaturen sind und wie sie uns gefangen halten.

Zum Schluss kommt noch ein Mann dazu. Einer nach dem anderen geht weg, aber er bleibt sitzen. Er erzählt, wie er in eine Depression geraten ist und wie schwierig es ist, da wieder rauszukommen. Er tut mir so leid. Was kann ich tun? »Möchtest du vielleicht, dass ich jetzt für dich bete?«

»Nein, lieber nicht.«

»Okay«, sage ich, »dann bete ich nachher zu Hause für dich.« Das freut ihn.

Mit einer Mischung aus Freude und Traurigkeit fahre ich morgens früh heimwärts – froh über diese unerwartete und so liebe Einladung. Froh über diese Gespräche. Traurig über so unendlich viele Jugendliche, die mit ihren Problemen so unendlich alleine sind. Und alleine bleiben, wenn sie den nicht kennenlernen, der als Einziger ihre Not so richtig versteht. Und der sie dann auch, Schritt für Schritt, langsam mit sich ins Freie ziehen kann.

KAPITEL 16

SAINT-LOUP

Die Wanderung von Dizy nach Saint-Loup ist sehr schön. Ich liebe diese Gegend um das frühere Diakonissenkrankenhaus herum: die vielen Buchsbaumsträucher, die unzähligen Kaninchenpfade, die seltsame Atmosphäre, die versteckten Grotten... Als Pfarrerin von Fiez kam ich an meinen freien Montagen oft hierher. Und nun ziehe ich meinen Esel durch die Buchsbaumbüsche und freue mich auf den herzlichen Empfang der Diakonissen, von denen ich mehrere kenne.

Es geht inzwischen auf den Herbst zu. Die Wochenenden mit Tipi und Tieren gehen jetzt irgendwie schneller vorbei als vorher, und wir müssen unbedingt einen Platz für den Winter finden. Denn EEC ist kein Winterprojekt; mein Eselwagen ist löcherig, das Tipi ist zwar heizbar, aber der Kanton hat ein Innenfeuer verboten. Derselbe Kanton, sei es auch ein anderes Departement, hat mir verboten, meine eigene kleine Hütte in den Weinbergen von Concise als Winterquartier zu benutzen.

Ja, das war so eine Geschichte... Ein alter Freund von mir hatte mir diese Hütte plus umliegendes Land verkauft. Er selbst hatte das Ganze mit eigenen Händen, allerdings auch nach eigenen Regeln, gebaut. Es gab keine einzige offizielle Genehmigung, wie sie doch den Schweizern so am Herzen liegen. Dafür aber ein erfinderisches Wasserzufuhrsystem und unglaubliche Mengen an Krimskrams, die er selber mit dem Wort »chantier« –

»Baustelle« – entschuldigte, die aber das konkrete Resultat seiner Krankheit waren. Als er dann starb, blieben mir Hütte und Wassersystem, allerdings auch der Krimskrams, den ich mithilfe meines Chores in unzähligen schweißtreibenden Arbeitsstunden zu beseitigen versucht hatte. Dreiundzwanzig riesige Müll- und Schrottbehälter hatten wir schon gefüllt.

Inzwischen weiß ich, dass die Krankheit meines Freundes einen Namen hat: Syllogomanie. Man wirft nichts weg. So einfach ist das. In 45 Jahren hatte mein Freund eben... nichts weggeworfen. 45 Jahre Schachteln, Milchbecher, Zeitungen, Kleidung, Eierschalen, Essensreste, Pappteller, gemischt mit interessanten Antiquitäten, befanden sich in der Hütte, auf dem Gelände, in den Bäumen und sogar im Boden. Als ich mit einem Freund Letzteres entdeckte, wurde es sogar mir zu viel. Wir deckten das Loch ab und sagten uns: Was man nicht sieht, ist nicht da.

Diese Mammutarbeit hatten wir alle verrichtet, damit EEC nun im Winter hier verweilen könnte. Aber der Staat entdeckte meine unschuldige Hütte in dem Augenblick, da er andere illegale Tätigkeiten auf diesem Gebiet feststellte und eiligst seine Nase überall reinsteckte, um das alles wieder in Schweizer Ordnung zu bringen. Nun war EEC heimlos, und darum hatten wir an diesem Wochenende in Saint-Loup ein gemeinsames Gebet geplant, um mit anderen EEC-Besuchern Gott um seine Hilfe und seine Ideen zu bitten.

Kurz vor meinem Ziel steht ein einsamer Mann auf dem Pfad. Er streichelt Speedy, begrüßt mich freundlich: »Ich bin der Bürgermeister von Pompaples. Ich habe auf Sie gewartet, wollen wir ein Stück gemeinsam gehen?« Gerne! Ich freue mich über den herzlichen Empfang. Wir reden über den kommenden Winter. »Ich habe gehört, Sie suchen ein Winterquartier? Ich hätte da vielleicht etwas für Sie. Wenn Sie nachher einen Moment Zeit hätten? Dann zeig ich Ihnen unser ›Refuge‹, das könnten Sie vielleicht gebrauchen.«

Fast jedes Dorf in der Schweiz hat sein eigenes Refuge; eine Art Waldchalet, meistens mit seinem eigenen Brunnen, das jeder Einwohner kostenlos oder billig für Feste und Familientreffen mieten kann. Pompaples hat ein großes, rüstiges Chalet mitten im Wald. Schön, aber ... so weit von allem weg. Werden die Leute bis hierher kommen? Vor allem im Winter, wenn die Wege schlammig und verschneit sind? Ich bedanke mich beim Bürgermeister für sein freundliches Angebot und sage ihm auch ehrlich meine Bedenken, die er gut versteht.

Es ist ein Wochenende mit Besuchen von vielen Diakonissen und von einer jungen Frau, die hier eine Retraite macht. Wir reden bis tief in die Freitag- und Samstagnacht hinein.

Sonntagnachmittag ist Zeit für das gemeinsame Gebet. Es freut mich, mehr als fünfzig Leute zu sehen. Zusammen mit meiner Unterstützungsgruppe (zu der seit Pampigny offiziell auch Aude und Jean-Claude aus Ecublens, der inzwischen fast jedes Wochenende dabei ist, gehören) habe ich beschlossen, Gott so reell wie möglich zu Wort kommen zu lassen in einer »prière d'écoute«: einem Gebet, bei dem jeder in der Stille auf Gott hört; anschließend werden die verschiedenen Eindrücke zusammengebracht und besprochen in der Hoffnung, einen gemeinsamen roten Faden zu entdecken. Und die Erfahrung ist sehr schön; wir singen, beten, lauschen, teilen einander mit, was wir meinen, gehört zu haben ... Aber wo ist bloß der rote Faden? Einer hat ein Haus in einem Wald »gesehen«, ein anderer Eisenbahnschienen, wieder ein anderer eine Alphütte, dann noch jemand ein weites Feld ... Ein Bauernhof taucht noch auf und frisches Grün.

Im Stillen bete ich: Was sollen wir aus all dem machen, Herr?! Bist du da drin? Oder ist das alles nur Selbstsuggestion? Willst du denn lieber, dass wir uns einfach alles selber ausdenken, alles selber planen und organisieren und verwirklichen?

Ich weiß es nicht. Aber ein Stück echte Gemeinschaft ist da, zwischen all diesen Menschen, die EEC wohlgesonnen sind und die zusammen versuchen, ein Zeichen Gottes für diesen Winter zu entdecken – auch wenn dieses Zeichen mir hier in Saint-Loup noch sehr weit entfernt scheint.

In Wirklichkeit wartet es schon auf mich in Romainmôtier, nur gerade ein Wochenende später und zehn Kilometer weiter.

KAPITEL 17

ROMAINMÔTIER

Am nächsten Freitagabend liege ich in meinem Eselwagen und öffne vor dem Schlafengehen noch kurz den Vorhang. Da steht sie, diese fantastische Abtei, etwas mysteriös im Dunkel, nur erhellt durch einige strategisch aufgestellte Scheinwerfer. Es herrscht absolute Stille.

Am nächsten Morgen ist diese allerdings vorbei. Ich bin früh aufgestanden, denn heute ist Artistenmarkt, und ab sechs Uhr fahren die Autos auf und ab, um das ganze Material zu den Marktständen zu bringen. Der Markt findet alle zwei Jahre statt, und die Gemeinde von Romainmôtier hat mich eingeladen, mit meinem Tipi an diesem farbigen Geschehen teilzunehmen. Alle anderen Jahre waren die Stände weiter weg aufgerichtet, aber als bekannt wurde, dass ein Tipi mit Eselwagen direkt bei der Abtei stehen würde, wollten die Artisten dann auch näher dran sein. So hat sich nun um mein Zelt herum ein großer Kreis von Marktständen gebildet.

Es ist ein seltsames Wochenende. Tausende von Besuchern, die alle auch beim Tipi vorbeikommen, eine EEC-Karte mitnehmen, ein bisschen reden… Aber zu viele Menschen eben, um richtig Gespräche führen zu können, zu viel Krach auch. Durch die Morgenandacht braust das Marktleben hindurch – oder durch das Marktleben klingt die Morgenandacht hindurch, je nachdem. Ich bin froh, dass Anne-Christine da ist: Die Frau meines Chorleiters aus Fiez ist kein Kirchenfan, also bin ich umso dankbarer, dass sie mir Gesellschaft leistet. Es ist eigenartig, hier im Gewimmel zu singen und laut die Morgentexte zu beten, ich fühle mich irgendwie verletzlich.

Was auch nicht einfach ist: Ich habe nichts zu verkaufen. Denn alle bieten hier etwas an: Antiquitäten, Bücher, Parfüms, Blumen, Selbstgebasteltes ... Und alles ist relativ teuer, denn die Leute kaufen sowieso gerne in diesem wunderbaren Rahmen. Aber ich habe »nur« ein Evangelium zu bieten. Umsonst. Und umsonst heißt (wahrscheinlich überall, aber in der Schweiz vielleicht besonders?): nicht ernst zu nehmen.

So oft habe ich gehört: »Bietest du etwas umsonst an, nimmt's dir keiner ab. Aber lass dir etwas zahlen, mache deine Sache teuer und auffällig und blitzend – du wirst sehen, jeder fällt drauf rein!«

Das mag wohl stimmen, ja, ich glaube sogar, es stimmt, aber ich hasse diese Mentalität. Denn die gute Botschaft ist zwar teuer erkauft, aber nun eben ohne Geld zu haben, wie Jesaja schon so schön gesagt hat (Kapitel 55). Sie ist zwar außerordentlich, aber nicht auffällig in dem Sinne, wie es die Leute gerne sehen. Sie leuchtet und bringt zum Leuchten, aber blitzend ist sie nicht.

Und so stehe ich dieses Wochenende da mit leeren Händen, fühle mich seltsam und fehl am Platz.

Samstagnachmittags kommt eine begeisterte Frau vorbei, Fabienne, die nichts lieber will, als EEC auf ihre Wiese in Bofflens einzuladen. Wäre das möglich? – Ja, warum nicht? Wir hatten noch keine Ahnung, wo wir das nächste Wochenende verbringen würden, und jetzt ist es geregelt.

Etwas später schaut ein Mann vorbei, der mir vage bekannt vorkommt. Er stellt sich als Michel Forestier vor, »Fofo« genannt, dem ich mal auf einem Familienfest bei den Stämpflis in Fiez begegnet bin. Wir reden eine Weile, er fragt mich, wie es im Winter weitergehen soll.

»Ja, weißt du, wir sitzen ein bisschen fest«, erkläre ich ihm. »Wir wollten Richtung Yverdon, aber dann wird's auch fast schon zu kalt, und wir suchen noch ein Winterquartier, haben noch nichts gefunden.«

»Ein Winterquartier? Was brauchst du denn?«

»Och, nicht viel, zwei Zimmer irgendwo, damit ich einen Raum hab, wo man ruhig reden kann, während andere neben-an einen Kaffee trinken können.«

»Aha. Das hab ich! Ich habe mit meinem Sohn meinen Hangar in Champagne umgebaut, er ist gerade fertig gewor-den. Es gibt jetzt zwei geheizte Räume, Toiletten und sogar eine Dusche! Im Winter brauch ich das Ganze nicht an den Wo-chenenden, also, wenn du willst...«

Was für eine Gebetserhörung!

Aber seltsamerweise erinnere mich erst am nächsten Wo-chenende wieder daran, dass wir in Saint-Loup für das Winter-quartier gebetet haben. Wie eigenartig ist doch das Menschen-herz. Ich hatte doch wirklich Gott um Rat gefragt. Aber es war alles so chaotisch gewesen, dass ich das Ganze in den Hinter-grund geschoben hatte und die Verbindung zwischen Gebet in Saint-Loup und Erhörung mittels Fofo einfach nicht gesehen hatte.

Ein Hangar? Ja, Herr, warum nicht?! Und danke für die Toi-letten, und *danke* für die Dusche!

KAPITEL 18

BOFFLENS

Nach mehreren Verirrungen durch die seltsam schöne Landschaft nördlich von Romainmôtier komme ich in der Gesellschaft von Chantal und einem Journalisten in Bofflens an, wo Fabienne und ihr Freund Roberto auf mich warten. Fabienne erzählt mir, dass der Gemeinderat so begeistert war von Esel, Wagen, Hund und Tipi, dass er ein »tous-ménages« herumgeschickt hat, um alle Dorfbewohner einzuladen zu einem Barbecue rund um den Eselwagen.

Tous-ménages bedeutet wörtlich »alle Haushalte«: Auf diese Art und Weise werden alle Einwohner erreicht, egal, worum es sich handelt. In Fiez habe ich sie immer benutzt, und sie waren effizienter als manche anderen teuren und aufwendigen Kommunikationsmittel. In jedem Haushalt landet ein Zettel, ein Gemeindebote, eine Einladung, und das alles vom Postboten höchstpersönlich gebracht. Das Ganze kostete damals um die 50 Franken für meine ganze Gemeinde von zwölf Dörfern. Jetzt ist es bestimmt schon das Doppelte.

Die Dorfbewohner kommen zahlreich zum Barbecue, aber darüber hinaus sind sie eher abwesend. Einige bringen (wie Melchisedek in 1. Mose 14,18!) Brot und Wein; Letzterer ist übrigens sehr gut, von den Weinfeldern um das Dorf herum. Andere bringen Kaffee, Äpfel, Käse, Kuchen. Aber sie bleiben nicht lange, nicken freundlich und gehen wieder. Nur das offiziell organisierte und angekündigte Picknick zieht ordentlich Leute an: Große Tische werden auf die Wiese gestellt, Bänke und Stühle stehen drum herum, Speedy schiebt wie in Dizy seinen großen Kopf zwischen die Leute und freut sich des Lebens und der Essensreste.

Während ich Barou an einen Baum anbinde, überlege ich, ob und wann ich ein Tischgebet sagen soll, aber es ist zu spät: Alle haben schon das Glas gehoben und essen. Beim Nachtisch versuch ich's noch mal: »Ich lade Sie herzlich zum Tipi-Treffen ein, wir singen ein paar Lieder und beten, das Ganze dauert ungefähr fünfzehn Minuten, kommen Sie mit?« Die Leute nicken freundlich, bleiben aber sitzen. Irgendwie fühlen sie sich nicht angesprochen, Esel und Eselwagen, Tipi und Picknick sind sehr schön – und genug.

Glücklicherweise gibt's aber die Kinder. Während des ganzen Wochenendes sind haufenweise Kinder da. Ich bin glücklich, wenn mein Tipi voller Stimmen, Krach, Lieder und Zeichnungen ist. Bei ein paar Kissenkämpfen muss ich rechtzeitig und energisch eingreifen, und ich werde so böse auf einen Jungen, den ich dabei erwische, ein Graffito auf unser Kreuz zu malen, dass er richtig verdutzt ist. Aber sonst läuft das Ganze sehr friedlich ab.

Mein Eselwagen wird dieses Wochenende auf Wunsch der Kinder geschmückt mit lauter Zeichnungen von Jesus am Kreuz, eine schmerzvoller als die andere: Wenn einer anfängt, wollen alle anderen Größeres und Schlimmeres.

Wieso das Kreuz? Ich weiß nur, dass ich auf einmal meine Hände voll habe: »Guck, Hetty, das ist für dich!« Und mein Lob ob der ächzenden Figur ist noch nicht ausgesprochen, da kommen die anderen. »Nee! Hier, meiner ist besser!« – »Stimmt doch gar nicht, guck dir meinen an!« Ein kleines Kind bringt mir stolz einen wahrlich strahlenden Jesus am Kreuz, auch hier mit Nägeln und Blut versehen, aber so fröhlich lachend, als ob es sich hier um eine herzliche Einladung handelte. Womit es gar nicht so unrecht hat …

Viele Gespräche haben die Kinder und ich zusammen. Über Gott, über Jesus, über die Welt, über die Religionen. Zwei von ihnen bringen mir ihr Schulmaterial und zeigen mir, was sie vorige Woche im Religionsunterricht gelernt haben. Der ist in diesem Kanton inzwischen ausgebreitet – oder reduziert, je nachdem – auf Wissenswertes aus allen möglichen Richtungen und Strömungen; an sich nicht schlecht, aber leider kommt das Christentum in diesem Mischmasch nicht so richtig zur Entfaltung. Wenn ich beim Beten die Kinder frage, ob sie wissen, was »Amen« heißt, wird angestrengt und stirnrunzelnd nachgedacht. Dann geht ein Finger hoch: »Das ist ägyptisch, oder?« Jetzt ist es an mir, angestrengt und stirnrunzelnd nachzudenken. Ägyptisch? Es braucht etwas Zeit, bis ich drauf komme, dass er »Amon« meint. Für diese Kinder ist es völlig normal, dass am Ende des Vaterunsers ein ägyptischer Gott um die Ecke guckt. Das Gebet selber ist allerdings nicht bekannt. Wenn ich frage, wer es kennt, schütteln alle den Kopf. »Auch nicht ein bisschen?«, helfe ich. Nein.

Doch! Ein kleiner, portugiesischer Finger geht hoch, eine verlegene Stimme sagt: »Ich kenn's, aber nur in meiner Sprache.«

»Kannst du's uns vorsagen?« Ja, das kann er. Und so klingt das Vaterunser auf Portugiesisch durchs Tipi. Und alle Kinder wiederholen das »Amen«. Ohne ägyptisches Echo.

KAPITEL 19

MATHOD

Da die Strecke von Bofflens nach Mathod fast zu weit ist für einen Tagesmarsch, hat Fabienne ihren Nachbarn, einen Bauern, gefragt, ob er Speedy ein Stück Richtung Mathod transportieren könne. Der Nachbar hat genickt, meinen Esel, ohne um dessen Zustimmung zu bitten, in seinen Anhänger geladen und ist direkt nach Mathod gefahren. Vermutlich hat er sich gedacht, je eher am Ziel, desto besser.

Speedy war wohl zu verdutzt, um zu protestieren, ich bin zu verdutzt, um zu reagieren, außerdem ist der Bauer schon wieder zurück und auch gleich wieder weg. So treffe ich bei meiner Ankunft in Bofflens Fabienne esellos an. Sie bringt mich mit dem Auto nach Mathod und weint fast, dass sie Speedy jetzt nicht mehr jeden Tag sehen wird, denn die beiden haben sich sehr angefreundet während der letzten Woche. Ich sage ihr, sie könne zu jeder Zeit zum Tipi kommen, und das wird in den nächsten Jahren auch oft der Fall sein. Fabienne und Roberto sind unglaublich herzlich. Ich verstehe immer noch nicht ganz, was sie jetzt glauben oder nicht glauben, trotz vieler und langer Gespräche in Bofflens und später, aber eines ist sicher: Menschen und Tiere, egal, wie unterschiedlich sie auch sein mögen, sind mehr als willkommen in ihrem kleinen Häuschen am Rande des Dorfes.

Nun bin ich also in Mathod, und – was noch nie vorgekommen ist in all diesen Monaten – dank des Bauern bin ich zu früh. Noch kein Tipi, noch kein Eselwagen da, das Dorf ist wie ausgestorben. Speedy guckt mich an, scheint die Schultern zu zucken und fängt an zu fressen. Recht hat er. Einsam stehe ich einen Moment am Zaun, aber eine Frau kommt heran, ich erkenne sie wieder, es ist Christine. Ich kenne sie aus Fiez, sie und ihr Mann François waren oft mit ihrer Musikgruppe bei den Familiengottesdiensten dabei, und auch im Gefängnis haben sie ein Konzert gegeben. Beim Abschiedsgottesdienst haben sie mir mein Lieblingslied gesungen, eine Art Dialog zwischen Gott und Mensch: »Je serai à toi, tu seras à moi: ensemble pour l'éternité«: Ich werde dir gehören und du mir: für immer zusammen.

Nun kommt sie auf mich zu und heißt mich willkommen in Mathod; sie hat sich aber auch gar nicht geändert! Als Mitarbeiterin beim Radio von Neuchâtel wird sie mich am Nachmittag interviewen.

Dieses Wochenende steht vor allem im Zeichen des Familiengottesdienstes, den die Pfarrerin und die Diakonin der Gemeinde organisiert haben. Zum ersten Mal, seit ich unterwegs bin, verlasse ich am Sonntagmorgen Esel und Compagnie, um am regulären Gottesdienst der einladenden Gemeinde teilzunehmen.

Seltsam: Soweit ich weiß, ist es auch das erste Mal, dass es Probleme gibt mit dem ungeschriebenen, doch sehr treu befolgten Kirchengesetz, das da heißt: »Es ist immer so gewesen und wird auch immer so sein.« Meine Kollegen hier haben kein Problem mit der am Anfang von EEC gefällten Entscheidung, ich würde keinen Talar mehr tragen. Denn seit dem Aussendungsgottesdienst in Crêt-Bérard, wo ein sehr begeisterter Journalist mich unbedingt mit Talar und Esel fotografieren wollte, bin ich nur noch in Hosen und Pulli beziehungsweise T-Shirt herumgelaufen. Nicht weil das immer besser wäre, sondern weil es für mich besser ist. EEC geht zu den Leuten und ist wie die Leute. Unterwegs, wie ich es bin, würden Talar und ähnliche kirchliche Auszeichnungen eher Entfremdung hervorrufen. Abgesehen davon sind Talare nicht so das Richtige, wenn man mit Esel und Kot, Heu, Schlamm und dreckigen Tipis zu tun hat …

Aber hier in Mathod gibt's denn doch etwas Ärger, wie ich später mitkriege. »Sie hatte keinen Talar an!«, bekommt *le Conseil Synodal*, die kantonale Kirchenexekutive in Lausanne, von mehreren Seiten zu hören. »Und unsere Pfarrerin plötzlich auch nicht mehr! Und sie hat kein Mikrofon gehabt, und man hat *nichts* verstanden! Und der *Hund* war mit in der Kirche!«

Zuerst bin ich ganz geknickt. Ich weiß, ich rede zu schnell. Ich beginne ganz gut, aber dann »je m'emballe«, wie man bei uns sagt: Dann lege ich so richtig energisch los und vergesse alle meine guten Vorsätze, langsam zu reden. Das ist ärgerlich für die Leute, die dann nicht mehr alles mitkriegen, und das verstehe ich sehr gut. Darum bitte ich die Leute am Anfang eines Gottesdienstes eigentlich immer um ihre Hilfe: »Bitte *sagen* Sie mir, wenn ich zu schnell rede, dann kann ich's ändern!« Ist es also doch wieder schiefgegangen, wie ärgerlich! Aber dann sagt mir meine Kollegin, die Klage sei von einigen Personen gekommen, die schlecht hören, aber sich trotzdem immer auf die hinterste Bank setzen würden. Also nicht unbedingt »man«, der »nichts« verstanden hat? Und der Hund trug wirklich seinen Teil zum Gottesdienst bei …

Aber das Problem liegt viel tiefer. Der Gegensatz zwischen Nomaden- und Sesshaften-Mentalität ist im Spiel. Und wenn ich es richtig sehe, sogar etwas vom Anstoß des Evangeliums: nicht nur »das bisschen Ärgerliche«, sondern wirklich der Anstoß. Und natürlich nicht, weil ich so richtig das Evangelium bringen würde im Gegensatz zu all den Andersdenkenden! Aber bei EEC kommt etwas nach vorne, das … stört. Etwas Freies. Weil das Gewohnte infrage gestellt und Tradition, wenn nötig, durch Entdeckung ersetzt wird. Alle Kriterien – zumindest trachten wir danach – sind diesem einen untergeordnet: »Herr, was möchtest du, wie siehst du das, und was tust du gerade, damit wir uns dem anschließen können?«

An diesem Morgen singen wir viel und fröhlich, und nachher kommt die ganze Gemeinde zum Eselwagen, wo bei strahlendem Sonnenschein Getränke serviert werden. Da werden dann auch die Haftnotizzettel an den Eselwagen geklebt, worauf die Gebete stehen, die die Gottesdienstbesucher sich ausgedacht und aufgeschrieben haben.

Zum Essen geht's dann zum »Refuge«. Ich lerne den 13-jährigen Jérémie kennen, der – wie Florian in Rovéréaz – völlig »futsch und hin« ist von Speedy, dem Eselwagen, dem Tipi und Barou. Hyperaktiv, hyperintelligent, hyperbegeistert ist er bestimmt nicht einfach zu »hantieren«, aber was für ein toller Junge! Jedes Mal, wenn ich ihn treffe – und das wird in Zukunft öfter sein –, freue ich mich über seinen aufrichtigen Glauben, sein Suchen, seine intensiven Fragen, die aus dem tiefsten Herzen hervorkommen, und über seine total originellen Antworten.

Und wieder wundere ich mich, wie verschieden man doch Dinge, und dann auch mich, wahrnehmen kann. Eine talarlose, mikrofonlose und taktlose Kirchen-Spielverderberin. Oder – wie für diesen Jungen – eine *Gelegenheit*. Eine Person, die weder verurteilt noch dauernd nickt. Die aber vielleicht versteht, was er meint. Und wer weiß, weil sie so viel unterwegs war, ist sie jemand, die sich ein bisschen im Labyrinth »Gott« auskennt? Die vielleicht sogar schon mal den Weg zum Mittelpunkt gefunden hat, und dann auch wieder hinaus, zu ihm, der sich noch nicht so recht dorthin traut...

KAPITEL 20

YVERDON

Wieder begleitet mich Chantal, und heute geht's nach Yverdon. Die Wanderung ist eigenartig für mich: Ich habe in dieser Gegend gewohnt, bin im Supermarkt einkaufen gegangen, habe gepredigt, viele Leute gekannt, mich mit Kollegen getroffen. Und nun komme ich per Esel an. Spät übrigens. Die Männer, die beim Aufbauen vom Tipi geholfen haben, sind schon weg. Nur der Vorsitzende des Kirchenvorstandes wandert noch ziellos umher, in der Hoffnung, mich begrüßen zu können. Jean-Claude wandert mit, er funktioniert dieses Wochenende als Koordinator.

Zu meiner großen Freude kommen schon gleich abends mehrere Gemeindemitglieder zum Tipi-Treffen: Robert, der Pfarrer, begeistert sich für EEC und hat extra den Gottesdienst vom Sonntagmorgen eine halbe Stunde später verlegt, damit die Gemeinde zur Morgenandacht ins Tipi und ich zum Gottesdienst kommen kann. Schön, wenn der Pfarrer EEC »mit guten Augen« betrachtet, das steckt die Gemeinde an. Das Umgekehrte ist natürlich auch wahr. Hier in Yverdon ist das ganze Wochenende gefärbt von der Begeisterung der Gemeinde, die aber andere Gäste nicht ausschließt. Im Gegenteil, viele Leute kommen neugierig gucken, was hier so abläuft.

Eine Frau kommt samstags früh vorbei, sieht mich mit Kaffee und Brot draußen vor dem Tipi sitzen, fragt sich und mich, was ich da wohl treibe. Ich erkläre es ihr und lade sie zum Kaffee ein. Verwundert sagt sie: »Aber ich gehe nie mehr zur Kirche. Sie sind doch nicht dazu da, mit einem total fremden Menschen Kaffee zu trinken!«

»Doch, genau dazu bin ich da!« Also bleibt sie, und wir reden ausführlich.

So in dieser Art gibt es viele Gespräche an diesem Wochenende, denn das Tipi steht mitten in einem Wohnviertel. Das Schönste ist aber das Sonntagabend-Treffen: 40 Leute quetschen sich ins Tipi hinein, es ist sogar noch Platz für das Klavier und Barou, *und* ich kann noch umhergehen, um das Abendmahl zu verteilen. Nur drei oder vier müssen draußen bleiben, so auch Patricia mit ihrem Hund.

Ich habe Patricia unterwegs beim Gassigehen getroffen, sie ist neugierig geworden und gekommen. Wir haben uns inzwischen schon etwas angefreundet. Sie sieht nicht sehr »kirchlich« aus mit ihrer schwarzen Lederjacke und der Zigarre im Mund, aber sie hat hier ihren Platz und wird in Zukunft regelmäßig vorbeikommen.

Da wir zu viele sind, um richtig diskutieren zu können, erzähle ich die wahre Geschichte von einem meiner Freunde. Er war Missionar; sein Arbeitsplatz lag weit weg von der sogenannten Zivilisation, die Kinder mussten in der Hauptstadt zur Schule gehen. Zu Weihnachten holten er und seine Kollegen die Kinder vom nächsten kleinen Flugplatz ab. In Erwartung des Flugzeugs gingen sie auf und ab und wunderten sich langsam, warum es so viel Verspätung hatte, bis man ihnen ankündigte, man habe den Funkkontakt zu der Maschine verloren und wisse nicht mehr, wo sie sich befinde. Panik bei den Eltern. Keine Nachricht, keine beruhigenden Worte. Schreckliche Bilder von abgestürzten Flugzeugen entstanden in den Köpfen und Herzen, verzweifelte Gebete zu Gott waren auf den Lippen. Für meinen Freund und seine Frau dauerte das Ganze eine Ewigkeit; aber plötzlich tauchte das Flugzeug auf und landete normal. Die Türen öffneten sich, und eine jubelnde Schar Kinder stürzte sich auf die überglücklichen Eltern. Mein Freund nahm seine beiden in die Arme, wortlos vor Erleichterung.

»Und plötzlich«, sagte er, »wurde mir zum ersten Mal in meinem Leben deutlich, was es für *Gott* heißt, Vater zu sein.«

Für Gott… Gehen wir nicht immer von *uns* aus? Wie das wohl für uns ist, was wir uns dabei denken, wie schwierig oder schön es für uns ist, dass Gott sich unser Vater nennt? Oder Licht der Welt, Brunnen lebendigen Wassers, guter Hirte?

Aber was heißt es für *ihn?*

So wie es mein Freund gemacht hatte, fordere ich heute Abend die Menschen im Tipi auf, sich einen Namen Gottes auszudenken: einen bekannten, biblischen – oder einen selbst erfundenen, der zu seinem Charakter passt. Und dann in der Stille erst einmal darüber nachzudenken, was dieser Name wohl für Gott bedeuten könnte. Sich sozusagen in seine Haut zu versetzen. Nicht um zu spekulieren, sondern um uns selbst mal nicht im Zentrum zu sehen: Warum hat Gott sich vielleicht selbst diesen Namen gegeben? Passt er zu ihm? Und wie ist das für ihn, wenn ein Menschenkind diesen Namen ernst nimmt – oder nicht?

Dann, in einem zweiten Moment der Stille, überlegen wir uns, was dieser Name für *uns* bedeutet. Was beinhaltet das für uns, dass Gott sich gerade so nennt?

Und schließlich frage ich, was dieser Name wohl konkret für uns bedeuten könnte in den nächsten drei Wochen. Wie könnte er unsere Gedanken, Gefühle und unser Verhalten beeinflussen und vielleicht sogar erneuern? Wie wäre das, wenn wir ihn so ernst nähmen?

Nachher teilen wir uns die Namen mit, die uns eingefallen sind. Licht – Hirte – Wasser des Lebens – Vater – Tür – Tröster – Anwalt – Verteidiger – Fels (das war mein Vorschlag, dieser Name ist mir so wichtig) – Hoffnung – Heil – Ausweg – Retter. Namen, von Gott selbst als Geschenk angeboten; von uns akzeptiert und »einverleibt«, wie das Stückchen Brot und der Schluck Wein, um dann mitgenommen zu werden: nach Hause und in den Alltag hinein.

KAPITEL 21

GRANDSON

Die Zeit vergeht immer schneller, es ist inzwischen Herbst. Die Tipi-Wochenenden werden nicht eine Routine, aber vertraut. Was jedes Mal neu überrascht, sind die Begegnungen: unerwartet wie immer, oft intensiv, manchmal tief einschneidend, sowohl für den anderen als auch für mich selbst.

In Grandson stehe ich mit Tipi und Eselwagen direkt neben dem imponierenden Schloss. Eigenartig und schön, plötzlich eine frühere Konfirmandin hier zu treffen; sie hat über mich gelesen und kommt diskutieren. Sœur Gabrielle wird von Bernard im Auto gebracht und kann mit dem Rollstuhl ins Tipi hinein, denn hier gibt's keine Treppen! Bekannte und Freunde aus meiner Zeit in Fiez kommen zu Besuch, meine frühere Pfarrstelle ist ja nur vier Kilometer von hier entfernt. Fabienne und Roberto kommen und Paul und Christine. Paul ist ein Kollege von mir, wir haben zum Teil zusammen studiert.

Paul und Christine sind es auch, die uns aushelfen, wenn ein Problem auftaucht: Speedy verweigert das am Sonntagabend für ihn herbeigeschaffte Transportmittel. Sein Stall wartet oben in Sainte-Croix, der Anhänger steht einladend da. Aber Speedy will nicht. Er ist sogar ausgesprochen unwillig, bohrt die Hufe in den Boden, schlägt und tritt um sich. Es wird dunkel, wir stehen zu fünft um den Anhänger herum. Was soll das, bis jetzt hat er sich doch gut benommen? Ja, bis jetzt. Mein gütiger Esel ist ein einziger Brocken herausfordernde Rebellion geworden, ein bockiger schwarzer Schatten neben dem Schloss, das in grobem Gegensatz dazu friedlich und majestätisch im Mondlicht schimmert. Was nun?

Paul ruft einen Eselexperten aus der Gegend an. Der hört sich die Geschichte an und meint: »Ruhig stehen lassen. Den kriegen Sie sowieso nicht mehr in irgendwas hinein.« Aber ich kann meinen Speedy doch nicht hier alleine und ungeschützt lassen! Mein Eselwagen ist schon weg, ich kann schlecht neben ihm auf der Wiese übernachten. Roland seufzt: »Dann eben die Polizei. Die müssen wissen, wer hier in der Gegend einen Stall hat.«

Was die Polizei sich bei diesem nächtlichen Anruf gedacht hat, weiß ich nicht. Nach erster Skepsis – aber glücklicherweise weckt Roland immer »offizielles« Vertrauen – zeigt sie sich sehr hilfsbereit und gibt uns fünf Adressen. Bei der letzten haben wir Glück: Eine alte Frau, drei Kilometer weiter im Dorf Les Tuileries, hat einen kleinen Stall bei ihrer Bauernwohnung.

So führe ich nachts, mit einer Taschenlampe bewaffnet, Speedy über die große Straße zu seinem wartenden Stall. Müde und leicht grantig. Aber Aude begleitet mich, Speedy ist die Bravheit selber, die Frau begrüßt uns alle freudig, Stroh und Wasser stehen da, und Christine hat zu Hause eine Suppe vorbereitet, die jetzt auf uns wartet. Für gemütlich zusammen essen, trinken und uns schließlich kaputtlachen über unseren eigenwilligen Esel, ist es nie zu spät.

KAPITEL 22

FIEZ – BONVILLARS – CORCELLES

Yverdon und Grandson waren schon eigenartig, weil ich früher so regelmäßig da vorbeikam, aber Fiez setzt dem Ganzen die Krone auf. Während ich mit Speedy von Les Tuileries Richtung Fiez ziehe und das kleine Dorf nach jeder Kurve neu auftauchen sehe, klopft mein Herz. So viele Erinnerungen, so viel geteiltes Leid und geteilte Freude. Ich hatte den Kontakt mit der Gemeinde ziemlich abrupt abgebrochen, als ich *la Cascade* gründete, denn ich war mit so vielen Fäden an den Leuten verbunden, dass ich etwas Angst hatte, sie nicht loslassen zu können. Hatte ich dann aber die Fäden zu schnell durchgeschnitten? Ich war nur noch zur Beerdigung einer meiner früheren Konfirmanden gekommen, danach hatte ich die Gegend kaum noch gesehen. Keine Hochzeiten mehr gefeiert, keine Besuche abgestattet, wenig von mir hören lassen. Und nun werde ich auf einmal zweieinhalb Tage mitten in »meinem« Dorf stehen ...

Eine Nachbarin von früher holt mich ab, mit Picknick für Mensch und Tier. Sie begleitet mich zu meinem Platz auf der Wiese von Michel Cavin, meinem früheren Chorleiter. Nach und nach kommen Leute ins Tipi, unter anderem Janine, die von ihrem Fenster im ersten Stock eine herrliche Aussicht auf mein Zelt hat.

Als ich in Fiez auszog, half mir Janine beim Putzen, weil es meiner treuen Haushaltshilfe zu schwer wurde. Die zehn Zimmer des Pfarrhauses waren geschmückt mit Secondhand-Möbeln von Emmaüs, le Centre Social Protestant und der Heilsarmee, weil mir das Geld für eine neue Einrichtung gefehlt hatte. Das Ergebnis war außerordentlich gemütlich, wenn auch etwas chaotisch. Nun musste das Ganze sortiert, verladen oder weggeworfen werden. Aber das Schlimmste waren die Fenster. Endlose Stunden putzten wir mithilfe der Jugendgruppe dreitausendzweihundert Fensterquadrate, die während meines elfjährigen Aufenthaltes in Fiez wegen hartnäckiger Spinnen und Fliegen etwas trübselig dreingeschaut hatten, die aber nun blitzeblank leuchtend dem Staat wieder übergeben werden sollten.

Ohne Janine wäre ich verzweifelt gewesen. Ich hatte Schlimmes gehört über den offiziellen Staatsdelegierten für Pfarrhäuser, zuständig für die Endkontrolle: Er sei unmöglich, streng, sehe jedes Stäubchen und würde nichts, aber auch gar nichts durchgehen lassen. Er habe schon mal ein offizielles Reinigungsunternehmen beauftragt, um ein doch vom Bewohner als sauber empfundenes und hinterlassenes Pfarrhaus nochmals *so richtig* zu reinigen – natürlich auf Kosten des zornigen Pfarrers. Er sei kalt und humorlos. So pochte mein Herz am Tag seines angekündigten Besuches heftig. Als nun der blaue Wagen des Schrecklichen vorfuhr, war ich so aufgedreht, dass ich ihn mit den Worten begrüßte: »Und wenn Sie es *wagen*, jetzt nicht mit meinem Haus zufrieden zu sein, bringe ich Sie um!«

Der staatliche Diener, der diesen ungewohnten Empfang sichtlich erst einmal verdauen musste, sagte trocken: »Dies ist Bedrohung eines Angestellten im öffentlichen Dienst.« Dann reichte er mir aber so herzlich und mit einem Blitzen in den Augen die Hand, dass ich vor Erleichterung seufzte. Als er dann auch noch mit dem Endergebnis zufrieden war, hätte ich ihm um den Hals fallen können.

Meine Aliierte Janine also kommt ins Tipi. Dann erspähe ich Nicolas Gerber, meinen früheren kleinen Konfirmanden, der nun turmhoch über mir steht. Und einen anderen riesigen Konfirmanden, den ich schon beim Dorfcafé getroffen hatte. Michel Cavin selbst natürlich und seine Tochter, die gleich nebenan wohnt. Abends reden wir dann im ziemlich großen Kreis über den Psalm 139, wobei jeder sich ein Wort oder einen Satz aussucht, der ihn angesprochen hat. Nachher tauschen wir uns darüber aus. Nicht originell, aber eine tolle, einfache Art, zusammen zu einem Text zu kommen und dann mit ihm zurück in den Alltag zu gehen.

Schön. Aber viele Leute, die ich erwartet habe, kommen nicht, weder hier in Fiez noch in den folgenden Dörfern. Sie sagen mir später, sie hätten es nicht einfach gefunden; irgendwie wären sie sich den örtlichen Pfarrern gegenüber treulos vorgekommen. Loyalitätskonflikt. Und weil es anscheinend Rummel über EEC hier im »Nord Vaudois« gibt, im nördlichen Teil des Kantons, halten die Leute sich etwas abseits. Rummel?

Ja – und nicht nur aus Mathod kommt Kritik. Einige Kollegen, Kirchenvorstands-, Bezirksvorstands- und Synodenmitglieder ärgern sich anscheinend sehr über die Tatsache, dass EEC hier so einfach auftaucht und, noch schlimmer, sich während des Winters im Hangar von Champagne ansiedeln wird, ohne sie um Erlaubnis zu bitten. Und, noch wieder schlimmer, ohne dass sie Nein sagen können. Ich rufe sie an und erkläre ihnen, wir hätten gar nicht die Wahl, sondern seien abhängig von einem Angebot, *irgend*einem Angebot, und hätten erleichtert den Hangar akzeptiert, aber sie reagieren mürrisch. Ich hätte sie doch zumindest fragen müssen.

Ich verstehe sie ja auch wohl ein bisschen. Ich hätte vielleicht genauso reagiert, wenn ich noch Pfarrerin in Fiez gewesen wäre: Was soll das, hier in *meinem* Gebiet?! Aber dann hätte ich doch – so hoffe ich zumindest! – die Schultern gezuckt und versucht, zusammen das Beste draus zu machen; eben für die anderen, die ich nun mal vielleicht nicht als Pfarrerin erreiche; eben um des Evangeliums willen.

Aber hier im Nord-Arrondissement fängt ein richtiges Mobbing an, höre ich hier in Fiez und später. Vorwürfe (»Sie fragt uns nichts, wir sollen aber trotzdem mithelfen!« – übrigens nicht ganz unberechtigt), regelrechte Anklagen (»Sie tut's absichtlich, sie will zeigen, dass sie alles besser hinkriegt als wir!«), Spott (»Die läuft mit einem Esel herum, es kommt sowieso keiner, was soll das, dass unsere Kirche dafür Geld hat?!«), kalte Gleichgültigkeit oder Abwehr bekomme ich in diesem Winter zu spüren.

Sicher nicht alles zu Unrecht – ich sagte ja schon, wir von EEC haben Fehler gemacht, vor allem in der Art und Weise, wie wir organisieren, informieren, kommunizieren und strukturieren. Aber dass es solche Ausmaße annehmen würde, hätte ich nicht gedacht. Anscheinend kommen alle kleinen und großen Fehler plötzlich zusammen und bilden ein Hindernis für einige Kirchenleute. Glücklicherweise bleiben es Ausnahmen, und die »Nichtkirchler« stehen uns nach wie vor sehr wohlwollend gegenüber. Aber trotzdem tut es weh. Und ich fühle mich schuldig. Ich weiß nicht so genau, was ich tun muss, um das Ganze besser hinzukriegen, es mangelt uns immer an Zeit für die ganze Administration.

Auch in Bonvillars, der nächsten Etappe, und in Corcelles bei Concise, der letzten vor dem Winterquartier, spüre ich etwas von dieser kalten Welle, ohne dass ich sie schon so richtig erfassen kann. Umso besser, dass es nie an »Wärmflaschen« jeglicher Art fehlt, die mir immer wieder zugeschoben werden: freundliche Gesichter, herzliche Einladungen, das Tipi-Abschiedsfest in der Turnhalle von Corcelles, Gespräche mit Leuten aus Fiez, die ich als Pfarrerin nie so richtig kennengelernt hatte, Gespräche überhaupt… Auch an echten Wärmflaschen fehlt es nicht: Bei den ersten Anzeichen von Frost bringen die Leute sie abends zu mir in den Eselwagen. So lieb!

Und so lande ich Ende November in »meinem« Hangar in Champagne, wo zwei Zimmer mit Dusche, Toilette und Aussicht auf nackte Frauen mit Pistolen auf mich warten.

KAPITEL 23

NOVEMBER 2009 BIS APRIL 2010 IM HANGAR IN CHAMPAGNE

Ja, ich muss darauf achten, dass ich sie umdrehe, die nackten Frauen, die mich von ihrem Kalenderblatt in Michel Forestiers oder aber Fofos Küche anlachen. Denn der Hangar bleibt eine Bauernscheune, auch wenn diese am Wochenende von einer Pfarrerin benutzt wird, und sparsam bis gar nicht gekleidete Damen auf Motorrädern gehören zum Bauernleben dazu, hat Fofo mir anvertraut. Stört mich auch nicht, aber einmal habe ich sie vergessen, und sie wurden mir erst wieder bewusst, als eine ältere Dame mir einen Besuch abstattete und ich ihrem entgeisterten Blick folgte.

Im Erdgeschoss habe ich eine »Küche«, die zwar keine richtige ist, aber sie hat einen Wasserhahn mit Spüle, einen großen Tisch und viel Platz. Über der Küche befindet sich ein kleines Büro, aus gemütlichen Holzplatten gezimmert, das man sehr schnell heizen kann. Um es zu erreichen, muss man eine steile Treppe direkt neben der Küche hochgehen. Dies Ganze ist umgeben von einem wahrhaft riesigen Hangar, in dem Traktoren, andere Maschinen, unendlich viel Krimskrams und große Säcke Pferdefutter verstaut werden. Das Pferdefutter verkaufe ich mitunter selbst für Fofo, wenn Kunden am Wochenende vorbeikommen.

Im Büro erklingen nun jedes Wochenende die Gebete, die Lieder und finden die Gespräche statt. Unten in der Küche wird jeden Samstagabend chinesisches Fondue gegessen, denn das hab ich besonders gerne; ich kann's auch sehr gut zubereiten und mache alle Soßen selber. Ein anderer Vorteil ist, dass ich alles am Nachmittag schon zubereiten kann und am Abend nur noch mit den Gästen essen brauche. Diese müssen sich vorher telefonisch anmelden, damit ich genug Fleisch habe; aber alles ist kostenlos. Wie im Tipi.

Das Fondue ist ein Plus, weil der Hangar im Gegensatz zum Nomadendasein ja nun doch etwas Statisches ist. Und die Idee ist gut – die Leute freuen sich, ich mache ein wahres Festessen draus, und es lässt sich so auch sehr gut reden, egal, ob oberflächlich oder tief gehend.

Der Hangar ist ein bisschen symbolisch für die Winterzeit, die jetzt anfängt: Es gibt riesige Fragen, in denen viel Krimskrams enthalten ist, aber um einen festen, »warmen« Kern herum. Ich erlebe eine richtige EEC-Identitätskrise, worin aber der rote Faden des von Gott Gehaltenen unbeirrbar weitergesponnen wird.

Ich werde nicht von jedem Wochenende aus dieser Zeit berichten, das würde doch zu lange dauern; lieber beschreibe ich einzelne Erinnerungen.

Eine konstante Erinnerung, und sei sie auch nicht sehr spirituell, ist mein Auto. Es war nicht teuer, und das macht sich jetzt bemerkbar. Es stöhnt, es quietscht, es dampft, es raucht sogar. Der Motor springt an, wann er will – und das ist meistens dann der Fall, wenn ein Mann meiner Unterstützungsgruppe sich wissend hinter das Steuer setzt. Sitze ich dahinter, dann schweigt der Motor gerne, aber er brüllt fast schon von selbst, wenn Franco mit seinen Kabeln ankommt. Einsam sonntagnachts auf dem Weg nach Hause wage ich es nicht mehr, den Motor abzustellen, ich habe viel zu viel Angst, dass er nicht mehr anspringt. Während ich den Berg zu meiner Hütte hoch ächze, denke ich mir oft: Wieso hast du dir dein Leben lang noch kein neues Auto gegönnt?! Aber wenn es mich dann doch wieder treu durch die Schneemassen auf dem Weg zu meiner

Alpenwiese hindurchschleppt, bin ich so froh und dankbar, dass ich ihm gleich wieder vergebe.

Eines Abends kriege ich einen fürchterlichen Schrecken: Im dunklen Auto stürzt sich plötzlich aus dem Nichts eine Schlange auf mich und ringelt sich um mich herum. Ich fahre fast in die Büsche hinein, sehe dann aber, dass es sich um die Türisolierung handelt, die sich eigenwillig von ihrem ihr zugedachten Platz losgelöst hat und nun dekorativ um mich herum drapiert ist. Das geht zu weit. Ich bitte meinen Autohändler um Hilfe, und dieser bringt alles wieder in Ordnung. Bis zur nächsten Episode.

Eine weitere Erinnerung: ein Fondue-Essen mit einem früheren Konfirmanden und seiner Familie. Wir essen gut, wir reden über Gott, der Konfirmand sagt mir, er glaube nicht, und warum solle er auch? Obwohl er wohl gern glauben möchte, aber er weiß nicht, wie. Ich frage ihn, was er denn brauche, um ein Stück weiterzukommen. Seine Antwort wärmt mein Herz: »Toi peut-être«, dich vielleicht.

Es gibt auch andere Fondues, mit Ex-Gefangenen und mit dem tätowierten Motorradfahrer aus Ferlens. Es freut mich, wer hier alles vorbeikommt.

Ich erinnere mich an ein berührendes »Ritual«, bei dem ein Mann die Lügen, die ihn gefangen gehalten haben, auf ein Papier geschrieben hat und dieses Papier beim Hangar vergräbt, mit dem feierlichen Versprechen, jetzt nicht mehr dem Ruf der »Diebe und Räuber« (Johannes 10,8; L) zu folgen, sondern nur noch der Stimme des guten Hirten.

Und es gibt Gespräche. Schwierige Gespräche. Mit einer Frau, die unheilbar krank ist und »Exit« gefragt hat, ihr beim Sterben zu helfen. Einerseits will sie den Tod – andererseits nicht. Und dann ist da noch ihre Familie…

Fröhliche Gespräche. Langwierige Gespräche. Viel Lachen ist auch dabei. Gespräche und nochmals Gespräche. Aber… nicht »genug«.

Hier beginnt die Identitätskrise, von der ich vorhin schon sprach.

Ich weiß nicht mehr so richtig, was ich tun soll. Wer bin ich denn? Ja, Pfarrerin, okay. Und auf dem Weg mit dem und für das Evangelium. Aber – was bringt's denn? Was hat EEC bei den Leuten verändert? *Hat* es was verändert? Es muss doch was verändern! Sonst bin ich doch umsonst unterwegs... *Bin* ich vielleicht umsonst unterwegs? Haben die anderen doch recht, die spöttisch über EEC und über mich reden? Sollte ich denn nicht viel mehr tun? Aber was soll ich viel mehr tun? Bin ich vielleicht gar nicht im Dienste Gottes, weil ich zu schlapp bin? Nicht deutlich genug, nicht herausfordernd genug, nicht konfrontierend genug, nicht... genug?

Sehe ich wohl genug Leute? Ich hatte davon geträumt, Jugendlichen helfen zu können; aber bis jetzt waren nicht sehr viele da. Bin ich wohl nützlich genug und höre ich gut genug auf Gott? Und warum höre ich so wenig? Sollte ich nicht doch besser...?

Seit der *Conseil Synodal* gewechselt hat, habe ich das Gefühl, meine Kirche steht nicht mehr so ganz hinter mir. Ist das meine Schuld? Was soll ich denn besser machen? Mehr auf die Leute zugehen? Aber da geniere ich mich. Ist das falsch? Oh Herr, ich weiß es nicht...

Und doch, mitten im Tumult und Trubel dieser Fragen und auch Beschuldigungen, steht etwas wie ein Fels: die Souveränität Gottes. Und mit ihm stehen und klingen die Lieder und die Texte der drei Tipi-Treffen, auch wenn sie jetzt Hangar-Treffen geworden sind und dann Eisenbahnwagontreffen und schließlich Metrohüttentreffen sein werden. Diese Texte, die Grundlage von EEC, sind mir unendlich wichtig geworden.

Vor sieben Jahren war ich in Ägypten, weil Yves Jacques, der Mann meiner Freundin Eva, mich auf einen Mönch aufmerksam gemacht hatte, der in der Wüste von Wadi Natrun südlich von Kairo wohnt und viel Einsicht und Weisheit habe. In der Tradition der Wüstenväter, so Yves, würde dieser Mönch den

Menschen aus seinem subjektiven »Sirup« herausholen – wenn dieser Mensch das will –, um ihn wieder auf den festen Boden der biblischen Wirklichkeit Gottes zu stellen. Der Wirklichkeit des heiligen Gottes, der ist, wer er ist, und als solcher dem Menschen ein echtes Gegenüber. Der den Menschen um seinen Gehorsam bittet, aber nicht als dominierender, sondern als heilsamer und heilender Gott.

Dies reizte mich unheimlich: klare, befreiende Wahrheit; nicht die, die man in die Tasche steckt, sondern die, die das Risiko beinhaltet, sich auf Gottes Versprechen zu verlassen. Das absolute Gegenteil der Illusion, dem »Fischglas«, in dem der Mensch so gern herumschwimmt. Dass wir das »gern« tun, ist übrigens seltsam, denn die Wände dieses gekrümmten Glases bestehen aus Spiegeln, die die Wirklichkeit eben verzerren und den Menschen auf sich selbst zurückwerfen – und damit in Schuld, Angst, Einsamkeit, Traurigkeit und Leere.

Illusion ist für mich ein wichtiges Wort geworden. Gott ist für so viele Menschen keine wirkliche, weil keine *andere,* von ihnen unabhängige Realität. Er ist eine Verlängerung ihrer selbst, eine Art spirituelle Dimension ihrer eigenen geschlossenen Wirklichkeit. Dann ist es natürlich auch kein Wunder, dass Menschen sich ihn so zurechtbasteln, wie es ihnen gerade passt. Das bedeutet nicht, dass sie nichts für diese Dimension übrig hätten. Nur eben, dass sie völlig bestürzt wären, wenn ihnen plötzlich einleuchten würde, dass es tatsächlich einen Gott gibt. Einen wirklich *anderen.*

Die Illusion, dieses Götzenbild von einem unwirklichen Phantomgott, ist nicht nur überall, sie ist auch hartnäckig. Ich treffe sie täglich – um mich herum und natürlich in mir selbst. Denn auch ich schwimme, wenn ich nicht aufpasse, in der beschränkten Wirklichkeit meines menschlichen »Fischglases« herum, sehe alles durch meine »Fischaugen« und kann mir manchmal nicht gut vorstellen, dass es außerhalb des Glases noch eine ganz andere, *wirklichere* Wirklichkeit gibt. Das ist so ärgerlich. Und auch so traurig. Das Illusions-Fischglas zieht uns

Menschen an, und ich plumpse mit großer Regelmäßigkeit hinein.

Oft bitte ich Gott, dass er mich herausfischt. Ein für alle Mal. Aber das hat er ja bei Jesus auch nicht sofort und automatisch getan. In Matthäus 4 wird beschrieben, dass Jesus drei Mal versucht wurde; drei Mal gegen ein falsches Gottesbild kämpfen musste und, damit eng verbunden, gegen ein falsches Bild von sich selbst und der Welt. Bilder, die der Teufel ihm aufzwingen wollte. Glücklicherweise hat er die Illusion erkannt und benannt und ist dann als freier Mann Gottes Weg gegangen.

Wie sehr sehnte ich immer schon danach, als freier, befreiter Mensch Gottes Weg zu gehen! Also ging's ab in die ägyptische Wüste, wo der Mönch mich eine Woche begleitete und mir mehr beibrachte, als ich in meinem ganzen Theologiestudium gelernt hatte. Vor allem führte er mich ein in die koptische Sieben-Stunden-Gebetsliturgie, Agbia genannt. Diese Texte sprachen mich so an, dass ich sie, wieder zu Hause und mit den Ergänzungen des Mönches versehen, umarbeitete und dann jeden Morgen betete. Langsam wurden sie für mich wie ein geistliches Rückgrat, ein Fels in der Brandung meiner manchmal total unverlässlichen Gefühle.

So nahm ich sie bei der Entstehung von EEC als festen Bestandteil der Morgenandacht, zuerst mit etwas Bedenken: Das Ganze ist ein einziges freudiges, aber auch konzentriertes Glaubensbekenntnis, das aussagt, wer Gott ist, und folglich, wer wir sind. Würde das für viele nicht zu weit gehen? Als dann aber eine Frau, die sich selbst als »Außenseiterin« bezeichnete, mir sagte: »Dies ist das erste Mal, dass ich mich nicht von einem Kirchentext ausgeschlossen fühle«, und ich auch noch mitbekam, dass die EEC-Texte von verschiedensten Leuten überall im Kanton von unserer Website kopiert und gelesen wurden, war ich beruhigt.

Mithilfe von Chantal arbeite ich diesen Winter im Hangar an der definitiven Fassung dieser Texte, die wir für die kommende Tipi-Saison anbieten wollen, und das in festen Heften und nicht als zusammengeheftete Kopien; diese hatten unter Regen, Feuchtigkeit und vielen Kinderfüßen nun doch ziemlich gelitten..

In diesem Winter kommt etwas Neues auf mich zu. Ich bekomme Anfragen von Menschen, die von dunklen Mächten erzählen, denen sie sich ausgeliefert fühlen. Reformierte Kirchen reden im Allgemeinen nicht gern von düsteren Mächten, die den Menschen gefangen halten können, von Dämonen, vom Teufel. Für sie ist das nicht politisch korrekt, Aberglaube, »mittelalterlich« und in unserer modernen Zeit wirklich überflüssig, da wir doch über Unmengen von Psychologen verfügen.

Nun wäre es wirklich dumm und dazu unbiblisch, die psychologische und die geistliche Ebene gegeneinander auszuspielen. Aber – so meine ich jetzt –: »Gib dem Kaiser, was des Kaisers ist«, und versuche zu unterscheiden: Gebe der Psychologie, was ihr zukommt, und lasse der Theologie ihr eigenes Kraftfeld. Aber die Theologie, wie sie an heutigen Fakultäten vielfach unterrichtet wird, beschäftigt sich nicht mehr mit den dunklen Mächten. Das ist allerdings sehr schade und auch sehr dumm, denn nun wird diese ihre eigenste Aufgabe von anderen unternommen, die manchmal heillosen Unfug treiben.

Was ist nun zu tun bei Menschen, die sich selber gefangen fühlen von Mächten, die die wissenschaftliche Analyse übersteigen und trotzig im Menschenherzen weiter regieren, wenn sie nicht erkannt und dann auch nicht hinausgeschmissen werden? Und *wie* soll das vor sich gehen?

Hilfe fand ich wieder bei den Mönchen in Wadi Natrun, zu denen die Bevölkerung gekommen war wegen der Austreibung böser Geister. Die Mönche hatten überlegt: Ja, wir haben diese Autorität bekommen, aber was nützt es dem Dorfbewohner, wenn wir austreiben, was es auszutreiben gibt, und der Mensch glücklich wieder nach Hause geht, aber nichts gelernt hat? Riskieren wir nicht, dass ›sein geistliches Haus‹ dann leer steht und laut Matthäus 12,45 schnellstens vom selben oder sogar von einem schlimmeren Geist befallen wird? Lieber bringen wir ihm bei, wie er selbst zu seiner eigenen Heilung und Befreiung beitragen kann: Wenn er jeden Tag die vom Heiligen Geist inspirierten Psalmen, andere Bibeltexte und die Agbia-Liturgie liest, werden diese wie ein Fluss sein verhärtetes Herz aufweichen und immer mehr Dreck wegspülen, bis es schließlich wieder klar und dem Bild Gottes ähnlich ist. Dann fühlen sich aber Dämonen und andere dunkle Mächte, ob man sie nun kennt oder nicht, bald so fehl am Platz, dass sie auf Dauer verschwinden müssen. Denn zur Freiheit ist der Mensch berufen!

Der Winter ist auch eine Zeit des »Wiederkäuens« der Tipi-Wochenenden. Hier im Hangar habe ich etwas mehr Abstand und kann über die Art und Weise nachdenken, wie wir unterwegs gewesen sind, was wir anders machen und verbessern können. Welche Vorwürfe gab es?

Erstens, dass Speedy eigentlich nur »für Speck und Bohnen«, wie die Holländer sagen, mitmacht: Er ziehe ja nicht mal den Eselwagen, das sei reinste Folklore… Es stimmt, Speedy zieht in der Tat nicht den Wagen; aber, nein, er ist nicht Folklore, er ist nicht überflüssig, er gehört wirklich zu EEC dazu.

Am Anfang war da ein kleiner, holländischer Eselwagen aus dem 19. Jahrhundert. Dieser wurde von einem Liebhaber umgebaut, für 700 Euro bei »marktplaats« – dem holländischen eBay – angeboten und von mir dort erspäht, gekauft und von einem Freund meiner Mutter liebevoll repariert und aufgeputzt, sodass er nun auch dessen Namen trägt: Gijs. Dann musste er in die Schweiz transportiert werden. Patrick hatte mir zugesagt, sich darum zu kümmern, aber es hatte nicht geklappt. Da bekam ich auf einmal einen Anruf von Rudolf, dem Mann meiner Nichte Henriette. »Schade, dass du schon jemand für den Transport gefunden hast, sonst hätte ich einen Vorwand, in die Schweiz zu kommen!«, sagte er. »Ich muss mal raus!«

Nachdem ich ihm mitgeteilt hatte, wie es um meinen Esel-wagen stand, und er seine Frau zurate gezogen hatte, meinte er: »Dann komm ich an Weihnachten rüber, ist dir das recht?«

Erstaunt, aber erfreut über diese unerwartete Wende holte ich Rudolf bei La Chaux-de-Fonds ab. Der Eselwagen thronte würdig auf dem Anhänger, Jacob und Marguerite bereiteten uns ein erstklassiges Käse-Fondue und versprachen, mich in die Geheimnisse des »attelages«, des Esel-Anspannens, einzuwei-hen.

Speedy sollte den Wagen ziehen, aber dieser, mit Eisen aus-gestattet, hatte nun auch das entsprechende Gewicht. Wir merkten schon bald, dass er doch zu schwer war für Speedy al-leine: Auf flacher Strecke war das kein Problem, aber ich musste ja über Hügel und sogar in die Berge hinein, und das Tier sollte auch Freude dran haben. Also versuchten Jacob und ich es mit zwei Eseln. Für die beiden Tiere war es in Ordnung, aber nicht für mich. Ich hatte Angst auf der großen Straße, wo wir munter dahertrabten, aber wo riesige LKW hupen und schimpfende Autofahrer böse Fäuste hoben, weil wir nun mal langsam vor-ankamen. Nach einer Weile guckte Jacob mich an und sagte ruhig: »Weißt du, ich denke, du lässt es lieber bleiben. Dies ist nichts für dich. Du hast Angst, und die Tiere spüren es. Du wolltest doch mit anderen unterwegs sein? So geht es nicht, es ist viel zu gefährlich. Da gibt's Unfälle.«

So ließ ich – etwas enttäuscht, aber auch erleichtert – die Idee des von einem Esel gezogenen Eselwagens fallen. Ich woll-te doch neben einem Esel wandern, der einen Wagen zieht. Nun wandere ich neben einem Esel, der keinen Wagen zieht.

Für Letzteren musste allerdings eine neue Lösung gesucht werden. Sie wurde gefunden in unserem gut zu EEC passenden Trecker: genauso rauchend wie mein Auto und genauso eigen-willig wie mein Esel.

Und so kommt's, dass ich keine richtige Nomadin bin, son-dern nur halb, nur »unecht«, aber mit umso größerer Freude *und* disponibeler. Denn nun gehe ich kleine Straßen und verborgene Pfade; jeder kann zu jeder Zeit kommen und ein Stück mitgehen: redend – oder schweigend.

Was wirft man mir noch vor? Die mangelhafte Administration und Kommunikation. Wie kann ich beides verbessern? Ich habe so wenig Zeit, weil ich ja von montags bis mittwochs im Chalet bin und nur donnerstags und freitags Zeit habe für die ganze Schreib-, Mail-, SMS-, Telefonarbeit, für Begegnungen mit Journalisten, Treffen mit Kollegen, Bilanzen für die Kirche, Kolloquien, Planungen und Evaluationen (Pffff!). Und fürs Gefängnis. Es ist einfach nicht mehr Zeit da; wie kann ich sie besser einteilen? Meine Unterstützungsgruppe hat auch nicht mehr Zeit. Die arbeitet ja schon hart genug bei der Organisation der Wochenenden selbst. Ich habe ihr wahrscheinlich sowieso schon zu viel abgegeben, ihr zum Beispiel die Kontakte an Ort und Stelle überlassen, statt mich selber drum zu kümmern. Aber dann sagt man mir doch wieder: »Hetty, du musst lernen, mehr zu delegieren!« Tja, hier sehe ich noch keine Lösung …

Sollte ich dann vielleicht weniger unterwegs sein und das Tipi zwei Wochenenden hintereinander irgendwo stehen lassen? Das beinhaltet weniger Arbeit. Aber dann schaffe ich es nicht, in drei Jahren den ganzen Kanton zu durchwandern. Außerdem muss ich daran denken, was die Jugendlichen aus Dizy gesagt haben. Zuerst meinten sie: »Bleibe doch etwas länger, dann wissen auch mehr Leute, dass du da bist.« Aber gleich darauf hatte einer den Kopf geschüttelt: »Nee, doch nicht. Irgendwie ist es gut so: ein Wochenendereignis. Wenn du länger da wärst, würde es langweilig.«

Was gab's noch? Ach ja, noch so etwas »Unechtes«: Ich sei ja nur am Wochenende, von Freitag bis Sonntag, unterwegs.

Da kann man nichts machen. Ich kann nicht sieben Tage die Woche 24 Stunden lang für andere da sein. Ich brauche Zeit für mich – zum Nachdenken, zum Beten, zum Singen, zum Fahrradfahren und Wandern, zum Schreiben, zum Studieren, zum Nichtstun. Und das mache ich im Chalet auf meiner weit entfernten Alpenwiese, wo es nichts anderes gibt als Blumen, Wasser und wilde Tiere – und im Winter meterhohen Schnee, der erst wieder im Mai verschwindet. Spuren von Luchsen finde ich manchmal vor meiner Haustür, ich bin sogar einmal einem begegnet. Im Chalet verdaue ich, was am Wochenende passiert. Denke ich nach über Gesichter, Augen, Worte und alles, was mich so intensiv berührt, wenn ich unterwegs bin. Denn ich bin ein bisschen wie ein Schwamm; ich sauge alles in mich hinein und muss aufpassen, dass ich genug Abstand halte, um nicht überschwemmt zu werden. Das Chalet ist mein sicherer Hafen.

Hier kann ich auch meiner Krankheit ein bisschen mehr Raum geben und ihr zugleich Grenzen setzen, indem ich mich viel bewege. Ich habe eine ärgerliche, nicht so richtig diagnostizierte Krankheit: Muskeln und Sehnen entzünden sich auf unerklärliche Weise. Man sprach zuerst zögernd von Fibromyalgie, dann sollte es vielleicht Algodystrophie sein. Manche Symptome stimmten überein, andere wieder nicht. Ja, was war es dann? »Leben Sie so gut wie möglich damit!«, sagten mir meine beiden Rheumatologen nach zwei Jahren Untersuchungen. Und das mache ich gern. Es sind glücklicherweise auch nicht oft dramatische Schmerzen. Aber lästig sind sie. Und ermüdend. Ich brauche viel freie Zeit, in der ich nichts tun muss. Und auch hier ist das Chalet wieder der Ort, wo ich zur Ruhe kommen kann.

Hier schreibe ich mein holländisches Buch *Peter Visser*. Hier komponiere ich meine Lieder, zum Beispiel die Bibellieder meiner zwei Kinder-CDs. Und andere Musikstücke, wie das Stück für Klavier und Orchester, das ich mit großer Begeisterung für den Königin-Elisabeth-Wettbewerb in Belgien geschrieben habe. Es wurde sogar einmal aufgeführt in »La Réunion«, aber das war leider kein so großer Erfolg, weil zum Zeitpunkt des Konzertes ein Teil der Musiker noch im Stau saß.

Das Chalet steht für Freiheit, und die brauche ich dringend. Darum werde ich wahrscheinlich immer eine »unechte« Nomadin bleiben.

Während ich hier so in meinem Hangar sitze und in die weiten Felder schaue, habe ich mehr und mehr das Gefühl, dass ich zwar einiges falsch mache und mir noch mehr Mühe geben sollte bei der Kommunikation mit der Kirchenwelt. Aber irgendwie scheint der Haken woanders zu liegen. Es ist, als ob die Gemeinden und/oder die Pfarrer enttäuscht wären, weil sie etwas anderes von mir erwarten. Als ob sie vielleicht keine Pfarrerin möchten, die für Kirchenferne da ist, sondern lieber ein folkloristisches, sympathisches Extra für sie selbst; eine nette kleine Fahne, die während des Wochenendes über dem Gemeindeleben weht.

Sofort ermahne ich mich selbst: »Dann liegt's wohl doch auch an deiner manchmal miserablen Kommunikation!« Aber ich denke weiter: Ich *hab's* doch gesagt. Ich sage es jedes Mal: dass ich da sein will für die *anderen*; für die, die im »Kirchenabseits« stehen. Und dass man zusammenarbeiten kann, damit die Gemeinde selber den Abseitsstehenden vielleicht ein Stück näherkommt, selber das Evangelium »nach draußen bringt«. Aber abgesehen vom Zeitproblem scheinen die meisten Gemeinden das gar nicht zu wollen. Sogar nicht die begeisterten. Es ist, als ob die Leute sich scheuten, sich sogar etwas schämten.

Des Evangeliums? Manchmal. Ein Mitglied des Kirchenvorstandes sagte mir in diesem Sommer, man brauche die Bibel doch wirklich nicht mehr zu lesen, das sei überholt und überflüssig, da man doch jetzt wisse, es gebe keine Wahrheit mehr, und jeder solle doch ruhig seine eigene Wahrheit finden und der folgen.

Aber öfter scheinen die Leute sich ihrer selbst zu schämen. Sie haben das Gefühl, sie hätten nichts zu sagen. Oder wüssten nicht genug. Letzteres stimmt leider; viele wissen fast gar nichts mehr. Aber… wenn man sich nun auf den Weg macht mit dem, was man *hat?* Oder ist das zu wenig, um ein deutliches, frohes Zeugnis vom lebendigen Christus zu sein?

So denke ich nach und versuche, klar zu sehen. Glücklicherweise ist in diesem Jahr nun aber auch so viel Gutes und Schönes passiert, dass ich dankbar zurückgucke.

Ach ja, Herr, noch dieses eine wollte ich dich fragen – nein, diese zwei Sachen: Ich wollte doch so gerne, dass Jugendliche kommen, aber es sind meistens nur Erwachsene oder Kinder da. Und zweitens hätte ich mir etwas so *richtig* Ökumenisches gewünscht, etwas wirklich zusammen Erlebtes, zum Beispiel ein gemeinsames Gebet für Kranke.

Ich höre mich selber schon seufzen. Es gab ja mehrere Tagungen über dieses Thema, und Delegierte aus den verschiedenen Konfessionen sagten da viel Gutes und Schönes. Aber als ein Mann aus dem Publikum fragte, ob sie nun also bereit seien, zusammen für Kranke zu beten, da räusperte sich einer der Offiziellen und sagte: »Da werden Sie wohl noch mindestens zehn Jahre warten müssen.«

Gott seufzte vielleicht auch.

Die erste Frage hat er dann erst einmal zur Seite gelegt, um sie zwei Jahre später zu erhören. Aber die zweite, die kam schneller ran, als ich es selber erhofft hatte.

Zu fünft sitzen wir in Fofos kleinem Büro. Ein katholischer Priester, Valérie, die inzwischen zu einer evangelischen Gemeinschaft gehört, eine orthodoxe Frau, ein reformierter Kollege und ich. Wir kennen uns nicht; es ist ein Wunder, dass wir überhaupt einen gemeinsamen Termin gefunden haben, denn jeder wird von Verpflichtungen überschwemmt. Wir haben anderthalb Stunden, um gemeinsam eine Form zu finden, in der jeder sich wohlfühlen kann, sowohl in seiner persönlichen als auch in seiner konfessionellen Haut. Denn wir wollen alle für kranke Menschen beten – zusammen. Wir sind keine offiziellen Vertreter unserer Kirchen. Wir sind nur Vertreter des Willens, zusammen ein Stück Elend zu bekämpfen, einen Trost zu bieten. Und vor allem, Menschen in die Hände Jesu Christi zu geben, mit dem Gebet: »*Dein* Wille geschehe.« So einfach ist das.

Weniger einfach ist die konkrete Realisierung. »Was schlägst du denn vor, Hetty? Du hast ja die Idee gehabt.«

»Ja, vielleicht könnten wir hier zusammen beten für einen Kranken, während die anderen unten warten?«

»Ausgeschlossen!«, meint die orthodoxe Frau. »Dann ist keine Gemeinschaft da, und die ist gerade so wichtig!«

»Hast du eine Idee? Was brauchst du, damit es für dich richtig und gut ist?«

So geht es weiter, und zum Schluss brauchen wir nur noch einen Termin für das Gebet selber. Auch der wird gefunden. Wir beten füreinander, und dann ist auch schon Schluss. Ach ja, da gibt's noch die Frage nach Publizität: Wir einigen uns darauf, dass wir selber mit Freunden, Bekannten und Kollegen darüber reden und sie einladen werden, aber nicht die Zeitungen informieren; das wäre doch vielleicht etwas provozierend. Und dann geht jeder wieder nach Hause.

Ich bin etwas verblüfft über die »Einfachheit« dieser Vorbereitung. Kann es denn so schnell gehen? Es scheint so. Ich rufe die Kollegen in der Gegend an. Wer ihrer Meinung nach dafür infrage kommt, wird eingeladen.

Zwei Wochen später sitzen um die dreißig Leute im Zelt, das von Bernard – was würde ich bloß ohne Bernard machen?! – im Hangar aufgestellt worden ist, mit zwei Gasheizungen. Nach ein paar Liedern und einer kurzen Einleitung ist nun die Zeit zum Beten da. »Möchte jemand, dass wir für ihn oder sie beten?«, frage ich vorsichtig.

Sofort antwortet ein Mann: »Ich habe Krebs. Endphase. Ich hätte gern Ihr Gebet.«

Und so legen fünf Menschen ihm die Hände auf; er wird gesegnet; Gott wird angefleht, diesen Menschen, wenn es möglich ist, zu heilen. »Aber nicht unser, sondern dein Wille geschehe.«

Nicht immer ist es so einfach. Manchmal wird von meinen konfessionell anders gefärbten Brüdern und Schwestern eine Formulierung gebraucht, bei der ich mich nicht ganz wohlfühle. Manchmal wird da vielleicht zu viel Hoffnung geweckt. Manchmal zu wenig? Aber wir sind einig und ziemlich eins, und darum geht's doch. Das muss Christus freuen, er, der laut Johannes 17 um Einheit zwischen seinen Nachfolgern bat – und sie auch befahl, damit wir an seiner totalen Freude teilhaben. Und freuen tun wir uns heute. Denn wir *sind* zusammen. Wir halten zusammen. Wir glauben zusammen.

Der krebskranke Mann stirbt einen Monat später. Zwei anderen geht es besser. Ich bekomme wieder Kritik: Was soll diese Initiative, bei der nicht »les us et les coutumes«, die Gebräuche und die Liturgie der kantonalen Kirche, eingehalten werden? Aber diese zwei Stunden Gemeinschaft können nicht mehr kaputtgemacht werden. Ich habe das Gefühl, ein Versprechen liegt in diesem Versuch; in jedem Versuch, bei dem die Nachfolger Christi es zusammen wagen, ihren Vater am Ärmel zu ziehen und zu sagen: »Dein Wille geschehe – aber… hier hast du den unseren!«

Noch zwei Erinnerungen. Die erste: Freunde! Wie wichtig sind sie in dieser Zeit. Vor allem Phil, der Maler des Schafbildes im Eselwagen. Ich fahre öfter zu ihm und Ursel nach Frankfurt, wo Erinnerungen ausgetauscht werden, gegessen, gesungen und gebetet wird. Nach einigen dieser Besuche sagt Phil bei einer Wanderung durch die Stadt: »Siehste, hier ist der Hetty-Weg!« Da ich fragend zu ihm hochblicke, erklärt er: »Hier bete ich für dich, es ist der Weg vom Haus zur Kirche.« Nach einigen Minuten fährt er fort: »Ich werde ab jetzt immer für dich beten. Jeden Tag. Gott legt mir das jetzt ins Herz hinein. Jeden Tag, bis an mein Lebens Ende.«

Gerührt sprudelt es aus mir heraus: » *And* after?«

»*Und* nachher!«, bestätigt er. Dieses Versprechen hat mir vielleicht mehr geholfen als alles andere.

Dann die letzte Erinnerung an die Zeit im Hangar: Ich bin draußen mit dem Hund, wir spazieren am Waldrand entlang, der Frühling ist spürbar nahe. Ich denke nochmals nach über die schwierigen Fragen, von denen so viele übrig geblieben sind. Plötzlich »höre« ich in meinem Herzen Gottes freundliches Wort: »Genoeg!« Ja, es klingt auf Holländisch. Genug! Nicht in dem Sinne: Jetzt reicht's aber. Sondern: genug.

»Ja, was denn Herr? Wovon genug? Inwiefern genug?«

Keine Erklärung, keine Gebrauchsanweisung, keine Packungsbeilage. Genauso wenig wie beim Ruf in der Kathedrale in Lausanne vor so vielen Jahren…

Am Anfang war da ein Ruf. Heute flüstert Gott eher. Aber nochmals tönt es in meinem Herzen: »Genoeg!« Und ich weiß, das gilt nicht nur meinen Fragen, wie ich sie am Anfang dieses Winters aufgeschrieben habe. Das scheint viel weiter zu gehen, als dass ich genug oder nicht genug tue. Es geht offensichtlich darum, dass *Gott* genug tut. Dass Gott genug *ist*. Und das geht wiederum so weit, dass alles, ja, aber auch wirklich *alles*, in seinen Händen ist. Dass er's tut.

»Meine Gnade ist dir genug, meine Liebe ist dir genug, mein liebevolles Handeln ist dir genug, darf dir genug sein. Lass das wieder deinen Startpunkt sein, dein ›Auf die Plätze‹, also – bist du fertig? Kommst du mit? Dann geht's los!«

KAPITEL 24

LES DIABLERETS

Marc Rossier ist Pfarrer in Vers-l'Eglise/Les Diablerets, wo ich wohne, und ein Freund von mir. Im Kindergottesdienst will er zeigen, wie bei Paulus das Evangelium unterwegs war, und EEC kann das gut unterstreichen. Also hat er mich gefragt, ob ich das erste Wochenende im Mai mit Esel, Hund, Tipi und Rest zu ihm kommen kann – und hier bin ich nun, neben dem Kinderspielplatz in Les Diablerets. Jacob Geiser hat seinen (und nun sechs Monate lang meinen) Esel hierher gebracht, und Barou und ich freuen uns, unseren Kumpel wieder bei uns zu haben. Es ist schönes Wetter, aber eisig kalt. Ich bin gespannt, wie das heute Abend mit dem Schlafen klappt.

Hier oben in den Bergen wohne ich zwar, aber ich habe wenig Kontakt zu anderen. Wenn ich sonntagnachts hochfahre, bin ich so müde, dass ich an den drei folgenden freien Tagen wie gesagt meistens nichts will als nur wandern, Rad fahren, beten, singen, studieren, lesen, schreiben, komponieren und nichts tun. Und das heißt auch: niemanden sehen. Der Kontrast zwischen »oben« und »unten« ist schon eigenartig: Unten werde ich mitten in die Menschen hineingeworfen, und ich liebe es. Aber eine andere Seite in mir ist »sauvage«, wie man bei uns sagt: wörtlich »wild«, aber eher zu übersetzen mit »ungezähmt, abgeschieden« und sogar etwas »unansprechbar«. Das bin ich oben. Also kennt man mich hier kaum, und es ist seltsam, auf einmal mitten in der Öffentlichkeit zu stehen.

»Paulus« ist ein Erfolg. Mireille, Marcs Frau, spielt sehr überzeugend die Wahrsagerin aus Apostelgeschichte 16,16, Stephanus wird mit Bällen »gesteinigt«, der geheilte Gelähmte bei der schönen Pforte wird ein Weitsprung-Champion, und Blinde werden von Speedy und den Kindern vorsichtig über die Straße geführt. Leider hat es angefangen zu regnen und es gibt nicht viele Zuschauer, dafür ist es einfach zu kalt. Aber wir freuen uns trotzdem und essen zusammen Suppe mit Brot, gefolgt von heißer Schokolade mit Unmengen von Kuchen, die die Mütter mitgegeben haben.

Am Nachmittag gibt es gute Gespräche im Tipi. Abends gehe ich auf einen Sprung nach Vers-l'Eglise, wo sich eine Gesprächsgruppe von jungen Erwachsenen trifft, und erzähle etwas von EEC. Die nächtlichen Temperaturen werden mit Thermounterwäsche und Wärmflaschen bezwungen, und am Sonntagmorgen werde ich im Gottesdienst offiziell wieder ausgesandt und gesegnet für das kommende Jahr – meine ganze Unterstützungsgruppe ist da und legt mir die Hände auf, während die Gemeinde mitbetet. Das tut gut.

Ein bekannter Journalist vom Schweizer Radio, Blaise Engel, ruft an und fragt, ob und wann er vorbeikommen könne.

»Wann Sie wollen!«

»Okay, so um 12 Uhr dann. Wenn ich nicht komme, ist es, weil ich nicht kann, ich habe verschiedene Reportagen und Sie sind ja weit weg!«

»Kein Problem!«

Er taucht nicht auf; aber das ist nicht schlimm, denn so habe ich Zeit für einen etwas scheuen Jugendlichen, der sich auf dem Spielplatz rumtreibt, gerne näher kommen möchte und schließlich meine Essenseinladung annimmt. Wir reden lange darüber, was er glauben kann und was nicht, und er bleibt sogar zum Tipi-Treffen.

Das Wochenende geht schnell vorbei. Sonntagabends wate ich mit Speedy, Barou, Kindern und Eltern, Teilnehmern aus

der Gesprächsgruppe vom vorigen Abend und einem noch unbekannten jungen Paar durch die Wiesen, die nach diesem Wochenende eher einem Sumpf gleichen. Die Unbekannten sind
mehrere Male um das Zelt herumgezogen wie Josua aus dem
Alten Testament um die Stadt Jericho, aber ohne Trompeten.
Dann sind die Mauern der Scheu gefallen und sie haben gefragt, ob ich Zeit hätte, mit ihnen zu reden. Klar – aber nur
beim Gehen, denn ich muss jetzt wirklich los, den Kindern
wird sonst zu kalt. Sie sagen, sie möchten gerne heiraten, hätten aber einige Fragen, und der Esel und sowieso der ganze No-
madenaspekt hätte ihnen Mut gemacht, jetzt darüber zu reden.

Zusammen pflügen wir den Berg hoch, Speedy sieht
schrecklich aus, Barou auch, ich noch schlimmer. Wir rutschen
und fallen und stehen wieder auf. Ich sehe fast gar nichts mehr,
weil meine nasse Kapuze mir immer wieder in die Augen fällt.
Speedy hat keine Lust mehr und bockt, ich ziehe und schiebe
und flehe. Wo ist Barou? Den sehe ich gar nicht mehr, ich sehe
nur etwas Weißes mit großer Geschwindigkeit den Berg hinun-
terrennen. Es kommt auf mich zu; durch den Regenvorhang
sieht es aus wie ein Marsmännchen mit zwei Antennen auf dem
Kopf, ein ominöses Objekt vor sich haltend. Atemlos stoppt es
vor mir, hält mir ein Mikrofon vor die triefende Nase und fragt:
»Wie ist das so für Sie, unterwegs zu sein?«

Also doch noch gekommen, der Radiomensch. Die Marsan-
tennen entpuppen sich als ein Kopfhörer, der Bandrekorder ist
aus der Nähe betrachtet erheblich weniger ominös, aber als
Rahmen für ein Interview habe ich schon Besseres erlebt. Der
Journalist ist allerdings so begeistert, dass alles wie von selber
geht. Er habe doch noch Zeit gehabt und sich entschieden,
EEC »so richtig unterwegs« zu schnappen. Das ist ihm gelun-
gen, und er begleitet uns bis zum Bauern, der Speedy diese Woche versorgen wird. Das Interview geht im Stall weiter, und es
entwickelt sich eine richtige Vertraulichkeit zwischen uns. Die
Fragen, die er stellt, sind nicht einfach, aber sehr echt, und meine Antworten kommen aus meinem Herzen.

Bei seiner etwas provozierenden Bemerkung »Aber dann ist es doch Proselytismus[1], was Sie da machen!« zucke ich die Schultern: »Nennen Sie das Proselytismus, wenn ich einfach nur sage, was ich glaube, und gerne möchte, dass andere das verstehen und diesen Gott auch entdecken? So was Doofes!«

Er blinzelt mir zu und sagt: »Okay!« Dann fragt er die Eltern, die mich begleitet haben, und die Leute von der Gesprächsgruppe, was sie von mir halten. Das ist mir doch zu peinlich, ich gehe lieber aus dem Stall und nehme Abschied von Speedy.

Die Kinder müssen jetzt zurück, Blaise bietet mir einen Platz in seinem klitzekleinen Auto, das von Barou fast zur Hälfte ausgefüllt wird, und wir fahren diesmal über einen zivilisierten Weg den Berg hinunter. Ich zeige ihm unser Tipi, er ist ganz begeistert von der Ausstattung. »Ach bitte, können Sie etwas an Ihrem Klavier singen?«

Meistens bin ich zu verlegen, wenn ich ganz alleine singen muss, und habe Schweißhände und krächze, aber dieses Interview heute ist sowieso so eigenartig, dass es mir nichts mehr ausmacht. Ich singe das Lied vom Tipi; die Art, wie mein Gast zuhört, verleiht mir Flügel.

Im Interview, das ich später im Radio höre, spürt man die Begeisterung, die Entdeckung. Ein Journalist, der sich darauf versteht, das Beste aus einem Menschen herauszuholen – und der sich augenscheinlich darüber freut, wie ich, *mit* Evangelium, unterwegs bin – ist das nicht toll?

Und nochmals wundere ich mich darüber, dass aus dem Kirchenhimmel, von wo man vielleicht eher Zustimmung er-

---

1 Das Wort wird meistens negativ gebraucht, um eine Art Evangelisation ohne Respekt für den anderen Menschen zu beschreiben, bei der dieser hauptsächlich als zu bekehrendes Objekt gesehen wird: eine Karikatur vom Original der wahren Zeugenschaft, die das Evangelium in Liebe und Wahrheit, mit Respekt und Klarheit zu bringen versucht. Leider wird nur zu oft das Original, das »Kind« der Evangelisation, mit dem »Bade« der Karikatur ausgeschüttet, statt den Weg von der Karikatur zum Original zurückzufinden!

warten würde, öfter Kritik über uns regnet, während aus der »Welt«, die dem Evangelium doch so skeptisch gegenübersteht, freundlicher Sonnenschein zu uns hinüberstrahlt.

KAPITEL 25

Ich habe einen zufriedenen, gut versorgten Speedy abgeholt und den Weg zum Col de la Croix, dem »Kreuzpass« zwischen Les Diablerets und Villars, mit einer Kindergottesdiensthelferin zurückgelegt, die gerne noch etwas reden möchte. Aber nun ist sie wieder zurück zu den Diablerets, und ich sitze hier an einem Holzstapel unter einem Stück Blech, das mich vor dem unablässig hinabfallenden Schnee schützen soll, und esse mein Picknick. Speedy schaut missmutig ins Weiße hinein, Barou kauert neben mir.

Ich denke noch einmal über die Kirche und ECC nach. Es ist schon eine schwierige Situation, denn schließlich bezahlt die Kirche mich ja auch dieses zweite Jahr, und warum sollen die Leute so begeistert von EEC sein, das oft einfach über sie herfällt und außerhalb ihrer Gewohnheiten und Kriterien arbeitet? Wir sind immer noch nicht viel besser in unserer Planung; unsere nächste Etappe, Villars, war viel zu spät organisiert, und der Pfarrer aus einem anderen Dorf war etwas sauer, dass ich am Himmelfahrtstag nicht hier oben am Pass sein konnte.

Jemand hatte mir auch gesagt: »Du musst die Gemeinden mehr einschalten. Nicht nur selber Evangelium bringen wollen, sondern uns beibringen, wie wir das besser machen können.« Das hatte mir einerseits eingeleuchtet: Was soll das, wenn *einer* durch die Lande zieht, wenn es doch um den Auftrag der Kirche und der Gemeinden geht? Andererseits fühlte ich mich wie gelähmt. Denn wenn ich neben dem, was sich im und um das Tipi herum abspielt, auch noch die Gemeinden mitziehen muss und ihnen beibringen soll, wie man das Evangelium freudig bezeugen kann (und wie bringt man das bei?), wie soll ich das noch schaffen? Ja, wenn die Gemeindemitglieder kämen, Fragen stellten und Freunde mitnähmen – das wäre anders, das ginge dann irgendwie spontan. Aber ich habe das Gefühl, das wollen sie gar nicht. Sie meinen, das sei Sache des Pfarrers.

Ein »Vaudois«, ein Bewohner dieses Kantons, ist kein extrovertierter Mensch. Er redet nicht über seinen Glauben, da scheut er sich. Er freut sich – oder nicht –, dass ich da bin. Aber sich selber mitziehen lassen, sich selber mit verantwortlich fühlen für das Weitersagen dieses Evangeliums, das geht ihm zu weit.

Wie kann ich es anders machen, damit die sich eben *nicht* scheuen und sich anstecken lassen? Für Treffen mit Kirchenvorständen und vorbereitende Diskussionen habe ich einfach keine Zeit – die ist wie gesagt voll ausgebucht mit den Tipi-Wochenenden selber und mit der administrativen Arbeit. Ich habe mir mal ausgerechnet, wie viel Zeit EEC konkret braucht (natürlich ohne die Nächte mitzuzählen), und bin auf 45 bis 55 Wochenstunden gekommen. Das sollte für eine 50-Prozent-Stelle doch eigentlich reichen.

Es wird mir zu kalt, ich ziehe wieder los. Ab jetzt geht's bergab, der Schnee liegt bald hinter mir. Die Sonne scheint und ich singe los. Nur schade, dass ich auf der Straße bleiben muss: Die Wanderwege sind noch unzugänglich, von Tiefschnee bedeckt. Die Straße an sich macht mir nichts; hier treffe ich wenigstens Leute – aber meine Knie tun immer so weh nach einer Wanderung mit Speedy, weil ich mich bei seinem 2-Stundenkilometer-Tempo so zurückhalten muss. Und erst recht, wenn's runtergeht: Diese nervige Krankheit, die meine Muskeln und Sehnen befällt, erträgt keinen Asphalt, ebenso wenig ruckartige

Bewegungen oder längere Spannung. Manches andere kann ich mir ab und zu leisten, dann auch wieder nicht; sie ist launisch, diese Erkrankung.

Der lokale Pfarrer, Antoine Schluchter, war etwas überrascht von der plötzlichen Ankündigung, EEC komme nach Villars (wir auch, wir wollten zuerst über eine andere Strecke an den Genfer See hinuntergehen). Dann hat er sich aber gefreut. Abends taucht er auf in Begleitung seiner Frau Evelyne und Schalen und Schüsseln voller Herrlichkeiten, plus einer Flasche besten Rotweins. Ich seufze vor Glück: so ein Abendessen! Antoine verspricht, Sonntag nach dem Gottesdienst vorbeizukommen.

Ein paar Jugendliche kommen heran und wollen gerne reden. Nach einer Stunde gehen sie heim, und da es inzwischen schon recht kalt geworden ist, gehe ich früh schlafen.

Am Samstag erwarte ich eine Kindergottesdienstgruppe aus Lausanne, die einen Ausflug zum Tipi macht. Glücklicherweise scheint die Sonne. Wir reden über Jakob aus der Bibel, ich bringe allen das Lied »Jacob, Jacob, devenu ›trompeur‹, pourquoi veux-tu voler le bonheur?!« von meiner Kinderlied-CD bei (»Jakob, du bist ein Betrüger geworden, warum willst du das Glück stehlen?!«). Dann machen wir eine Wanderung mit Speedy, anschließend reden wir im Tipi über den Glauben und die Zweifel Jakobs. Über den Mann, der (wie wir alle?!) den Segen lieber fest kontrolliert in der Hand hat als nur so in der freien Luft des Versprechens. Aber Gott liebt nun einmal die freie Luft des Versprechens, und so wird bei Jakob eine Sicherheit nach der anderen angegriffen und abgebröckelt, bis er schließlich ohne jeden Anspruch und ohne Kontrolle vor Gott steht und mit ihm kämpft, um ihm den Segen im wahrsten Sinne des Wortes abzuringen. Da hat Gott ihn aber genau dort, wo er ihn haben will: Ein Jakob, der sagt: »Du *sollst* mich segnen!«, sagt eben auch: »*Du* sollst«!

Am Sonntag gibt es wieder eine tolle Mahlzeit im Tipi aus dem Hause Schluchter. Und zum Abend-Treffen ist das Zelt ziemlich voll: Antoine hat eifrig Reklame im Morgengottesdienst gemacht. Zwei junge Frauen, die sich als Lydie und Zaza vorstellen, fallen mir auf: Während der Diskussion hören sie zu, als wenn etwas Wichtiges davon abhinge. Lydie fängt an zu weinen beim Empfang des persönlichen Segens. Später erzählt sie mir, ihr Herz sei im Tipi vom Heiligen Geist berührt worden.

Ich freue mich über das Hin-und-her-Reichen der Fackel zwischen Antoine und mir, zwischen örtlicher Gemeinde und EEC: Antoine hat über EEC geredet – Lydie war im Gottesdienst und ist dort hellhörig geworden, im Tipi hat sie plötzlich einen Schritt oder vielleicht einen Sprung näher in die Gemeinschaft Gottes kommen können. Nun können die Gemeinde und sie wieder ein Stück zusammen gehen, während ich weiterziehe. Ich denke an meine Überlegungen vom Freitag zurück: Ich hatte doch noch gar keine Lösung im Sinne eines verbesserten Konzepts oder so gefunden. Aber wie in Les Diablerets geht es oft einfach wie von selbst ...

Ein super Team!

Tipi-Treffen.

Durch die Klappe
geht's hinein und
wieder heraus!

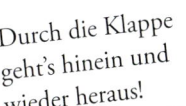

Und so sieht's im
Eselwagen aus.
Eng, aber gemütlich!

»Op je plaats!«
Barou weiß, wo sein Platz ist.

Mein Speedy!

Kumpels!

Auch Hunde mögen Zaziki-Reste.

Unerwartete
Kunststücke.

Tipi-Treffen
in Ferlens.

»Fidèle Florian«
(treuer Florian)
neben dem
Tipi-Kreuz.

Jede Kinderzeichnung
ein Geschenk.

Begegnungen
unterwegs.

Über EEC wird immer
mal wieder in Zeitungen
und Zeitschriften
berichtet.

Speedy-Dieb!

Ab in
den Urlaub!

Der Hangar von Champagne.

Christian,
Jean-Claude,
Priscille und
Ludo aus der
Unterstützungsgruppe.

»Hangar-Treffen«
mit einigen aus der
Unterstützungsgruppe
(v. r. n. l.: Franco,
Bernard, Valérie,
Aude, ich).

Der Flyer für den Winter
im Eisenbahnwagen.

Die Visitenkarte
von EEC (Vorder-
und Rückseite).

Im Zugwagon.

Jacob und Marguerite,
Speedys Eigentümer
(Jacob streichelt Speedy,
Marguerite in Weiß,
Patricia aus Yverdon
rechts in Schwarz).

Im Gefängnis.

Zu Besuch in Longirod
(v. r. n. l.: Barou, ich, Roland und Mitglieder des Kirchenvorstands).

La cabane, wie Lorand die Hütte im Flon getauft hat.

Lorand.

Mario (ganz
links neben mir)
und andere
Cabane-Leute.

Gemeinsames Singen auf dem
Bahnsteig im Flon.

Ostern in der Metrostation:
»Jesus ist wirklich auferstanden!«

Die LEB (Lausanne-
Echallens-Bercher-
Eisenbahn) hält direkt
neben *la cabane*.

KAPITEL 26

BEX

Zwei Freundinnen haben angerufen und gefragt, ob sie mich am kommenden Freitag auf der Strecke von Villars hinunter nach Bex begleiten dürfen. Gerne! Es geht ganz schön abwärts. Meine Knie, kaum erholt von der Asphaltstrecke nach Villars, protestieren heftig, aber es gibt keine andere Möglichkeit: Ich bin oben und muss nach unten. Glücklicherweise führen die beiden Speedy, sodass ich auf Gras und in kleinen Kurven gehen kann. Währenddessen gießt es wie aus Strömen.

Der »Gegen-Kirche-allergische-Bekannte« von Ferlens hat für die Unterkunft gesorgt. Viele Gäste sind an diesem Wochenende da. Am meisten beeindruckt mich ein Gespräch mit einer Frau, die mir erzählt, wie sie Hilfe holt bei einem Medium, bei Tarotkarten, bei »guérisseurs« – Heilern – aus der Gegend.

Das ist für mich ein schwieriges Thema. Heiler? Es wimmelt in diesem Kanton von Heilern, sie sind eine richtige Modeerscheinung geworden. Manche Leute sagen mir, alle Heilung komme von Gott und sei daher gut, egal, in welcher Form und auf welche Weise. Ich glaube das nicht. Ich habe in Fiez zu viel gehört über Heiler, die sagten, sie würden im Namen Gottes handeln – aber um welchen Gott handelt es sich? Denn es geht hier um magische Worte, die auf bestimmte Weise gesagt werden müssen, es geht um ein »secret«, einen geheimen Hintergrund, der auch geheim bleiben muss – und der Name Jesu wird vermieden. Dazu kommt, dass die angeblichen, in der Tat übrigens manchmal erstaunlichen Heilungen anscheinend eine Tür zu unkontrollierbaren Zuständen, Ängsten und neuen Krankheiten öffnen können.

Tarotkarten – unschuldig oder gefährlich? Mal das eine, mal das andere? Auch das glaube ich nicht. Nicht mehr. Abgesehen von den Texten aus dem Alten und dem Neuen Testament, die davor warnen, die Zukunft bei oder von Abgöttern ablesen zu wollen, steht bei mir das Warnsignal noch aus einem anderen Grund auf Rot: Die Aufmerksamkeit wird hier von der Person und der Persönlichkeit Gottes abgelenkt, um sich auf *Dinge* zu richten. Worte, Formeln, Wahrsagekugeln, Karten, Sternbilder – fast egal was, Hauptsache, die Zukunft, das Leben, wird greifbarer, kontrollierbarer gemacht. Aber die Kontrolle ist nur Schein. Denn Karten, Formeln, Bilder führen nach einiger Erleichterung zum Zwang, weiterzugehen und mehr zu wissen, weil die Wirklichkeit einem sonst entwischt und zu bedrohlich wird. Kontrolle ist wie eine Droge: Sie macht süchtig.

Und ein Medium? Hier sind die Bibeltexte noch am deutlichsten, aber auch die verhängnisvollen falschen Versprechen werden hier vielleicht am deutlichsten entlarvt: Ja, in der Tat kann man der Welt der Geister eine bestimmte »Wirklichkeit«, wenn man das schon so nennen will, nicht abstreiten. Und die Macht und Wirksamkeit dieser Wirklichkeit auch nicht. Allerdings richtet sich diese Macht nun mal *gegen* den Menschen, auch wenn sie ihm zuerst vorheuchelt, ihm zu helfen, indem sie ihm Verborgenes zeigt. Wie eine Art Spinne lockt sie mit Versprechen von Kontrolle, Macht und »Glück« das schwache, ängstliche Wesen, das Mensch heißt, in ihr klebriges Netz hinein, um es dann immer besser gefangen halten zu können.

Es ist so traurig, wie diese falschen Versprecher, diese »Karikaturhelfer«, alle dieses eine gemeinsam haben: Sie *ersetzen* das Original. Sie lenken die Aufmerksamkeit von Gott weg zu manipulierenden Mächten hin, vom Vertrauen auf Gott weg zu scheinbarer Kontrolle hin; sie richten den Blick des Menschen auf sich selbst, sodass er einsam in seinem eigenen Kreis um sich selber dreht. Da wird ihm dann nach einiger Zeit aber so spirituell-schwindelig, dass er überhaupt nicht mehr weiß, was gut oder böse ist. Bis er dann schließlich glaubt, es gäbe das Gute und das Böse gar nicht.

Wir reden lange, diese Frau und ich. Und ich bitte Gott um Weisheit für mich und für sie, um in diesem obskuren Nebel ein bisschen klarer sehen zu können.

Viele Gäste haben wir an diesem Wochenende also, und viele schöne Begegnungen. Aber es ist *kalt*! Der eisige Wind fegt direkt durch die Wiese hindurch, die wie eine Art horizontaler Schornstein funktioniert, und dieses kombiniert mit gleichfalls eisigem Regen reduziert mich und die Tiere zu bibbernden kleinen Haufen. Aber auch jetzt wieder gibt es liebe Ermutigungen: die Einladung vom erwähnten Bekannten in ein gemütliches Restaurant; eine Frau, die meine klitschnassen Schuhe und Socken mit nach Hause nimmt und sie am nächsten Morgen trocken und warm wieder zurückbringt. Außerdem findet sie dann eine Unterkunft für Speedy und bietet schließlich auch noch an, ihn dort am Sonntagabend hinzubringen, weil meine Knie sich weigern, noch einen einzigen Schritt auf Asphalt zu gehen.

KAPITEL 27

AIGLE

Von Bex nach Aigle ist die Wanderung eher gemütlich: flach und nicht sehr weit. Der verantwortliche Diakon für die Arbeit im nicht gerade luxuriösen Hochhausviertel von Aigle hat mich mitten zwischen diese Hochhäuser »gepflanzt« – eine tolle Stelle! Beim Aufbauen vom Tipi hätten schon ganze Kinderscharen zugeguckt, erzählt mir Franco, der für diese Tage Koordinator ist. Bei meiner Ankunft schwärmen diese Scharen erst recht aus und werden zu meiner großen Freude Stammgäste des Tipis. Die Kinder streicheln Speedy, setzen sich zu Barou, fragen, was wir hier machen, erzählen, dass sie alle Muslime seien, und möchten wissen, ob sie trotzdem bleiben dürften. Und wie sie das dürfen! Sehr geruhsam geht es da allerdings nicht zu. Es wird gelacht, gestritten, geschrien, gekämpft... und gesungen und eifrig gezeichnet. Von diesem Wochenende stammen die meisten Zeichnungen, die ich in den nächsten Jahren bei mir tragen werde. Ein Junge fängt an, mit großen Buchstaben zu schreiben: »Bienvenue à Aigle, Hetty et Barou!« – Willkommen! Das gefällt den anderen, und bald gibt es sechs »Bienvenue«-Bilder. Dann zeichnet einer ein rotes Herz drauf. Andere Herzen folgen.

Ein paar besorgte Eltern schauen herein. Was ist das hier? Was Christliches? Werden ihre Kinder hier nicht manipuliert? Aber was sie sehen, scheint sie zu beruhigen. Die Kinder zeigen ihnen ihre Kunstwerke, die Franco und ich jeweils an Fäden aufhängen, die das ganze Tipi durchziehen. Außer den Bildern mit Bienvenues und Herzen blicken auch Speedy und Barou vielfaltig und vielfarbig von oben herunter. Sogar ich, aussehend wie eine Art Stachelschwein. Der Junge, der es mir anbietet, strahlt und versichert mir, es sehe mir sehr ähnlich. So sei es! Eine der moslemischen Mütter kommt zurück mit Tassen, Tee und Kuchen und wir reden.

Einige Kinder haben mich gefragt, ob sie mitdürfen, wenn ich mit Speedy »Gassi gehe«. Ich habe 16 Uhr mit ihnen abgemacht und bin etwas enttäuscht, denn es kommen nur drei. Aber macht nichts, Gassi gehen wir trotzdem. Ein Kind nach dem anderen darf natürlich Speedy führen und ich sorge dafür, dass es nicht zum Kampf kommt, wer wann und wie lange das Seil halten darf. Speedy, gutmütig wie immer, folgt dem jeweiligen kleinen Eselführer. Ich zeige ihnen, wie sie hierarchisch über dem Tier stehen und dass Speedy tun muss, was sie sagen. Sie entscheiden, wann Pause gemacht und Gras gefressen wird und nicht er. Aber – sie können ihn dazu nicht zwingen, das Tier ist ja stärker als sie. Sie müssen ihn überzeugen. Das hatte mir Jacob am Anfang schon gesagt, und wie wichtig ist das, wenn man mit einem Esel unterwegs ist. Man muss wissen, was man will, und glauben, dass dieser Wille gut ist für Mensch und Tier. Und man muss in einem Vertrauensverhältnis versuchen, das Tier innerlich damit einstimmen zu lassen. Sonst bockt es.

Ich gebe den Kindern also eine kurze Einleitung in die Esel-Seele. Sie nicken eifrig. Andere kommen angerannt, noch mehr und immer mehr. Die einen belehren die anderen, wie man mit einem Esel umzugehen hat, weitere Kinder kommen vom Spielplatz herüber, schließen sich uns an, es wird ein richtiger Umzug. Mit drei bin ich losgezogen, mit mehr als vierzig komme ich zurück.

Eine ängstliche Frau schaut ins Tipi hinein: »Ist mein Sohn hier? Er war auf einmal weg.« Ja, der Sohn ist da. Erleichterung. Noch mehr Zeichnungen, noch mehr Tumult im Tipi und Gelächter und Gespräche. Öfter fragen die Kinder, wer Jesus denn sei, und ich erzähle. Ich versuche, klar zu sein und nichts zu verwässern und ihnen doch nicht das Gefühl zu geben, ausgeschlossen zu sein.

Am Samstagmorgen kommt eine Frau mit ihrem Hund vorbei, bleibt vor dem Tipi stehen, trinkt einen Kaffee mit mir und erzählt ein Stück ihres Lebens. Später kommt sie mit ihren beiden Mädchen, zehn und zwölf Jahre alt, zurück. Eine der beiden, Fabienne, ist nicht mehr wegzukriegen. Sie kommt zu den Tipi-Treffen, sitzt bei Speedy, hört zu, wenn ich rede, und stellt eine Frage nach der anderen. Sonntag früh kommt sie zurück und fragt zögernd: »Kannst du bitte mit mir beten?«

»Klar, gerne. Wo möchtest du, lieber im Tipi oder hier draußen?«

»Lieber draußen.« Also setzen wir uns ins Gras. Fabienne betet selbst, und was ich höre, rührt mich sehr: Da brauche ich nichts hinzuzufügen.

Dann holt sie aus ihrer Jacke eine Zeichnung hervor: »Für dich, damit du uns nicht vergisst.« Ihre Zeichnung hängt in meinem Eselwagen, gegenüber denen von Florian und Laura. Damit ich sie nicht vergesse ...

Abends zum Tipi-Treffen ist das ganze Zelt voller Kinder, die erwartungsvoll im Kreis sitzen, in Begleitung einiger Erwachsener. Das Gespräch wird den Kindern angepasst; ich erzähle, wie lieb Gott uns hat; dass wir keine Nummern für ihn sind, sondern dass er wirklich jeden Einzelnen liebt, beim Namen kennt und beim Namen ruft. Ein einfaches Lied, das auf meiner Kinder-CD steht, unterstreicht das: »Je t'ai appelé par ton nom – oui, tu es à Moi!« – »Ich habe dich bei deinem Namen gerufen, ja, du gehörst zu mir!«

Plötzlich denke ich mir: Wie wird das beim Abendmahl gehen? Die Gewohnheit im Tipi ist, dass *jeder* teilnehmen kann, weil jeder willkommen ist. Kinder natürlich auch. Aber was mache ich mit all diesen kleinen Muslims? Ist das ehrlich, sie jetzt teilnehmen zu lassen an etwas, was sie wahrscheinlich weder kennen noch begreifen, und was auch sicherlich gegen den Wunsch ihrer Eltern ist? Ich ziehe Franco am Ärmel: »Wie machen wir das?«

»Am besten so einfach und ehrlich wie möglich«, ist seine Antwort.

Ja, stimmt. Also erkläre ich den Kindern: »Wir haben nicht dieselbe Religion, Jesus ist für uns Christen der Allerwichtigste, und jetzt kommt eine Feier, in der wir uns daran erinnern, was er für uns alle getan hat. Er ist für uns gestorben, um uns alle wieder mit Gott zusammenzubringen. Und dann ist er wieder lebendig geworden, um uns allen mit ihm ein neues Leben zu geben. Bei euch im Islam ist das anders, ihr glaubt was anderes. Also dürft ihr selbst entscheiden: Ihr dürft rausgehen, wenn euch das lieber ist, und nachher zurückkommen. Ihr dürft auch bleiben und zugucken, aber nicht zwischendurch reden. Wenn ihr was fragen wollt, könnt ihr das nachher machen, aber nicht jetzt. Und ihr dürft auch mitmachen. Wenn ich mit dem Brot und dem Traubensaft vorbeikomme, sagt ihr mir, was ihr wollt. Und jeder soll für sich entscheiden, wie es euch am besten erscheint. Okay?«

Sie nicken. Keiner geht raus. Andächtig und gespannt zuhörend sitzen die Kinder da, die »Rowdys« wie die ruhigeren. Die muslimischen Kinder lehnen Brot und Saft höflich ab. Andere akzeptieren spontan und dankbar wie Fabienne. Sie sieht mich an, und ihr Blick geht mir bis in die Seele.

»Und der Segen, Franco, wie machen wir das?« Denn auch da will ich keinen in etwas hineinbringen, was ihm oder ihr später Ärger oder Traurigkeit verursachen könnte.

Franco denkt nach. »Dasselbe wie vorher«, meint er.

So einfach ist's. Ich erkläre: »Jetzt gibt es einen Moment, wo Gott uns segnen will, seine guten Worte zu uns sagen möchte. Zu allen zusammen, aber auch zum Einzelnen, weil er ja jeden von uns beim Namen kennt und weiß, wie verschieden wir sind.

Gott mag gern seine guten Worte durch einen Menschen hindurch sagen. Hier im Tipi bin ich das eigentlich immer – und nachher segnet jemand anders mich, weil ich ja auch den Segen möchte. Wenn Gott euch segnet, dann kommt's natürlich von ihm, aber ein bisschen durch mich hindurch. Ich versuche, gut zuzuhören, was Gott vielleicht jemandem sagen möchte. Manchmal höre oder sehe ich es genau, manchmal weniger, manchmal gar nichts; dann sage ich einfach etwas, was er sowieso versprochen hat!

Und hier ist es genauso wie beim Abendmahl: Ich frage jeden, und jeder darf entscheiden, ob er den Segen möchte oder nicht. Und auch, wie: meine Hände in euren oder meine Hände auf eurem Kopf oder euren Schultern. Ich kann aber auch einfach bleiben, wo ich bin!«

Ich mache die Runde. Wie in Forel vor einem Jahr entscheidet jedes Kind, was für ihn jetzt das Richtige ist. Die kleinen Muslime lehnen wieder ab: »Nein, danke!« Aber ein kleiner Junge zwischen ihnen strahlt mich an: »*Ich* möchte!«

Und so machen Gottes Wort und Gottes Zeichen die Runde. Ich fühle mich kleiner als klein und unendlich glücklich. Was für ein Privileg!

Einen Esel kann man nicht zwingen, man muss ihn überzeugen. Man muss wissen, was man will und glauben, dass dieser Wille gut ist für Mensch und Tier. Und dann versuchen, dem Tier diesen Willen nicht als Fremdkörper aufzulegen, sondern ihn innerlich einstimmen zu lassen, sodass sein Wille unserem Willen folgt. Aber dafür braucht's Vertrauen.

Bei uns menschlichen Eseln ist das nicht viel anders. Gott weiß, was er will, und er weiß, dass dieser Wille gut für uns ist. Aber wir finden es nicht einfach, das zu glauben. Da bocken wir eben. Und da braucht's viel göttliches Einfühlungsvermögen und weise Strategien, damit wir seinen Willen nicht mehr als Fremdkörper betrachten, sondern als das, was dem neuen Leben in uns entspricht; diesem Stückchen neues Leben, das er schon in uns hineingepflanzt hat. Es braucht Vertrauen – aber das ist nun mal gerade sehr oft verletzt.

Da kann der Segen helfen. Der Segen ist Gottes warmer Blick auf uns, seine Augen leuchten auf, wenn er uns sieht. Nicht weil wir so toll sind oder so tolle Sachen machen. Sondern weil wir ... *wir* sind und er uns nun mal lieb hat. Der Segen ist das Licht von Gottes »Gesicht, das über uns leuchtet, das er über uns erhebt«, wie es in 4. Mose 6,24–26 (L) so schön heißt oder in Psalm 4, einem meiner Lieblingspsalme. Gott guckt nie weg. Und sein Blick ist *gut*. Nein, kein ewiges Lächeln. Das wäre doch auch nervig! Aber unter seinem Blick sind wir geschützt, behütet. Der Segen ist unser Eingehülltwerden in Gottes Wirklichkeit, in seine warme Verlässlichkeit, wie in einen Mantel.

Der Segen ist wie eine Kinderzeichnung: »Bienvenue!« Willkommen – bei mir!

KAPITEL 28

VILLENEUVE

Mit Michel, dem Pfarrer von Villeneuve und Umgebung, habe ich das *Clinical Pastoral Training* (CPT) in Strasbourg absolviert. Viele Abende in ebenso vielen gemütlichen Strasbourger Kneipen haben unser Band vertieft. Nun hat er mich zu seiner Bibelwoche eingeladen und will mich auf der Spielwiese direkt am See unterbringen. Die muss eigentlich einfach zu finden sein. Aber am nächsten Freitag irre ich ziemlich umher, treffe allerdings dadurch noch zufällig einen Journalisten, mit dem ich diskutiere. Er zeigt mir den Weg zur Spielwiese: »Nur noch zehn Minuten, direkt da hinter der Brücke!« Diese ist groß und breit, man sieht den Fluss darunter gar nicht; aber aus irgendwelchen mysteriösen Gründen bleibt Speedy plötzlich mitten auf der Straße stehen und bockt.

Der Autofahrer hinter uns lächelt sanftmütig und wartet: wie romantisch, ein bockender Esel! Nach drei Minuten verkrampft sich sein Lächeln aber etwas, und in der immer länger werdenden Autoschlange hinter ihm wird wütend gehupt. Ich schwitze und versuche – wie ich die Kinder in Aigle so schön belehrt hatte –, Speedy meinen Willen aufzulegen. Aber vielleicht glaub ich selber nicht so ganz an die Überzeugungskraft meines eigenen Willens, jedenfalls hat Speedy sich entschieden, die Stelle, an der er sich befindet, sei gefährlich, und am besten harre man da als Esel der Dinge, die da kommen werden. Und man harre da, wo man ist, und nicht einen Zentimeter weiter nach vorne oder zurück.

Die ganze Brücke ist inzwischen blockiert. Ich weiß nicht mehr, was ich machen soll; aber da kommt Rettung in der Form eines kräftigen Mannes auf einem Fahrrad, der absteigt und mir ermunternd zuredet: »Ach, ich helf Ihnen ein bisschen, das kriegen wir gleich hin.« Zu meiner Erleichterung, aber auch zu meiner Wut beschließt Speedy, diesem total Unbekannten mehr Vertrauen zu schenken als mir. Der Mann schiebt, ich ziehe, und mit erhobenem Kopf und einem verächtlichen Blick auf mich wandert Speedy extra langsam zum anderen Ende der Brücke, gefolgt von einer langen Reihe grimmig dreinblickender Autofahrer.

Noch immer schwitzend komme ich bei der Wiese an. Michel wartet dort mit mehreren Männern, die laut Bernard das Tipi innerhalb von einer halben Stunde makellos aufgebaut haben. Der Blick auf den See ist wunderbar, die Sonne strahlt, die vielen Leute freuen sich des Esels, während ich bei Michel duschen gehe und ein leckeres Abendessen vorgesetzt bekomme. Das ganze Wochenende ist übrigens eingeteilt in Essensverantwortliche, sodass zum Frühstück, zum Mittagessen und zum Abendessen treu jemand mit einem Essenskorb auftaucht, worin sich genug für mindestens sechs Leute befindet. Wunderbar!

Abends gehen die Gespräche bis spät in die Nacht hinein. Es gibt ein paar sorgenvolle Augenblicke: Eine Gruppe betrunkener Männer taucht auf und kurvt um den Eselwagen herum – aber Barou brummt und bellt so wüst, dass sie eiligst wieder abziehen.

Es ist schön, an der Bibelwoche teilzunehmen. Ich halte eine Konferenz über »Mit *was* für einem Evangelium unterwegs?«. Am Sonntagmorgen gestalten Michel und ich den Gottesdienst zusammen. Am Nachmittag wimmelt es vor Leuten, die vorbei- oder ins Zelt hineinkommen. Da sehe ich Lydie und Zaza, die schon in Villars gekommen waren; sie warten, bis das Tipi leer ist. Zaza weint, ihre Mutter liegt im Sterben, und wir reden zu dritt und schweigen zu dritt und beten.

Chantal taucht plötzlich auf, sie hat nur eine Viertelstunde, weil sie warten musste, bis die zwei Freundinnen wieder abzogen, aber ich muss jetzt unbedingt aufs Klo und den Hund rauslassen. Gleichzeitig stehen schon wieder andere wartende Leute vor dem Tipi, Bernard winkt, was soll ich jetzt machen? Mein Kopf schwirrt ob der vielen Worte und Leute und Erwartungen, ich möchte gerne Zeit für Chantal haben, aber der Hund *muss* jetzt gleich raus, sonst platzt er, und ich ebenso. Traurig sehe ich, wie sie winkt und wieder weggeht. Manchmal ist es einfach zu viel des Guten …

Außerdem flattert da wie ein Schmetterling ein Gedanke in mir herum, den ich noch nicht so richtig fassen kann. Wie ein Wort auf der Zunge ist er *fast* da – aber nicht ganz. Es ist, als ob etwas bei EEC fehlen würde; ein Bestandteil, der doch essenziell ist. Oder es ist da, aber ich sehe es nicht so richtig …

Ich versuche, den herumflatternden Gedanken einzufangen, aber er entweicht listig meinem Schmetterlingsnetz.

KAPITEL 29

CHAILLY-SUR-CLARENS – MONTREUX

Die Strecke von Villeneuve nach Montreux geht immer am See entlang – nicht gut für meine Knie, denn es handelt sich um Asphalt-Fußwege, aber sehr gut, um Menschen zu treffen. Und die treffe ich dann auch. Viele Touristen gibt es natürlich beim »Château de Chillon«; Speedy prangt auf etlichen japanischen Fotos. In der Nähe von Montreux kommt mir mein Kollege Jacques entgegen, der auch schon vor einem Jahr in Jongny war; mit ihm zusammen lege ich die letzten Kilometer zurück. Ein Mann kommt auf uns zu, streichelt Speedy, fragt mich, was ich hier mache und warum ich unterwegs bin. Ich habe kaum angefangen zu antworten, da erzählt er selbst schon: Er sei schwer krank und komme jetzt gerade vom Krankenhaus, es gebe nicht viel Hoffnung. Und er glaube nicht an Gott. Zumindest nicht so richtig…

Ich blicke in seine Augen; es tut mir physisch weh, ihn so suchend und ohne echte Hoffnung zu sehen. Während Jacques Speedy hält, bete ich zusammen mit dem kranken Mann. Dann zieht er wieder ab. Wir gehen auch weiter. Seltsam, so ein Augenblick völliger Vertraulichkeit mit einem total unbekannten Mann mitten in der Menschenmenge, die neugierig zuguckt. Und dann ist alles wieder vorbei…

Meine Freundin Thea koordiniert mit Valérie dieses Wochenende mit Gemeindefest und Familiengottesdienst. So gibt es viele Kinder! Thea ist Kindergottesdienstleiterin, und die Kinder lieben sie heiß und innig. Es wird gesungen, erzählt, gezeichnet (das Paket Tipi-Zeichnungen wird um einiges dicker!), gegrillt…

Es ist schön, mit Valérie und ihrem Mann Sylvain zusammen die Tipi-Texte zu lesen. Valérie war meine Friseurin während der Pfarrzeit in Fiez, und ich hatte das große Privileg, ihren Glaubensweg ein Stück weit begleiten und dann auch dessen verschiedene Etappen beobachten zu können. Von einer äußert skeptischen und aus sicherer Distanz zuschauenden, aber doch suchenden Frau – über einen in den christlichen Glauben hineinplumpsenden und chaotischen, doch mutig in diesen unbekannten Gewässern herumzappelnden Lehrling – hat sie sich zu einer aufrechten, soliden und witzigen Christin entwickelt. Witzig, weil sie ihre Eigenart (Tätowierungen, glitzernde Kleidung, riesige Ohrringe und hohe Absätze) nicht aufgegeben hat – warum sollte sie auch? Eine Zeit lang besuchte sie zögernd eine reformierte Kirche, aber da hielt sie es nicht lange aus; vor allem, weil der dortige Kirchenvorstand sie zu schnell als Mitglied »einfangen« wollte, wo sie doch gerade ihre ersten Schritte machte. Nun ist sie eifriges Mitglied einer evangelischen Gemeinde.

Valérie und ich haben viel zusammen erlebt. Zuerst habe ich ihr geholfen, sie begleitet, sie aufgemuntert und sie auch auf den Pfad der Bibel zurückgeschleppt, wo das nötig war. Dann war's immer öfter auch umgekehrt. Wir haben zusammen »retraites«, Gebetswochenenden, gemacht, zusammen gebetet, die Stimme Gottes füreinander gehört.

Thea ist meine beste Freundin. Mit ihr habe ich meine Jugendzeit erlebt, bei ihr habe ich entdeckt, wie wirklich und konkret und befreiend Gott ist. Mit Thea habe ich Unfug gemacht, gebetet, gesungen, Hausaufgaben erledigt, Mathelehrer zur Verzweiflung gebracht, alte Leute besucht und unzählige Abenteuer erlebt.

Valérie hat meine ersten EEC-Schritte begleitet, die Vision verstanden. Sie war von Anfang an bei der Unterstützungsgruppe dabei und hat mit ihren (ihrer Meinung nach!) naiven Fragen viel dazu beigetragen, dass EEC schön mitten in der Realität verwurzelt blieb und doch gleichzeitig den Kopf erwartungsvoll zum Himmel emporhob.

Meine Schmetterlingsgedanken flattern mir wieder durch den Kopf. Ich frage Valérie, was sie davon hält. Aber sie weiß auch nicht, was da fehlen könnte, und bei unserem gemeinsamen Gebet bekommen wir keine deutliche Antwort.

KAPITEL 30

VEVEY

Die Strecke nach Vevey ist gemütlich kurz, die Sonne scheint, nach einigen Umherirrungen in den Weinbergen und einem Gespräch mit anschließendem Gebet mitten auf der Straße in la Tour-de-Peilz komme ich am Freitagabend in Vevey an. Dort wartet Aude mit einer Freundin auf mich, wie sie mir per SMS mitgeteilt hat, und dort steht auch schon der Eselwagen bereit. Aber in der SMS steht: »Tür noch zu, wo Schlüssel?« Immer noch unterwegs, kehre ich meine Taschen um und leere meinen Rucksack aus, während Speedy mich ungeduldig weiterziehen will. Keine Schlüssel. Und nun? SMS an Aude: »Hast Idee? Tipi gegenüber Polizei, helfen bestimmt?« SMS von Aude zurück: »Nein, sagen, nicht zuständig.«

Dann suchen wir uns nachher eben einen starken Mann, der das Schloss aufbricht.

Das Tipi steht am Seeufer, umgeben von Parks und Spielplätzen – toll! Noch toller ist, dass dieses Wochenende das Weltmeisterschaftsfußballspiel zwischen der Schweiz und Honduras stattfindet und auf einer riesigen Leinwand ein paar hundert Meter von mir entfernt am Samstagabend übertragen wird. Das verspricht was! Aber erst mal ist Freitagabend, der Schlüssel vom Eselwagen ist mirakulös wieder aufgetaucht und Mike kommt mit seiner Gitarre angeschlendert.

Mike ist mit der Familie Maffli mein erstes Band mit der Schweiz gewesen. Ihre Jugendgruppe »Rainbow« lud uns Deutsche (und mich Holländerin) auf eine Freizeit in der Nähe von

Vevey ein, und so machte ich meine ersten wirklich praktischen Französisch-Schritte. Wir redeten viel und sangen viel, wir fuhren Ski und fielen. Später half mir Mike beim Umzug in die Schweiz, und auf der Fahrt von Göttingen nach Vevey berührte sein klappriges Auto manchmal ächzend den Boden. Mein erstes Unterkommen war ein altes Haus beim Bahnhof, wo mich nachts die Mäuse weckten. War ich froh, als ich ein paar Tage später in Lausanne bei Claudine Faivre ein Zimmer fand!

Am Samstag wimmelt es nur so von Leuten. Es ist heiß, die Wiese um das Tipi herum liegt voll mit Jugendlichen. An sich sehr schön, nur ist es etwas unbehaglich, um aufs Klo zu gehen: Unser Klo-Zelt ist auch von etlichen in der Sonne liegenden Leuten umringt, und es ist mir fast unmöglich, bei nur 20 Zentimeter Abstand zu ihnen ein paar Tropfen rauszuquetschen. Erst recht, wenn ein Junge interessiert fragt: »Ist das hier die Beichtbude?«

Etwas später kommt ein Mann mit etwas düsterem Blick herbei. »Wer ist hier der Verantwortliche?«

»Ich!«

»Was soll das, dass Sie die Indianergebräuche für Ihr dusseliges christliches Unternehmen gebrauchen?«

»??!!«

»Ja, das ist Blasphemie! Ich will, dass Sie sofort alle Plakate mit dem Wort ›Tipi‹ abhängen und etwas anderes draufschreiben. Ich warne Sie!«

»Ja, aber ... was soll ich denn schreiben?«

»Ist mir egal. Jurte.«

»Aber es ist keine Jurte. Tut mir leid, aber es ist nun mal ein Tipi ...«

»Ich habe Sie gewarnt. Nun ist es zu spät. Ich komme heute Nacht mit meinen Freunden und werde Ihr Zelt in Brand stecken. Das wird's Ihnen zeigen! Die heiligen Indianerrituale für Ihre Sache missbrauchen ... Das werden Sie büßen ...«

Langsam schreitet er wieder davon und lässt mich perplex, aber auch erschrocken zurück. Was soll ich nun tun? Die Leute, die dabei waren, raten mir, die Polizei anzurufen. Das tue ich. Die Reaktion ist nicht ermutigend: »Ach, wissen Sie, wenn wir auf all diese Drohungen eingehen würden, wären wir Tag und Nacht beschäftigt. Nehmen Sie's nicht zu ernst!«

Aber ich nehme es ernst. Es handelt sich nicht um einen Betrunkenen, der in seinem Rausch irgendwelche leeren Drohungen ausspuckt, sondern um einen ganz nüchternen, wenn auch seltsamen Mann, der heute Nacht zurückkommen will, um mir mein liebes Tipi kaputt zu machen! Und wenn ich mich wehre, was wird er dann tun? Mit wie vielen werden sie auftauchen? Und werden sie meinem Hund etwas antun, wenn der mich verteidigen will?

Einige Leute von der Kirchgemeinde Vevey, darunter ein Synodenmitglied, kommen vorbei, um mich zu begrüßen. Ich erzähle ihnen von dem Vorfall.

»Sie müssen die Polizei verständigen«, meint einer von ihnen.

»Ja, aber die wollen nichts tun, die sagen, es seien nur Worte.«

»Nur Worte? Ich hätte auch Angst! Die sind unberechenbar, solche Extremisten«, sagt der Mann, und auch wenn ich mich bestätigt fühle, trägt seine Reaktion nun nicht gerade zu innerem Gleichgewicht und Frieden bei.

Ich rufe Aude an. Die macht sich mit mir Sorgen, aber weiß auch nicht, was zu tun ist. Dann telefoniere ich mit Bernard. Es bleibt kurz still am anderen Ende, dann sagt er: »Ich werde jetzt erst mal beten; in 20 Minuten ruf ich zurück.« Nach 20 Minuten klingelt mein Handy und Bernard verkündet: »Ich komm vorbei und werde im Tipi schlafen. Mach dir keine Sorgen!«

Uff! Ein Stein – ein Stein? – ein Felsblock fällt mir vom Herzen. Und ist das nicht toll? Nicht nur beten und sagen: »Es wird schon alles gut!« Auch nicht: »Wir werden dies tun und du sollst das machen ...« Sondern: »Ich bete. Und je nachdem, was ich verstehe oder sehe, komme ich und handele!«

Am Abend wandern die Massen in Richtung Riesenleinwand für das Fußballspiel. Sie haben natürlich keine Zeit fürs Tipi. Auf dem Rückweg ist das allerdings anders: Mit langen Gesichtern kommen die Truppen wieder zurück, die Schweiz hat verloren. Viele bleiben bei uns hängen. Im Tipi bildet sich ein Kreis von neugierigen Jugendlichen, die wissen wollen, warum und wie ich an Gott glaube. Wir reden lange. Ein junger Mann bleibt draußen sitzen. Ich frage ihn, ob er nicht reinkommen wolle, aber er schüttelt den Kopf: »Nie und nimmer werde ich noch einen Fuß in die Kirche setzen!«

Ich hätte gerne gewusst, warum, aber die Diskussion im Zelt ist zu wichtig, um sie jetzt abzubrechen. Doch nach einiger Zeit ziehen die Leute ab; der Mann sitzt immer noch da und guckt mich erwartungsvoll an. »Wenn Sie bereit sind, hier draußen zu bleiben, möchte ich Ihnen gerne meine Geschichte erzählen«, sagt er.

»Oh gerne!«, antworte ich.

Nachher verstehe ich, warum er nie und nimmer mehr einen Fuß in die Kirche setzen will.

Um Mitternacht trottet ein Junge zu Speedy. Offensichtlich will er reden, und wir setzen uns hin. Er hat Fragen zum Konfirmandenunterricht, zu seinem eigenen Glauben und zu seinen Zweifeln, und wir nehmen uns Zeit. Spannend!

Um zwei Uhr morgens begebe ich mich dann doch mit Barou in meinen kuscheligen Eselwagen. Bernard hat eine Lampe im Tipi brennen lassen und sich direkt vor den Eingang gelegt. Ich schlafe seelenruhig und dankbar ein. Die Nacht verläuft friedlich – keine Spur vom aggressiven Indianerfan, vielleicht auch dank des bullig aussehenden Schattens am Tipi-Eingang: Bernard ist nicht gerade schmächtig.

Um halb sieben werde ich von Stimmen vor dem Wagen geweckt: Ich ziehe die Klappe hoch, stecke meinen schläfrigen Kopf hinaus und sehe vier Jugendliche vor mir stehen. »Wir wollten Ihnen nur sagen, wie toll wir das finden, was Sie machen. Hier, für Sie!«, sagt einer von ihnen und reicht mir eine frisch geklaute Rose.

KAPITEL 31

VON »WECHSELBÄDERN« AUF DEM WEG

Die nächsten Wochenenden sind froh und farbig wie die vorigen. Die schon erwähnte Vertrautheit stellt sich auch dieses Jahr wieder ein. Am Freitag holen Barou und ich unseren Speedy wieder ab, machen uns auf den Weg, treffen Leute... Ich lade ein, bete manchmal mitten auf der Straße mit Menschen, die das plötzlich brauchen und sich freuen, dass das angeboten wird. Ich finde mein geliebtes Tipi irgendwo auf einer Wiese, meistens von Kindern und Neugierigen umgeben, immer mit einem Mitglied meiner treuen Gruppe.

Oft bin ich tief glücklich. Ich lerne so viel, ich entdecke so viel. So viele Türen werden mir geöffnet; und ich selber werde richtig genährt von all dem, was im Tipi stattfindet: Gebete, Gespräche, Lieder, ein ehrlicher Austausch, der Versuch, Gott und die Menschen wirklich zu ehren. Ich habe den Eindruck, ich wachse.

Aber manchmal bin ich auch tieftraurig. Ich lerne und entdecke so viel über mich, was mir nicht gefällt. Es kommen Gefühle hoch, die ich doch so schön in irgendeine Kiste eingesperrt hatte. Manche Türen werden nicht gerade sanftmütig zugeknallt; und vieles von dem, was im Tipi stattfindet, bringt meine verschiedenen persönlichen Festungen in Gefahr. Das geschieht zwar auch, um mich der festen Burg Gottes ein Stückchen näher zu bringen, aber es ist doch unkomfortabel. Wie lautete noch mal das Gebet von Bruder Klaus?

Mein Herr und mein Gott, nimm alles von mir, was mich hindert zu dir. Aber nein, lieber nicht *alles*. Dieses »Fasten« ist nämlich ungemütlich.

Mein Herr und mein Gott, gib alles mir, was mich fördert zu dir. Aber nicht inklusive Schmerzen, bitte!

Mein Herr und mein Gott, nimm mich mir und gib mich ganz zu eigen dir. Aber nicht *ganz*: Lass mir bloß einen Teil, der nur mir gehört.

Ich wachse, aber mein geistliches Wachstum ähnelt einem Pilgermarsch in Luxemburg, den ich mal beobachtete: drei Schritte vorwärts, zwei zurück. Und manchmal wächst da auch gar nichts. Dann habe ich eher das Gefühl, zusammenzuschrumpfen.

Ja, manchmal bin ich traurig oder missmutig. Weil es in mir nicht so klappt, wie ich es gerne möchte. Aber auch, weil ich so viel Elend um mich herum sehe, bei den Menschen, denen ich begegne. Nicht nur das Elend in ihren Lebensgeschichten, auch wenn das mir manchmal wie ein Stein im Magen liegt. Nein, was mich am meisten missmutig macht, ist das erwähnte häufige Fehlen einer deutlichen Orientierung in ihrem Leben. Ich selber mache die seltsamsten Kurven, Umwege und Schritte zurück; aber ich komme doch irgendwie voran.

Das muss was damit zu tun haben, dass Jesus ein sicherer Leuchtturm bei meinen Umherirrungen ist. So ist das Glück, das ich finde, ein Ergebnis von seinem Sein und meinem Sein, von unserem Zusammensein – eine Folge von seinem warmen Segensmantel, den ich nur allzu gerne anziehe.

Die Menschen, die ich treffe, werden so oft hin und her gerissen – zwischen ihren eigenen Schwächen, ihren Wünschen, ihren Idealen, ihren Grenzen. Sie leben in einer Gesellschaft, die ihnen einerseits Glück und Freiheit verspricht: »Tun Sie dieses, leisten Sie sich jenes, was sollte Sie daran hindern, kosten Sie Ihr Leben aus, und hier haben wir für Sie, was Sie dazu brauchen!« Andererseits setzt dieselbe Gesellschaft die Menschen unter einen gewaltigen Druck: »Sie *müssen* glücklich sein, tun Sie, lassen Sie gelingen, leisten Sie; sonst sind Sie nicht normal! Aber keine Sorge! Auch da haben wir so einiges zu bieten: Psychologen, Therapeuten, Medikamente, wirksam oder nicht, was soll's, alles ist zu haben. Kauf, kauf, gebe Geld aus, beim nächsten Mal klappt's bestimmt! Nein? Wieso nein? Selbst Schuld, Sie haben's noch nicht versucht mit Therapie A, mit Guru B, mit Naturprodukt C, mit Gruppe D, mit Selbsthilfekurs E, mit Buch F oder Methode G.«

Um das noch mal klarzustellen: Ich habe nichts gegen Psychologen oder Therapeuten – ich habe selber zwei Jahre eine Psychotherapie gemacht – noch gegen Medikamente, Kurse oder Bücher. Es geht mir aber um die Illusion der wunderbaren Ergebnisse, die die Konsumgesellschaft uns vorgaukelt. Und die Menschen hasten hinter ihrem eigenen Glück her und finden es doch so selten. Und wenn sie es finden, wird eine Mauer drum herum gebaut, um dieses Glück – oder was sie dafür halten – abzuschirmen, damit es bloß keiner anrempelt und vielleicht alles doch noch in sich zusammenstürzt.

Das muss was damit zu tun haben, dass dieses Glück »Fischglas-Glück« geworden ist: autonom, ein Ziel an sich, ein Ding, ein Produkt, das man sich erjagen soll. Es kommt nicht mehr hervor aus der Beziehung mit dem, der unser Glück im Auge hat, auch wenn seine Kriterien den unseren nicht unbedingt entsprechen.

So wechseln Freude und Entmutigung sich bei mir ab. Aber immer bleibt das Abenteuer, Menschen zu entdecken. Menschen, die sich zu entdecken *geben*. Vielleicht hilft mein eigenes »Zusammenschrumpfen« ihnen ein bisschen, sie selbst sein zu können, ohne Maske. Denn man spürt, ob der andere weiß, wovon man redet. Ja, und dann …

… sind wir wieder weg. Wir – denn es ist so wichtig, dass oft ein Mitglied meiner Unterstützungsgruppe kommt. Oder ein Pfarrerkollege, oder einfach jemand, der da ist und gut zuhören kann und dem anderen Raum gibt. Aber, wie gesagt, dann sind wir wieder weg. Was bleibt wohl von all diesen Gesprächen hängen?

Meine Versuche, die Leute auf die lokale Pfarrgemeinde hinzuweisen, versanden in Abwehr. Nicht weil der Pfarrer nicht gut oder nett oder in der Gemeinde nichts los wäre. Es handelt sich eher um eine Art allgemeine Abwehr gegen feste Strukturen, Ordnungen, Hierarchien, von denen die Kirche nun mal »befallen« ist. Eine »Lass-mich-in-Ruhe«-Haltung, bei der die Kirche das Letzte ist, was diese Menschen aufsuchen würden. Nur die Flyer für die Alpha-Kurse finden manchmal Abnahme.

Mein Nomadendasein scheint (manchmal sehr intensive) Impulse zu geben, von deren eventuellen Folgen ich allerdings meistens gar nichts mitkriege. Manchmal bekomme ich viel später eine Rückmeldung – und das tut dann auch sehr gut! Jetzt muss ich mich aber damit begnügen, dass ich einfach nur da bin, an einem Ort und in einem Augenblick, wo das anscheinend nicht zufällig oder umsonst ist.

Um dann alle und alles wieder ruhig und fröhlich in Gottes Hände zu legen.

Ist ja auch gut so …

KAPITEL 32

BLONAY – VILLARS-TIERCELIN

In Blonay gebe ich den Mitgliedern meiner Gruppe ein Exemplar meines Buches *Tim Jonas – How strange the ways of healing are* (»Tim Jonas – wie eigenartig sind doch die Wege der Heilung«): eine fiktionale Geschichte über einen Mann, der in seiner Kindheit sexuell missbraucht worden ist und nun den Weg zu Gott und sich selbst zurück finden muss. Unterwegs bin ich sehr vielen Leuten begegnet, die gerade mit diesem Problem zu kämpfen hatten. Deshalb freue ich mich sehr, dieses Buch nun verteilen zu können, auch wenn es erst mal nur Menschen helfen kann, die Englisch sprechen, weil das Ganze nun mal leider in dieser Sprache aus mir hervorsprudelte, wie sehr ich mich auch mühte, es auf Französisch zu schreiben.

Am nächsten Freitag hole ich Speedy beim Bürgermeister von Villars-Mendraz ab, der sich bereit erklärt hatte, den Esel aufzunehmen. Auf der kurzen Strecke nach Villars-Tiercelin werde ich begleitet vom Bürgermeister und von Maaike, meiner holländischen Freundin. Maaike und ich haben uns bei einem Seminar zum Thema »Pastorale Begleitung missbrauchter Menschen« in Dänemark kennengelernt, und wir sind Freunde fürs Leben geworden. Später ist sie mit ihrem Mann Aart zu meinem Chalet in den Bergen gekommen, und – was nicht immer der Fall ist! – auch Aart ist mein Freund geworden. Ich hatte das große Privileg, ihn drei Jahre später im Fluss Brison oberhalb meines Chalets taufen zu dürfen.

Es geht ruck, zuck heute, Speedy galoppiert fast. Zuerst denke ich, dass es an der Autorität des Bürgermeisters liegt. Aber dann sehen wir, dass der Esel von Stechfliegen geplagt wird, die an diesem feucht-warmen Tag in Unmengen um ihn herumschwirren. Mein Insektenspray hilft nicht, also galoppieren wir eben alle mit. Aart wartet schon auf uns beim Tipi, das würdig im Garten einer hilfsbereiten Familie steht. Würdig – aber leer: »Das Material ist nicht angekommen!«, klagt Jean-Claude, der dieses Wochenende koordiniert.

Wir rufen Bernard an, der das Ganze heute Morgen schon hätte bringen müssen, aber der Anrufbeantworter hilft uns auch nicht weiter. Wir suchen überall; was wäre ein logischer Ort für unser Material, bestehend aus Campinggaskocher, Kochgeschirr, Bücher, Tisch, Stühle, Kerzen, Kreuz, etwa zehn Plastikdosen mit verschiedensten Objekten und inzwischen mehr als 100 Kinderzeichnungen?

Keine Ahnung – aber da kommt der erlösende Anruf: »Ihr Dussel! Es steht doch alles in der Scheune hinten! Ist doch logisch!«

Warum das so logisch ist, entgeht mir, aber gut, wir können das Tipi endlich einrichten. Maaike und Aart müssen noch die ganze Strecke nach Holland zurückfahren, deshalb wollen sie bald los. Dabei hatte ich doch versprochen, ihnen was Leckeres zu essen zu machen.

Plötzlich kommt eine Frau herbei, die sich als Roselyne vorstellt. Sie trägt einen großen Korb, der sich als eine kulinarische Pandorabüchse entpuppt: Brot, Wein, Kuchen, Speckfladen, Gemüse und Früchte direkt aus dem eigenen Garten, zwei Flaschen Wein… Ich seufze vor Erleichterung, aber auch vor Glück. Wie gesagt, ich *liebe* essen, vor allem, wenn ich es nicht selbst vorbereiten muss, und erst recht, wenn es nachher nichts abzuwaschen gibt.

Das Wochenende verläuft ruhig. Überraschende Gäste sind ein alter Missionar, der im Dorf wohnt, und meine frühere Supervisorin Denise, die plötzlich auftaucht. Ihr Leben hat sich drastisch geändert: Sie ist von den Folgen des schrecklichen Erdbebens in Haiti so betroffen gewesen, dass sie ihren sicheren Job als Psychologin aufgegeben hat und nun dort Leute ausbildet: Psychologen, Pfarrer, aber auch Menschen ohne höhere Qualifikation, die zuhören und so das Leid ihrer Nachbarn etwas lindern können. Wenn Denise nicht in Haiti ist, wohnt sie in einem Wohnmobil auf dem Campingplatz bei *le Pigeon*, dem Restaurant, wo Speedy bei seiner nächtlichen Flucht im letzten Jahr aufgegabelt wurde. Ich freue mich sehr, Denise wiederzusehen, und bin beeindruckt von ihrer Initiative.

Am Sonntagabend ist es so heiß, dass wir beschließen, unser Tipi-Treffen draußen zu halten. Eine große Gesellschaft setzt sich im Kreis auf den Rasen unter den Apfelbäumen. Speedy zwängt seinen dicken Leib zwischen die Leute, bis er ein vollwertiger Teil des Kreises ist. Seine Ohren gehen auf und ab und er scheint an der Diskussion total interessiert zu sein. Sogar beim Abendmahl erwartet er seine Portion, aber das geht mir denn doch zu weit.

KAPITEL 33

HERMENCHES – DENEZY – CRONAY – CHEYRES

Am nächsten Wochenende geht's über Hermenches nach Denezy. In Hermenches wohnt Patrick, mein Computerexperte,
Eselwagentransporter, allgemeiner Krisenbewältiger und Kumpel, mit seiner Freundin Karine. Wieder ist es Jean-Claude, der
das Tipi, mit Material diesmal, aufgebaut hat und der sich Zeit
nimmt, abends mit uns zu essen. Und wieder ist es Roselyne,
die mit ihrem »Pandora-Korb« auftaucht, sodass statt Suppe
mit Brot wieder eine Überraschung nach der anderen auf den
Tisch kommt.

Abends gesellen sich mehrere Dorfbewohner zu uns, unter
anderem die beiden Bauern, die auf dem Feld neben dem Tipi
gearbeitet haben. Wir reden bis spät in die Nacht über die Frage, die ein Mann gestellt hat: »Will Gott mehr von uns, als einfach gut und zuverlässig zu sein? Ist das nicht schon genug?«
Eine Freundschaft mit dem Herrn der Welt scheint ihm fast zu
viel verlangt. Vom Menschen, aber erst recht von Gott: Wie
kann ein Mensch ihm so wichtig sein?

Von Hermenches nach Denezy ist es weit. Zu weit. Vor allem,
weil ich mich fürchterlich verirre. Glücklicherweise erbarmt
Bernard sich zum x-ten Mal meiner und führt Speedy die letzten fünf Kilometer nach Denezy, während ich mit seinem Auto
hinfahre.

In Denezy wohnen Olivier und Dina Buttex. Olivier ist
Pfarrer im Ruhestand, begeisterter Musikproduzent und als sol-

cher auch Herausgeber meiner Kinder-CDs. Er und seine Frau Dina zählen zu den liebsten, herzlichsten Leuten, die ich kenne. Ihr Haus steht immer weit offen, es ist immer für alle Platz; darin ähneln sie Jacob und Marguerite, den Eigentümern von Speedy.

Das Tipi steht im Garten der Familie Buttex, etwas zu privat. Aber dafür ist es gemütlich! Und es kommen trotzdem Leute vorbei. Ich freue mich, meine Kollegin Laurence fast bei jedem Treffen zu sehen. Für die deutschen Gäste, die das Haus nebenan als Ferienwohnung gemietet haben, wird das Tipi ein idealer Ausflugsort: endlich mal wieder jemand, der ihre Sprache spricht! Vor allem mit dem Sohn freunde ich mich an; wir reden lange über seine Fragen und die Antworten, die er schon gefunden hat.

Über Cronay, wo wir allerherzlichst empfangen werden, geht's nach Cheyres. Cheyres liegt im Kanton Fribourg. Die Grenze zwischen den beiden Kantonen zieht sich hier in seltsamen Kurven und Ecken durch die Landschaft, und um rechtzeitig nach Yvonand zu kommen, machen wir einen Bogen nach Norden. Rechtzeitig deshalb, weil das Fernsehen nächstes Wochenende eine Sendung über EEC geplant hat. Als ich den kirchlichen Autoritäten dieses mitteilte, bestanden sie darauf, dass ich mich am betreffenden Wochenende nicht in einem fremden Kanton, sondern, wie es sich gehört, »bei uns in Vaud« aufhalten würde. Auch in Ordnung. Nur müssen wir dann vorher im Kanton Fribourg haltmachen.

Müssen? Zum Glück! Denn hier ist Pierre Maffli Diakon. Er ist der Schwager von Thea und, wie gesagt, mit Mike einer »meiner« allerersten Schweizer!

Diesmal gibt es nur zwei Gespräche unterwegs: mit einem Radfahrer und kurz vor Cheyres mit einer Frau, die Blumen in ihrem Garten gießt. So kommen wir rechtzeitig beim Campingplatz an, wo Pierre schon auf uns wartet. Er stellt mich David vor, meinem Campingnachbarn, der mitgeholfen hat, das

Tipi aufzubauen. David hat früher selbst ein Tipi gebaut und darin auch mehrere Jahre gewohnt. Nun hat er als festen Wohnsitz einen Wohnwagen auf dem Campingplatz. Er wird an diesen Tagen oft zum Kaffeetrinken, Essen und Diskutieren kommen.

Es wird ein fröhliches, warmes Wochenende voller Leute aus der reformierten Gemeinde im sonst katholischen Kanton. Aber hier auf dem Campingplatz bildet die Gemeinschaft nicht eine Art Insel, von der andere sich ausgeschlossen fühlen, sondern sie zieht Menschen an. Nicht zuletzt durch die Anwesenheit von Sven und Françoise, ein Ehepaar um die vierzig und begeisterte Motorradfahrer, Abenteurer und ur-herzliche Menschen, mit denen ich Freundschaft schließe und die nachher regelmäßig zum Tipi oder zum jeweiligen Winterquartier kommen werden.

Mehrere Bekannte von vorigen Wochenenden tauchen auf: Roland und ich haben zum Beispiel ein langes Gespräch mit einer der beiden Freundinnen, die mit mir die Strecke von Villars nach Bex zurückgelegt haben. Ein paar Kollegen kommen zu Besuch und Leute, die irgendwann mal einen Artikel über EEC in der Zeitung gelesen haben und neugierig geworden sind.

Nach dem Abbau am Sonntagabend wollen Roland, Pierre und ich noch schnell bei Daniel Rouge, dem Vertretungspfarrer, und seiner Frau vorbei. Ich schnuppere ein fertiges Barbecue, wozu Daniel uns herzlich einlädt. Aber zuerst stellt er uns die anderen Gäste vor. Und mit ihnen wird der am Freitag angefangene Faden wieder aufgenommen und weitergesponnen: Es sind der Radfahrer, seine Frau und die Blumengießerin!

KAPITEL 34

YVONAND

Am nächsten Freitag ist meine Wanderzeit genau festgelegt; mit wartenden Kameras kann ich es mir nicht leisten, zu spät anzukommen. Man hat mir Etappen vorgeschrieben und ich muss dafür sorgen, dass ich zu bestimmten Zeiten an bestimmten Orten bin, sodass der Journalist mir unterwegs »spontan« für die Interviews begegnen kann.

Ich finde es spannend, die Sonne scheint, Speedy klappert gemütlich neben mir her, Barou rennt frei herum. Dann klingelt mein Handy: »Sind Sie da, wo Sie sein müssen?« Ja, diesmal bin ich das! Der Journalist taucht aus dem Gebüsch auf, begleitet mich zum netten Kameramann, der auf einer Bank mit Seeblick hockt und eifrig die sehr idyllische Landschaft filmt. Dieser wird sofort aktiv, stellt mich und Speedy an eine bestimmte Stelle, die uns wohl ins rechte Bild rückt, und ruft: »Allez-y! Gehen Sie nur!« Also gehe ich. Speedy, ganz gehorsam, geht auch, bis er plötzlich ein besonders saftiges Grasbüschel auf der anderen Seite des Weges erspäht. Falsch. Zurück. »Allez-y!« Wir gehen wieder, ich versuche, ins Blaue hineinzugucken, was gar nicht so einfach ist. Barou verschwindet im See. Speedy will auch zum See. Dann will er plötzlich nicht mehr. Der Kameramann wartet. Wir gehen wieder. Trotzdem falsch. Wieder zurück. »Allez-y!«

Bei der nächsten Etappe ist es einfacher, da wird nur aufgenommen, wie wir den Fußweg entlanggehen. Dann versteckt sich der

Kameramann hinter einem Hügel, um Speedys langsam auftauchende Ohren filmen zu können. Das klappt gut. Gemächlich gehen wir voran. Auf meine dringende Frage hin hat mir der Journalist versichert, er sei die ganze Strecke selber gegangen und es gebe kein Brücken-Hindernis. So müsste ich in etwa zwanzig Minuten beim Campingplatz von Yvonand ankommen.

Anscheinend ist er aber doch nicht die ganze Strecke gegangen. Kurz vor dem Dorf hat er sich vermutlich gedacht, dass nun nichts mehr schiefgehen könne. Und kurz vor dem Dorf stehe ich jetzt – vor einer Brücke. Speedy weigert sich (natürlich!), hinüberzugehen. An sich nicht schlimm, ich müsste nur den Weg ein Stück zurückgehen und dann über einen Umweg wieder zum See. Aber die Zeit der Fernsehleute sei kostbar, hat man mir gesagt, und ich müsse um 16 Uhr da sein. Ich habe noch zehn Minuten, der Campingplatz lockt hinter der Brücke, aber eben *hinter* ihr ...

Eine Radfahrerin mit zwei kleinen Kindern kommt an, sie steigt ab, und die Kinder streicheln den Esel. Dann habe ich plötzlich eine Idee: Ich weiß noch, wie Speedy einmal einer Kindergruppe über eine gefährlich aussehende Brücke gefolgt ist. Einen Moment zögerte er, aber dann trottete er lieb den Kleinen hinterher, die gar nicht daran dachten, er könne Schwierigkeiten machen. Genau das ist das Problem: Er weiß, dass ich weiß, dass er nicht über diese Brücke hier vor dem Campingplatz will. Deswegen weigert er sich. Aber er weiß nicht, dass ich weiß, dass die Kinder nicht wissen, dass er nicht über die Brücke will. Und da sie nichts von seinem Unwillen ahnen, werden sie ihn wahrscheinlich treulich hinüberziehen.

»Ach bitte, könnten Sie mir nur eben schnell Ihre Kinder leihen?«, frage ich also und erkläre der Mutter, warum.

Sie lacht. »Wenn Sie meinen, das klappt?«

Heuchlerisch halte ich Speedys Seil den Kleinen hin: »Wer will zuerst?!«

»Ich!«, sagt die Kleinste, und los geht's schon. Sie stolziert über die Brücke, und Speedy folgt ohne jegliches Zögern.

So kommen wir doch noch rechtzeitig beim Campingplatz an. Marja und Michiel, meine Freunde aus Holland, die eine Woche bei mir im Chalet zu Besuch waren, warten schon auf mich. Auch meine Gruppe ist vollzählig. Die Interviews gehen weiter.

Am Abend essen wir urgemütlich alle Raclette, und Valérie erzählt, warum sie bald nicht mehr zum Tipi kommen wird: Sie ist schwanger und will nicht mehr hin- und herreisen. Wir singen ihr ein Lied zu.

Am Samstag tauchen die Fernsehleute schon wieder früh auf und filmen eine Frau, die zu Besuch kommt. Ich sehe plötzlich ein Mikrofon hinter mir auftauchen, und mit ihrem Einverständnis wird die Szene, allerdings ohne ihren Namen zu nennen, später in die Sendung mit hineingenommen.

Leider sind Bernard und ich alleine beim Tipi-Treffen. Es wundert mich, warum keine Besucher kommen; etwas naiv hatte ich gedacht, viele würden sich freuen, mal im Fernsehen zu erscheinen. Natürlich dumm von mir. Sobald der Journalist und die Kameraleute weg sind, kommen die Menschen wieder. David vom Campingplatz in Cheyres taucht auf; er war schon vorher da, aber traute sich nicht näher zu kommen. Andere sagen, sie wollten nicht gefilmt werden, zumindest nicht beim Reden.

Eine Frau mit Anorexie kommt zu mir ins Tipi, wir reden lange. Man sieht ihr ihre Krankheit sehr an; ich bin traurig, wenn ich sehe, wie die Leute ihr nachstarren, wie die Kinder über sie lachen, wie eine Frau ihre Tochter eiligst wegholt. Wie ist das wohl, täglich mit kalten, feindseligen Blicken zu leben? Ein feindseliger Blick ist wie eine Drohung: Sei anders, sei nicht du, wie du jetzt bist, sonst… Sonst schieben wir dich weg, ignorieren wir dich, machen uns lustig über dich oder drohen dir. Denn du bist selbst eine Drohung: Du bist anders und sagst uns etwas durch deine Krankheit, das wir nicht hören wollen. Du *störst*. Du zerbrichst unsere Illusion von einer heilen

Welt, und das macht uns böse… oder ängstlich; aber meistens beides, also meiden wir dich. Es sei denn, du gliederst dich wieder schön ein und bist so, wie wir das alle wollen, und siehst wieder so aus wie alle anderen und sagst das Richtige. Dann störst du nicht mehr und darfst wieder da sein.

Wie ganz anders ist dieser Blick, über den ich in Aigle nachdachte: dieser warme Blick Gottes auf uns, der es uns erlaubt, wir selbst zu sein, der uns sieht, wie wir in Wirklichkeit sind – in *seiner* Wirklichkeit sind. Und uns darin so annimmt, wie es unser tiefstes Verlangen noch übersteigt.

Zum Schluss gibt es mit den Fernsehleuten noch ein langes Interview auf einem Klappstuhl am See. Dann fahren sie los, und ich bin erleichtert: Es war ja alles doch ziemlich unnatürlich. Die Leute waren äußerst freundlich und gaben sich Mühe, aber… es drehte sich alles um den Esel, den Wagen und das Tipi, die etwas »folkloristischen« Aspekte meines Unterwegsseins – als ob das das Wichtigste wäre, der Kern der Sache.

Der ist und bleibt nun mal einfach Gott selbst.

Aber der lässt sich halt nicht so gut filmen…

KAPITEL 35

COMBREMONT-LE-PETIT –
GRANGES-MARNAND

Die Etappe von Combremont ist mithilfe einer Frau geregelt, die vor einigen Monaten zum Tipi gekommen ist und sich gedacht hat, dass das für ihre Gemeinde doch auch was sei. Das Wetter ist eher schlecht, aber die Gespräche sind schön. Vor allem mit einem Mädchen, das gleich gegenüber wohnt und oft zum Reden kommt.

Mit den Kindern vom Kindergottesdienst gehe ich am nächsten Freitag die Strecke von Combremont nach Granges. Wie gemütlich! So richtig Evangelium unterwegs: Wir picknicken, die Kinder stellen unheimlich interessante Fragen und wir verirren uns hoffnungslos. Zum Schluss sind wir so spät, dass der Kirchenvorstand von Granges eingeschaltet wird, um die verlorene Herde dann eben mit Autos abzuholen. Barou, Speedy und ich sind dazu verurteilt, einsam unseren weiteren Weg zu gehen, aber eine Frau beschließt, mich nicht alleine zu lassen, und so treffen wir eifrig diskutierend in Granges ein.

Der junge, begeisterte Pfarrer Dimitri Juvet hat uns eingeladen, und ich stehe mit meinem Tipi auf der Wiese neben dem Pfarrhaus. Gemütlich, ruhig, ideal für das Gemeinde-Familien-Fest, das Sonntag stattfinden wird – nur ist es zu weit weg von Straßen, Geschäften und Menschengewimmel. Das merke ich gleich am Samstagmorgen: Stille und Vogelgezwitscher sind mein Los. Idyllisch, aber…

Ein junger Passant fasst meine Gefühle in Worte: »Was machen Sie denn da in diesem verlassenen Winkel?! Hier sieht Sie doch keiner!«

Ich erkläre, dass dies hier die einzige freie Wiese von Granges sei, aber er bleibt dabei: »Geht nicht. Bin kein Fan von Ihrem Gott, aber trotzdem mal sehen, was ich da machen kann. Wissen Sie was? Ich muss jetzt zum Müllabladeplatz, aber auf dem Rückweg hole ich ein paar Kumpels ab und dann organisiere ich einen Apéro², okay?«

»Ja, toll!«

Ich weiß noch nicht, ob dieser fromme Wunsch auch Wirklichkeit werden wird. Oft vergessen Leute ihre guten Vorsätze.

Aber anderthalb Stunden später taucht der junge Mann wieder auf, in Begleitung mehrerer Männer, die alle Weinflaschen tragen. »Die Frauen kommen nach, die machen noch was zu essen fertig!«, winkt mein Helfer mir zu.

Und so geschieht's. Mein ungeeigneter Tipi-Platz verwandelt sich mithilfe des jungen Mannes in eine Art Freiluft-Kneipe mit einer begeisterten Aperitif-Gesellschaft, der sich mehr und mehr Menschen anschließen.

Nach einer Stunde guckt mein neu gewonnener Freund auf die Uhr. »Essenszeit!«, kündigt er an. »Hier, los, kommt mit, ich brauch ein paar Männer zum Schleppen.«

»Was denn schleppen?«, erkundige ich mich.

»Barbecue«, lautet die kurze Antwort. Dann ist er auch schon mit einigen Freunden verschwunden. Zehn Minuten später tauchen sie wieder auf, mit Barbecue, Tisch, Stühlen, Würstchen, Fleisch, Gemüse, Salaten, Brot und noch mehr Wein. Dimitri kommt auch dazu, es ist eine tolle Gelegenheit für ihn, um neue Leute kennenzulernen, denn er ist gerade erst

---

2 »L'apéro«, der Aperitif, ist im Weinland Vaud eine wichtige Tradition: Es wird der trockene Weißwein serviert, meistens begleitet von den »flutes«, einer Art Salzstangen. Als Alternative gibt es dann zum Beispiel Orangensaft. Aber »normalerweise« trinken Erwachsene Wein.

Pfarrer dieser Gemeinde geworden. Mit fünfzehn Leuten sitzen wir um den großen Tisch. So was Schönes!

Mit dem jungen Mann und seinem Vater bin ich inzwischen tief in eine Diskussion verwickelt: Wer ist denn Gott? Und wie weiß man das? Ist das Evangelium, diese frohe Botschaft, wirklich wahr oder nur Selbstbetrug, Autosuggestion? Und warum soll dieser Gott wirklich nötig sein zum Leben, und warum merkt man denn so wenig von ihm?

Am Ende dieses Wochenendes staune ich: »Ach Herr, wie toll machst du das doch immer – na ja, immer? Sagen wir: so oft! –, dass du eine leere Wiese mit Menschen füllst, dass du nicht nur Brot und Fisch, sondern eine komplette Mahlzeit für fünfzehn Leute lieferst. Und das alles durch eins deiner Kinder, das mir (und zugleich vielleicht auch dir) versichert, es sei kein Fan von dir…«

KAPITEL 36

PENEY-LE-JORAT

Am nächsten Freitag wird der Eselwagen nach Peney-le-Jorat gezogen. Er sieht aus wie ein indischer Gebetsbaum: Farbige Fahnen, die während des Familiengottesdienstes angefertigt und dann mit soliden Fäden an dem Wagen befestigt wurden, flattern im Wind: rot für Gebetsanliegen, blau für Glaubensbekenntnisse, gelb für Fragen, weiß für Unausgesprochenes und vielleicht Unaussprechbares. Oft werden in den nächsten Jahren Leute stehen bleiben und sie sich durchlesen: »Herr, mach bitte meinen Opa gesund.« – »Gott, ich verstehe dich nicht, aber ich will glauben, dass du Gutes mit mir vorhast.« – »Jesus, ich hab dich so gern!« – »Herr, warum hast du mich verlassen?«

Peney-le-Jorat liegt fast 850 Meter hoch. Auf dem Hinweg regnet es ohne Unterlass. Triefend treffen meine Tiere und ich in Moudon ein, mir ist eisig kalt, ich muss und werde einen heißen Kakao trinken in irgendeinem Café. Da ist auch schon eins, mit einer Terrasse, von der aus ich ein wachsames Auge auf Speedy haben kann. Denn der darf natürlich nicht mit. Ich denke, Esel auf Café-Terrassen sorgen für das Veto jedes etwas auf sich haltenden Café-Inhabers. So parke ich Speedy auf der anderen Straßenseite bei einem soliden Pfahl. Von dort schreit er uns aber so einsam und verloren nach, dass es meinem Herzen wehtut. Und nicht nur meinem: Die Gäste auf der Terrasse sind voller Mitleid: »Nehmen Sie den Armen doch mit, er erfriert ja da draußen!« Als um diesen Worten den nötigen Ernst zu verleihen, schaut Speedy schmachtend zur Terrasse hinüber, lässt seine Ohren hängen und schafft es, vor nasser Kälte zu zittern.

»Ja, aber… wenn er nun… und vor allem, er hatte etwas Durchfall heute Morgen.«

»Macht nix! Ich verspreche Ihnen: Das räume ich eigenhändig auf!«, fegt einer von ihnen lachend meine Einwände weg.

Also gut. Speedy trottet überglücklich zur Terrasse, kehrt zur mittelmäßigen Freude der Gäste diesen seinen Hintern zu und fängt an, sich auszuruhen, indem er ein Bein leicht anhebt und das Gewicht jeweils auf die drei anderen verteilt. Einem Mann ist dies doch zu riskant: Er stellt seinen Regenschirm zwischen Eselhintern und sich selbst – man weiß ja nie! Die heiße Schokolade kommt, die Gespräche fangen an. Ich verteile meine EEC-Karten und beantworte die Fragen.

»Wissen Sie«, sagt der Mann, der eigenhändig Speedys Haufen aufräumen will (auch wenn ich nicht darauf gewettet hätte!), »ich habe seit Langem dem christlichen Glauben den Rücken zugekehrt. Ist nichts für mich. Aber dass Sie so unterwegs sind, durch den Regen und bei dieser Kälte, da muss man ja von irgendwas oder irgendwem getrieben sein, das macht man nicht so aus Spaß, zumindest nicht lange!« Dies kann ich bestätigen. »Und nun frage ich mich, was treibt Sie denn? Das kann doch nicht der Gott sein, den man mir in meiner Erziehung mitgegeben hat, oder sagen wir, versucht hat, mitzugeben?«

Ich erkläre, dass ich vom Gott der Bibel auf den Weg gesetzt worden bin und auch in Bewegung gehalten werde.

»Der klingt aber ganz anders, Ihr Gott!«, sagt er mir dann noch, bevor er aufsteht. »Der interessiert mich doch etwas mehr. Vielleicht komme ich noch mal vorbei. Nicht um noch weiter über ihn zu reden, das reicht jetzt. Aber weil ich Ihre Motivation und Ihre Ausdauer bewundere und mal sehen möchte, wie Sie da so mit Ihrem Zirkuszelt stehen!«

Es streichelt ja doch ein bisschen mein Ego, diese »Motivation und Ausdauer«, besonders weil ich ja jetzt auch wieder los muss, den weiten Weg nach Peney hinauf in den Regen hinein.

Ist das weit und *geht* das hoch… So sehr, dass ich den treuen Bernard wieder anrufe und frage, ob er nicht noch einmal ein Stück Speedy für mich führen kann, denn alles tut mir weh. Da taucht er auch schon auf. Catherine, die mich seit Dizy regelmäßig besucht, ist bei ihm und fährt mich nach Peney, wo das Tipi schon wartet. Bernard kommt auch bald und wirft mir eine Decke aus dem Auto zu: »Hier, du könntest heute Nacht frieren!«

»Och, ich bin doch einiges gewöhnt!«

»Kann sein, aber man hat Frost vorhergesagt.«

Und so wird es auch sein. Am nächsten Morgen wird das Wasser im Hundenapf gefroren sein. Ich werde mich nachts um zwei Uhr zitternd durch die Eselwagenklappe nach draußen schlängeln, um die verschmähte Decke aus dem Auto zu holen. Kamelhaar! Danke, Bernard!

Zurück zum Tipi und Catherine. Sie bleibt noch zum Essen, fährt dann los. Und ich muss jetzt schleunigst meine Dusche suchen, sonst streiken meine Muskeln. Es wird schon dunkel. Ich suche die Nummer, die Bernard mir aufgeschrieben hat, und wähle. Keiner nimmt ab. Ich versuche es noch mal und noch mal. Nichts. Langsam mache ich mir etwas Sorgen: Es geht ja nicht um den Dreck, der weg muss, sondern meine Krankheit spielt so auf, wenn ich abends keine warme Dusche nehmen kann. Ich gucke aus dem Zelt hervor: Es ist stockfinster. Aus den Häusern um mich herum strömt Licht heraus, aber ich scheue mich etwas, im Dunkeln einfach so an einer Tür zu klingeln. »Du Dussel!«, halte ich mir selber vor, »ist doch ganz egal, Hauptsache, jemand stellt dir seine Dusche zur Verfügung. Was soll's, die fressen dich schon nicht!«

Ich weiß nicht, warum, aber ich traue mich nicht. Ich schäme mich etwas, irgendjemand so einfach zu fragen, weil man mich doch wahrscheinlich komisch angucken wird. Hat vielleicht etwas mit dem »feindseligen Blick« von Yvonand zu tun, so wie ich ihn mir vorstelle: »Was wollen Sie? Warum sind Sie nicht normal so wie alle anderen Pfarrer? Warum schmarotzen Sie auf dem Gelände, in den Häusern, schlimmer noch, in den Badezimmern anderer Leute herum?!«

Schließlich wage ich mich doch zögernd hervor. Da kommt ein Auto angefahren, es hält, der Besitzer steigt aus, verschwindet schon im Dunkeln.

»Äh, bonsoir Monsieur, est-ce que vous pourriez m'aider? Könnten Sie mir helfen?«

Der Mann dreht sich um, sieht mich vor einem vagen Hintergrund von Zelt und etwas Wohnwagenähnlichem, brummt etwas, das wie »Hmpfr!« klingt, und fügt dann hinzu, während Unwille aus all seinen Poren mir entgegenweht: »Was wollen Sie?!«

»Eine Dusche!«, sage ich etwas eingeschüchtert. »Ich bin die Pfarrerin – wissen Sie, die Wanderpfarrerin – haben Sie denn nichts davon gehört?«

»Nee, nichts! Ich gehör nicht zur Gemeinde. Ich glaube nicht an Gott.«

Dann taut er etwas auf. Pfarrer und Vagabunden scheinen doch nicht zur selben Kategorie zu gehören. Ich erkläre ihm, was schiefgegangen ist.

»Ja, dann … Meine Dusche können Sie nicht gebrauchen, da steht jetzt gerade meine Tochter drunter, und das kann Stunden dauern. Aber fragen Sie mal beim Nachbarn nach …«

Weg ist er. Ich schlürfe zum Tipi zurück, um neuen Mut für den nächsten Versuch zu sammeln.

Da taucht er plötzlich wieder auf: »Ist in Ordnung! Ich habe selber eben nachgefragt, die Nachbarn warten schon auf Sie, kommen Sie nur mit!«

Während ich ihm folge, sage ich aus tiefstem Herzen: »Das finde ich ja lieb von Ihnen!« Und dann, etwas unlogisch: »Wo Sie doch nicht an Gott glauben …«

Er dreht sich um. »Dass ich nicht an Gott glaube, ist noch kein Grund, Ihnen nicht helfen zu wollen!«

KAPITEL 37

BRETIGNY

Auf geht's nach Bretigny, wo an diesem Wochenende das Ernte-
dankfest stattfinden wird. Aber der Weg ist weit. Also gönne
ich mir unterwegs wieder einen heißen Kakao in einem Dorf-
café. Speedy wartet unten an der Straße, Barou und ich gehen
hoch auf die Terrasse. Schon bald werde ich von zwei Männern
angesprochen, die ihren »Apéro« trinken. Fünf Minuten später
sitze ich an ihrem Tisch, um den von ihnen angebotenen zweiten Kakao zu trinken, während sie zum x-ten Glas Wein greifen
und wir – ja, es wird fast langweilig, es zu schreiben – reden.
Ich weiß nicht mehr genau, worüber; was bleibt, sind Fetzen
und die Erinnerung an eine gewisse Intensität. Auf alle Fälle
geht dieses Gespräch so tief, dass ich Bretigny in Gedanken
weit von mir wegschiebe und mir sage: »Gott will mich da, wo
ich gerade bin. Und na ja, dann komme ich eben an, wenn ich
ankomme...«

Das ist allerdings sehr spät, denn ich sitze lange in diesem
Café, und Speedy, den ich überzeugen möchte, etwas schneller
zu gehen als seine gemütlichen zwei Stundenkilometer, ist meine Hast egal. Diesmal werde ich richtig sauer und schimpfe mit
ihm. Das stört ihn nicht weiter, aber ich fühle mich auf einmal
sehr klein und aus meiner Nomadenrolle herausgerutscht, die
doch darin bestehen sollte, dass ich ohne Eile mit meinen Tieren unterwegs bin. Wie war das noch? Der Weg ist das Ziel...
Aber man wartet auf mich, und heute fällt mir das Motto des
Nomaden schwer. Ich will zum Ziel, und der Weg ärgert mich

maßlos. So ein richtiger Knochen Wirklichkeit, an dem ich mal wieder herumnage …

Irgendwann erreiche ich leicht genervt Bretigny. Das Tipi steht neben dem großen Festsaal und zugleich an einem kleinen, aber gut besuchten Wanderweg, der mir viele Leute beschert. Das Wochenendthema ist Bileams Esel. Die Kinder freuen sich am Samstag unheimlich über diese lebendige Veranschaulichung der Bibelgeschichte während eines Geländespiels, auch wenn Speedy sich weigert, vor dem »Engel« haltzumachen, weil es hinter diesem frisches Kleeblatt gibt.

Am meisten beeindrucken mich die Gespräche mit zwei Menschen. Mit einem Mann, der in der Nähe wohnt und trotz großer Skepsis dem christlichen Glauben gegenüber beharrlich ins Tipi zum Kaffee kommt. Und mit einer Frau, die ein Stück mitwandert beim Gassigehen von Barou und nachher öfter vorbeikommt. Sie sucht nach allen Seiten einen Sinn des, nein, *ihres* Lebens und hat diesen noch nicht gefunden. Beide geben mir irgendwie das Gefühl, hier an meinem Platz zu sein. Durch ihre Herzlichkeit? Ihr Vertrauen? Die kleinen, lieben Geschenke, die sie mir bringen? Wahrscheinlich ist es eine Mischung aus allen drei.

Aude taucht plötzlich am Sonntagnachmittag auf und sie muss nicht sofort wieder weg! Sie ist immer noch *stagière*, Pfarrerin in Ausbildung, in Yverdon; jetzt hat sie aber frei. Später am Nachmittag hält ein riesiger Oldtimer vor dem Tipi, bis zum Rande gefüllt mit winkenden, lärmenden, fröhlichen Jugendlichen. Der Fahrer ist der Großvater des Geburtstagskindes und hat alle Gäste zu einer Probefahrt in seinen würdigen weißen Schlitten hineingeladen. Der Inhalt rollt raus und freut sich des Esels, des Wagens, des Hundes, des Tipis, der Pfarrerin und des Lebens überhaupt. Sie hören, dass unsere nächste Etappe Echallens ist, und versprechen, vorbeizukommen.

KAPITEL 38

ECHALLENS

Am Freitag komme ich nach einer gemütlichen Nachmittags-
tour in Echallens an und stoße beim Tipi auf einen »meiner«
Jungs aus Dizy, von dem ich spätabends zum Essen eingeladen
worden war; er repariert gerade den Traktor. Beides freut mich
sehr. Dann taucht eine Journalistin auf, die ich später noch oft
treffen werde und mit der ich mich auf Anhieb gut verstehe:
Gabrielle Dessarzens. Sie arbeitet freiberuflich, und heute muss
sie einen Artikel über EEC für die schweizerische Zeitung *le
Temps* schreiben.

Während wir noch unsere Ideen über Gott und die Welt
austauschen, kommt eine Frau herbei, deren Gesicht von einem Lächeln überzogen ist, das aus tiefstem Herzen kommt:
Roselyne Defferrard. Sie wird ein Markenzeichen der Zeit in
Echallens werden. Sie trägt – wie die andere Roselyne aus den
vorigen Etappen – einen dampfenden Kochtopf und versichert
mir ein so aufrichtiges »Bienvenue!«, dass ich mich dann auch
sofort willkommen fühle: Die wörtliche Übersetzung ist ja »gut –
gekommen«, also: »Du hast gut daran getan, zu kommen!«

Manche Menschen haben diese Gabe, und sie ist nicht zu
unterschätzen. Sie steht nicht in der Liste der Geistesgaben in
der Bibel, sie erregt erheblich weniger Aufsehen als zum Beispiel Zungenreden. Aber es ist eine tolle Gabe, über die sich
auch Jesus schon freute und nach ihm Paulus: die Gastfreund-
schaft, dank der einige Menschen laut Hebräer 13,2, ohne es zu
wissen, Engel aufgenommen haben.

Nur sind bei EEC die Rollen umgekehrt: Die beiden Rose-lynes und die anderen Leute, die mich aufgenommen und mir geholfen haben an all diesen Wochenenden, sind selbst die un-erwarteten Engel. Lächelnde, liebe, herzliche – oder wüste, knurrige, rebellische Engel. Aber alle hatten sie dieses eine ge-meinsam: dem Gast, sei er Mensch, Esel oder Hund, ein Freund zu sein.

In Echallens lerne ich Alexandra kennen. Sie schlendert mehre-re Male ums Tipi herum, wartet, bis keiner mehr da ist, und kommt dann hinein: »Ich habe so viele Fragen, haben Sie Zeit?«
Ja! Besonders dann, wenn ich gerade angekommen bin, das Zelt eingerichtet ist, ich etwas habe essen können und es dank eines klitzekleinen, aber effizienten elektrischen Heizers warm ist. Alexandra sucht. Ich kann es nicht anders beschreiben. Sie sucht überall, findet überall, ist doch nicht zufrieden, sucht weiter, fällt in Fallen hinein, wurschtelt sich wieder raus… Sie ist fasziniert von eigenartigen brasilianischen Ritualen, Tem-peln, okkulten Feiern. Und auch vom Christentum. Dieses »und auch« ist für mich nicht einfach. Ich will ihr zuhören und möchte sie gerne verstehen. Ich will sie nicht zu etwas zwingen, was sie nicht will. Aber ich kann sie auch nicht da stehen lassen, mitten in ihrem Labyrinth, aus dem sie heraus will, in das sie sich aber doch jedes Mal wieder hineinverirrt. Wir reden viel dieses Wochenende – und auch die kommenden.

Wie voriges Jahr in Saint-Loup haben wir, allerdings zu spät diesmal, Leute aufgefordert, zusammen mit uns für ein Winter-quartier zu beten. Mit rund zwanzig Leuten sitzen wir nun im Tipi, beten um einen guten Ort und lassen Gott in der Stille reden. Nachher schreibe ich auf, was zusammengekommen ist.
Wie voriges Jahr ist es zum Verzweifeln. Einer hat einen Sandweg zu einem Chalet »gesehen«, ein anderer Schienen, wieder ein anderer Bäume in einem Feld. Seufzend blicke in die Runde: »Sieht jemand hier einen roten Faden?! Ich nicht.«

»Was nicht ist, kann noch werden«, tröstet Steve. Er und seine Frau Anne kamen »zufällig« beim Tipi vorbei und trafen »zufällig« genau rechtzeitig zum Gebet ein. Ich kenne die beiden von meiner Zeit in Fiez, wo wir in einer interkonfessionellen Gruppe von Pfarrern regelmäßig füreinander gebetet haben. Steve war damals schon Pfarrer der frei-evangelischen Gemeinde von Echallens, die blüht und wächst und aus ihren örtlichen Nähten platzt. Es tut so gut, zusammen zu sein: mit Steve und Anne, Bernard und Jean-Claude, Roselyne und Daniel Freymond, der uns so oft mit dem Traktor den Eselwagen gezogen hat und auch sonst regelmäßig auftaucht. Mit Viviane, einer regelmäßigen Besucherin an diesem Wochenende – wie an vielen kommenden. Und mit Alexandra. Es ist eine seltsame Mischung, aber alle sind mit dem Herzen dabei. Schön! Auch wenn der rote Faden fehlt oder zumindest unsichtbar ist.

Nicht für Gott natürlich. Er hat's auf die »Schienen« abgesehen...

In der Woche darauf kommt mein früherer Chor aus einem traurigen Anlass im Krankenhaus von Lausanne zusammen: Wir singen am Sterbebett eines unserer Baritone. Ich kriege keinen Ton heraus und kann nur die anderen dirigieren; es ist unendlich traurig, aber auch irgendwie tröstlich, das Sterben eines Bekannten mit Liedern begleiten zu dürfen und an den zu erinnern, der lebende und sterbende Menschen fest in seiner Hand hält.

Beim abschließenden Kaffeetrinken kommt ein Chormitglied, Janine, auf mich zu: »Daniel Freymond hat mir erzählt, ihr sucht einen Ort für den Winter? Ich hätte da vielleicht eine Idee, aber keine Ahnung, ob es klappt. Der Direktor der LEB – du kennst sie doch, die kleine Privateisenbahn Lausanne-Echallens-Bercher – ist mein Cousin. Ich könnte ihn mal fragen... Er kennt so viele Leute hier, vielleicht kann er euch helfen.«

Ich sehe sofort die Schienen aus dem Tipi-Gebet vor mir und muss lachen. »Lieb von dir – gerne! Rufst mich an, sobald du was weißt?«

»Das kann lange dauern. Er ist total überbeschäftigt, na ja, probieren kann ich's…«

Probieren kann sie's. Drei Tage später ruft Janine mich perplex, aber freudig an: »Er hat Ja gesagt!«

Ich muss eben schalten: »Wer hat Ja gesagt?«

»Na, mein Cousin! Und nicht nur hat er Ja gesagt, er hat auch alles schon geregelt: Er hat mit seinem technischen Team gesprochen, alle Möglichkeiten diskutiert, jetzt wartet er auf deinen Anruf!«

Mit Bernard treffe ich den Direktor. Dieser hat den Zeitungsartikel gelesen, den Dany Schaer über EEC geschrieben hat, als wir in Peney-le-Jorat waren, und war sehr interessiert. Nun will er uns helfen, so gut er kann. Das ist allerdings *sehr* gut…

Fast alles ist eigentlich schon fix und fertig organisiert, merke ich beim Gespräch.

Und so werde ich den Winter in zwei Eisenbahnwagons der LEB verbringen, und die LEB wird zum ersten Mal in ihrem Leben einen »Wagon-Lit« haben, denn schlafen werde ich – zumindest die ersten Monate, bis der Frost dann doch zu schneidend wird – an Ort und Stelle.

KAPITEL 39

BIOLEY-ORJULAZ

Bioley-Orjulaz ist die letzte Etappe in diesem Jahr. Für mich ist es symbolisch wichtig und schön, gerade hier mein Zelt aufzuschlagen, denn vor mehr als 25 Jahren kam ich für sechs Wochen als »stagière«, Praktikantin, in diese Gemeinde.

Mein Austauschstipendium zwischen der Uni Göttingen und der von Lausanne näherte sich ihrem Ende, als der Fakultätsdekan mich fragte, ob ich bereit wäre, zu bleiben. Ich brauchte ein bisschen Zeit zum Nachdenken und verbrachte schließlich anderthalb Monate als »Lehrlingspfarrer« in dieser Gemeinde, um zu erfahren, ob man hier im Kanton denn eine Frau, dazu noch Holländerin, als Pfarrerin auf dem Lande akzeptieren könnte. Die Erfahrung war so toll und die Leute, unter ihnen Jacques und Muguette, so herzlich, dass ich mich entschied, die Herausforderung anzunehmen und in der Schweiz zu bleiben.

Nun stehe ich hier auf der Wiese von eben denselben Jacques und Muguette; Letztere ist mir auf halber Strecke entgegengekommen, damit wir zusammen Erinnerungen austauschen können.

Es ist ein würdiger Abschluss, finde ich. Sven und Françoise aus Cheyres kommen mit einem versprochenen Fischgrillgerät, Alexandra ist da, Roselyne, Monique, ein Kirchenvorstandsmitglied von Fiez und die Mitglieder meiner Gruppe.

Ein junges Ehepaar hat angerufen und gefragt, ob ich bereit wäre, für ihr Baby zu beten. Ich weise sie auf die Gemeinde hin, aber sie lehnen ab: »Nur ein ganz einfaches, kurzes Gebet; wir haben in der Zeitung gelesen, dass Sie für Leute beten.« Ist ja auch so, also sage ich Ja. Ob noch vielleicht ein oder zwei Freunde dazu kommen dürften? Auch das ist okay. Die ein oder zwei Freunde entpuppen sich als ein Zelt voller Menschen und ich fühle mich zuerst etwas manipuliert: Soll das hier eine versteckte Kindersegnung sein im idyllischen Rahmen des Tipis? Aber das hängt ja von mir ab. Und wenn wir zusammen beten, diese der Kirche fernstehende Gesellschaft und ich, passiert etwas Schönes: Mehrere beten mit, allerdings nicht mit der gewohnten liturgischen Wortwahl. Eher in dem Sinne: »Gott, ähmmm, wenn das schon stimmen sollte, dass du uns lieb hast, ja, dann mach was für den Kleinen, sorge für ihn, na ja, und wenn du dann schon dabei bist, auch für uns. Und für meine Schwester, die krank ist. Mmmmmm, ja, das wär's wohl.«

Am Sonntagabend, zum letzten »rencontre-tipi«, sind wir nicht im Zelt. Das ist zu klein für die Horde von Konfirmanden, die Sylvie – eine Jugendleiterin, die ich im Hangar von Champagne kennengelernt habe – zusammengerufen hat, damit sie EEC mal mit erleben. Also sitzen wir in der Garage von Jacques. Auch Jean-Marc, der andere Jugendleiter, ist da, und das freut mich ganz besonders: Jean-Marc ist es, der all meine Konfirmandenreisen nach Holland begleitet hat. Ohne ihn hätte ich mir diese Reisen von Fiez nach Arnheim gar nicht vorstellen können. Hunderte von Erinnerungen verbinden uns, und es tut so gut, sein lachendes Gesicht zwischen den Jugendlichen auftauchen zu sehen.

Und so wird der Sommer abgeschlossen, um fast nahtlos in die Winterzeit in den beiden Eisenbahnwagons überzugehen.

Winterzeit – leider auch im symbolischen Sinne.

KAPITEL 40

DIE EISENBAHNWAGONS IM BAHNHOF ECHALLENS – NOVEMBER 2010 BIS APRIL 2011

Es ist in der Tat eine symbolische Winterzeit. Denn hier, in den zwei so gemütlich eingerichteten Wagons, verliere ich meinen eigenen geistlichen roten Faden. Warum? Ich denke, weil es so anders ist, als ich gedacht hatte. Vielleicht hatte ich durch die außerordentliche Weise, wie dieses Winterquartier zustande gekommen war, die Idee, nun gehe alles so »wunder-bar« weiter. Und es gibt auch Wunderbares! Aber mein Eisenbahnwagon bleibt oft leer, und das ist mir ein Dorn im Fleisch.

Dabei tauchte doch am ersten Wochenende eine Gruppe Jugendlicher auf, die sich erst lustig machten und dann aber ernsthaft zuhörten, was ich hier mache und warum. Sie hatten fest versprochen, zum Fondue zu kommen; aber keiner hatte sein Versprechen gehalten.

Am Heiligabend bin ich vom lokalen Rotary Club zum Festessen für Alleinstehende eingeladen, um »ein paar spirituelle Worte zu sagen«. Richtig toll, so eine Gelegenheit, ich freue mich. Mehrere Leute sagen mir, sie würden auf jeden Fall vorbeikommen. Aber keiner kommt.

Im Stillen denke ich: »Herr, was ist los? Warum sitze ich hier so oft alleine? Soll ich mehr Reklame machen? Hab ich dich falsch verstanden? Gehe ich in die falsche Richtung?« Frühere Beschuldigungen kommen wieder an die Oberfläche: »Die wandert nur so gemütlich mir ihrem Esel rum, was soll das, bei den ganzen Einsparungen der Kirche? Gemeindeposten sind doch wichtiger als dieses folkloristische Getue!« Alte Selbstzweifel schwimmen dabei mit: Mach ich's doch wieder falsch ... Praktische Überlegungen drohen, die Oberhand zu gewinnen: Wie kann ich mehr Leute anziehen? Wie besser Reklame machen? Bin ich deutlich, auffällig, einladend genug? Meine zwei Wagons stehen auf einem Seitengleis, und es ist in der Tat nicht so ganz einfach, sich durch das Gitterwerk – auf Befehl des Direktors zur Sicherheit aufgebaut – hindurchzuschlängeln. Muss ich dann selber mehr hinaus? Mich auf die Bahnsteige begeben, Broschüren verteilen?

Alles versuche ich. Effizienz. Reklame. Schilder. Zettel und Karten. Ich gehe raus auf die Bahnsteige, verteile Karten und Schokolade. Besonders Letzteres ist tödlich, das wusste ich aber tief im Herzen selber schon: Ich würde mich auch nicht an einem Bahngleis ansprechen und mir Schokolade mit einer Karte schenken lassen. Ich hatte es ja auch nur getan, um »meinen Teil zu tun«, wie man bei uns sagt; damit man nicht von mir behaupten könne, ich hätte es nicht probiert.

Dany Schaer kommt wieder vorbei und schreibt einen tollen Artikel. Aber der Unterton von »irgendetwas stimmt nicht« klingt weiter in mir. Das vage Gefühl, das schon vorher auftauchte, es *fehle* etwas, etwas Wichtiges, wird immer stärker.

Das Traurige ist, dass tatsächlich etwas fehlt, dass tatsächlich etwas nicht stimmt. Aber nicht das, was ich befürchte. Es betrifft nicht mein *Tun*. Oder wenn schon, dann nur indirekt.

In den nächsten Wochen fange ich an, anders nachzudenken. Wie war das noch, alles in Gottes Händen zu wissen? Und dann auch in seine Hände zu geben? Wie war es noch, auf ihn zu warten? Denn jetzt tue ich Sachen und Dinge. *Damit* »es wieder klappt«. Nicht mehr, *weil* ich spüre, dass Gott etwas in mein Herz hineinlegt. Oder weil mein Bauch kribbelt (meistens gehören beide zusammen). Sondern damit *man* denke und sage: So ist es in Ordnung, so muss es sein. Und damit ich meinen Beitrag leiste – aber was ist mein Beitrag? Ich bete: »*Du, Herr, tust doch alles; aber wo ist diese Sicherheit geblieben? Und tust du wirklich alles? Du tust ja gar nichts jetzt, hier, mit meinem Problem, nutzlos zu sein! Für dich da zu sein, aber nutzlos, vergeblich, umsonst da zu sein.*«

Dann schüttelt Gott mich. Leise, aber wiederholt. Ich verstehe noch nicht ganz, aber er scheint zu sagen: »Für mich da sein, Hetty, ist *niemals* nutzlos!«

»Ja, aber …«

»Nichts ja aber. Sei für mich da, nicht *um* etwas zu tun. Sei nur da. Für mich. Mit mir. Das ist genug.«

Genug. Genauso wie im Hangar von Champagne.

Und so, gegen meine Eigenart, gegen meine Ideen, gegen mein »*Ich* muss aber« und »Ich muss aber *selbst*«, fange ich an, nicht nützlich zu sein. Nur zu beten. Ich liege auf meinen Knien in »la chapelle«, im Wagonabschnitt, der mit denselben Utensilien ausgestattet ist wie das Tipi: Kreuz, Tisch, Ikonen, Zeichnungen. Ich lobe Gott mit den koptischen Gebetstexten »Agbia«. Ich bekenne ihn, den ich nicht verstehe und nicht mehr erfahre und der in meinen Augen nichts mehr tut, sodass ich heftig die Versuchung bekämpfen muss, dann eben auf eigene Faust etwas zu machen, nur um letztlich doch wieder »nützlich« zu sein. Ich lerne, ihn zu loben, und zwar dafür, wer er ist, und nicht mehr zuerst dafür, was er tut. Ich lerne, ihn dafür zu loben, was er tut, auch wenn ich nichts sehe. Das ist beruhigend – irgendwie. Ich bete und warte. Auf was, weiß ich nicht genau. Vielleicht auf das, was fehlt.

Ich arbeite natürlich auch; beten schließt arbeiten ja nie aus, immer nur ein. Aber ich spüre, wenn ich den Akzent auf mein Arbeiten legen würde, dann würde es mein Beten *ersetzen*. Und beten, warten und vertrauen ist jetzt erst mal dran. Ich muss mehr lernen, alles immer in Gottes Hände zu legen. Alles. Immer. Nicht nur, wenn es mit Esel und Tipi oder Eisenbahnwagon gut läuft. Auch wenn ich das Gefühl habe, dass ich es falsch mache. Gerade dann. Alles – in Gottes Hände.

Es gibt aber auch viele helle, witzige, schöne, intensive und freudige Momente und Gespräche – mitten in meinem Ringen um inneren Frieden.

Die Haupt-Diakonisse von Saint-Loup, Sœur Marianne, kommt zum Essen. Ich teile ihr meinen inneren Kampf mit und auch, dass ich den Eindruck nicht loswerde, Gott wolle mich immer noch (seltsamerweise sogar immer mehr!) in seiner *Eglise Evangélique Réformée du Canton de Vaud* (EERV), während ich doch selber das Gefühl habe, immer mehr zum Rand dieser Kirche zu rutschen oder sogar über ihn hinaus. »Nein!«, scheint Gott zu sagen. »Du bleibst hier!« Er sagt mir aber nicht warum.

Sœur Marianne denkt nach und sagt dann: »Du, Hetty, hast eine bestimmte Aufgabe in dieser Kirche. Wir Reformierte haben's nicht so mit Propheten; aber ich meine, du hast eine Prophetenrolle. *In* dieser Kirche. Nicht außerhalb von ihr. Ob das dem *Conseil Synodal* nun passt oder nicht.« Das gibt mir ein bisschen Mut, aber macht mich auch stutzig. Was habe ich denn zu bringen? Die finden mich eh schon so seltsam …

»Die«, das heißt den *Conseil Synodal* mit Anhang, habe ich zu mir in das Wagonrestaurant zum Fondue-Essen eingeladen. Es ist äußerst gemütlich, auch wenn zum Schluss eine eigenartige Diskussion entsteht, die mit der Pfarrer- und Diakonentagung in Crêt-Bérard zu hat.

Vorige Woche nahm ich an dieser Tagung teil und man fragte uns, was für Ideen wir denn für die Besserung der Verhältnisse in der Kantonalkirche hätten. In meiner Kleingruppe hatte ich gesagt: »Keine Ahnung. Mir scheint, ein paar gute Ideen reichen nicht, um wirkliche Veränderung herbeizuführen.« Später hatte ich aber hinzugefügt: »Doch! Ich weiß, was unsere Kirche braucht: eine Woche fasten und beten. Den Heiligen Geist fragen, was er denn für unsere Kirche will. Für seine Kirche will. Was anderes nützt nix.«

Im Wagonrestaurant fragt mich nun ein Mitglied des *Conseil Synodal*, wie die Diskussion weitergelaufen sei, denn er musste früher weg. Ich berichte es ihm und komme unerwartet auf meinen eigenen Vorschlag: eine Woche fasten und beten. Gott zuhören. Was anderes nützt nichts.

»Wieso denn?«, wundern sich die Anwesenden.

»Weil die Kirche krank ist«, höre ich mich selber sagen. Was?! Bin ich das?! Ich habe doch viel zu viel Angst, um solche Sachen zu sagen, weil sie so politisch unkorrekt sind.

Die anderen sind dann auch etwas ärgerlich. »Bist du da nicht zu negativ? Es passieren doch solche schönen Sachen in unserer Kirche!«

Aber, wieder zu meiner eigenen Verwunderung, höre ich mich sagen: »Man kann schöne Sachen erleben und doch krank sein!«

Später wird diese Diskussion noch oft durch meinen Kopf und mein Herz gehen. Ich habe etwas daraus gelernt. Ja, meiner Meinung nach *ist* die Kirche krank. Das hat nichts mit »Halbleerem-Glas-Denken« zu tun. Sie ist krank, weil sie das Essenzielle mehr und mehr zur Seite schiebt, weil sie die Mittel – einen guten Ruf, effiziente Formen, Organisation und Kommunikation – zum Zweck macht. Sie ist krank, weil sie nicht tief in ihrem Kirchenherzen alles von ihrem Herrn erwartet, sondern meint, ein Gebet zu Anfang der Tagung, des Treffens oder des Kolloquiums reiche, um die spirituelle Dosis erreicht zu haben, wonach zur Tagesordnung übergegangen werden kann.

Und ohne es zu merken, bin ich selber auch wieder in die so typisch menschliche Falle hineingerutscht, die da heißt: »Ich muss, und ich muss selbst.« Fischglaslogik eben. Wir meinen, dass es letztendlich doch auf uns ankommt. Auf unsere Taten, sogar auch auf unseren Glauben, unsere Frömmigkeit. Unwillkürlich muss ich dabei an 2. Timotheus 3,5 denken: »… die eine äußere Form von Frömmigkeit besitzen, deren Kraft aber verleugnet haben« (ZÜ). Und an Jesu scharfe Warnung an die

Jünger: »Der Geist ist es, der lebendig macht, das Fleisch hilft nichts« (Johannes 6,63; L).

Was anderes nützt nichts…

Was bei mir und EEC fehlte – nein, das waren weder die Menschen noch der Erfolg, weder mein Tun noch mein Handeln, obwohl an dem so einiges auszusetzen war. Was fehlte, oder besser, was zu viel war, war die Tatsache, dass ich diese Menschen, diesen Erfolg brauchte, um mich gut und nützlich zu fühlen. Und dass ich mich deswegen gleich wieder schuldig fühlte, was dann aber auch nicht weiterhalf. Meine Perspektive stimmte nicht mehr. Mein Blick war nicht mehr zuerst auf Gott gerichtet, und so hatte sich das Blick*feld* verändert.

Nun hier im Zug lerne ich wieder zu »fasten«, *nicht* zu haben, was doch laut weltlicher Kriterien so unbedingt nötig scheint. Und diese Fastenzeit macht Platz für etwas Neues. Wofür, weiß ich noch nicht genau. Aber es hat was mit einer neuen Art von Leben zu tun.

Bestimmte Begebenheiten im Zug scheinen auf den ersten Blick klein und bruchstückhaft. Aber später erweisen sie sich als Schlüsselerlebnisse. Wie die Gespräche mit Alexandra, die einerseits scharf sagt, ich urteile über sie und sie dürfe doch gefälligst ihren eigenen Weg finden. Die aber andererseits immer wieder zurückkommt und redet und redet, um einen Ausweg aus ihrem Fischglas zu finden, in dem sie rastlos herumschwimmt.

Findet sie auch. Viel später. Mithilfe einer Hausmeisterin, die erstens zuhören kann und zweitens sich Zeit nimmt und drittens Einsicht hat und das versteckte Kind beim rechten Namen nennt.

Ein Schlüsselerlebnis ist auch das lange Gespräch mit einem französischen Fernsehjournalisten, der mir die Frage stellt: »Und warum sollen die Leute Antworten finden? Man sagt doch immer, es sei viel besser, immer zu suchen, damit man offen und tolerant bleibe?«

Wie beim Besuch vom *Conseil Synodal* lasse ich das politisch-korrekte Kopfnicken sein und antworte: »Das glaube ich nicht. Ich denke, das konstante Suchen ohne Finden ist oft eher ein Vorwand, um nie ins kalte Wasser hineinspringen zu müssen, nie wirklich was zu riskieren.« Das klingt hart. Es bringt mich selber zum Nachdenken. Ich erkenne die Meinung von »man« immer deutlicher, was sie ist: tyrannisch. Und ich merke, ich habe immer weniger Lust, mich diesem »man« zu beugen.

Ebenfalls auf seine Weise besonders ist das Gespräch mit Enrique, einem Mitarbeiter der »Putzschicht«, der mir beim Kaffee sagt: »Warum fragst du den Direktor nicht, ob du nächsten Winter im Flon arbeiten darfst?«

»Im Flon??!!« *Le Flon* ist das Zentrum von Lausanne, eine quirlige Kreuzung von Metro und Eile, von Alkohol und Drogen, von verschiedensten Leuten aus aller Herren Länder und auch von vielen herumirrenden, traurigen und bösen jungen Menschenkindern.

»Ja, du willst doch Menschen treffen! Und die Endstation ist privat und gehört noch zur LEB, also kannst du den Direktor fragen.«

Genau in dem Augenblick eilt der Direktor an meinem Wagon vorbei. Wir kennen uns inzwischen besser, er ist mit seiner Frau mal zum Fondue-Essen gekommen und ich habe ihn so richtig schätzen gelernt. Ich springe hinaus. »Monsieur Gachet?«

Er dreht sich um. »Oui? Ah, c'est vous! Sie sind's!«

»Ich brauche nicht viel Zeit, ich wollte Sie nur fragen: Hätten Sie was dagegen, wenn ich nächsten Winter im Flon arbeite? Auf Ihrem Territorium?«

Sein erschrockenes Gesicht bestätigt mein flüchtiges Bild vom Flon. »Das geht nicht. Viel zu gefährlich!«

»Ja, aber … ich möchte so gerne …«

Monsieur Gachet hat's eilig. Die Pfarrerin mag zwar manchmal etwas seltsam sein, aber sie ist nicht doof, und sie hat ja schließlich die kantonale Kirche hinter ihr. »On verra«, beschließt er. »Wir werden sehen. Ausgeschlossen ist es nicht.«

Ausgeschlossen ist es nicht....

Und so werde ich den nächsten Winter im Flon verbringen.

Mein »Nicht-Haben« wird vertrauter und vertrauter. Und auch leichter. So als wenn ich neue Muskel trainieren würde. Und ich merke, dass das Neue, das sich zögernd ankündigt, ein schönes Neues ist. Ein leichtes, leicht wiegendes, schmetterlingähnliches Neues. Es stellt das Alte, ewig auf mich selbst Gerichtete in eine Art Scheinwerfer hinein und entlarvt es als langweilig, farblos, fade und bleischwer. Was ist's denn, das vom alten »Ich-muss-und-ich-muss-Selbst« so lange ersetzt worden ist? Was ist denn das für ein geistlicher Muskel, der noch nie so richtig zum Zug gekommen ist? Wie heißt er denn?

Dann spür ich's. Er heißt Freude.

Eine neue Freude, die ich so noch nicht kannte. Und die ich auch jetzt nur von Weitem sehe. Aber *ist* die schön!

Die Freude ist zum Zug gekommen. Im wahrsten Sinne des Wortes.

KAPITEL 41

DIE GEFÄNGNISSE LA COLONIE UND
BOCHUZ

Glitzernder Stacheldraht, hin und her marschierende Sicherheitsmänner mit Gewehren, nach Barou lauernde Schäferhunde...

Die Tipi-Saison hat wieder begonnen und wir sind beim Gefängnis *la Colonie* angekommen. Der Direktor hat seine Erlaubnis gegeben: Speedy, Barou, Eselwagen, Tipi und ich dürfen in das Gefängnisgelände hinein, um hier zweieinhalb Tage zu verbringen. Nur darf Barou seine Schnauze nicht aus dem Tipi herausstrecken, denn das würde die Wachhunde reizen. Also heißt es nicht nur »Op je plaats!«, sondern er muss angebunden sein. Barou guckt mich mit seinem Märtyrerblick an, aber der Befehl war eindeutig: Wenn schon Hund – und Philippe, der Gefängnisseelsorger, hat sich größte Mühe gegeben zu betonen, wie wichtig Barou hier ist –, dann drinnen.

Jacob, der Speedy bringt, macht sich etwas Sorgen um ihn: Einer seiner Hufe ist von einer Art Pilzkrankheit befallen, er geht lahm und muss geschont werden. Aber wie soll das gehen, wenn ich von einer Etappe zur anderen mit ihm zu Fuß gehen muss? Na ja, von hier bis zum Campingplatz von Orbe sind's nur zwei Kilometer – mal sehen, wie's weitergeht.

Stacheldraht, Gewehre und Sicherheitsleute sind mir neu: Als ich hier vor 23 Jahren als Gefängnispfarrerin arbeitete, war die *Colonie* ein »cooles« Gefängnis, im Gegensatz zum Nachbarn, dem Sicherheitsgefängnis Bochuz. Die Gefangenen durften mit dem Trecker für die Arbeit aufs Land fahren; es gab ein regelmäßiges Kommen und Gehen, zwar mit Kontrolle, aber eher locker. Nach zu zahlreichen »freiwilligen Austritten« hat dann der Kanton Vaud »die Schrauben angezogen«, wie man hier sagt, und das immer fester. Umso größer ist meine Freude, dass ich nun auf Philippes Initiative hin hier auf dem Gefängnisgelände stehe. Nur schlafen darf ich nicht an Ort und Stelle, und daran liegt mir auch nicht.

Mit Philippe und Bernard stellen wir das Tipi auf. Es stürmt ziemlich und ich brauche meine ganze Kraft, um die zentrale Stange aufrecht zu halten, während die beiden Männer umherrennen und die Heringe befestigen. Ich denke an Bernard, und mein Herz ist schwer: Unter anderem wegen Gesundheitsproblemen hat er sich entschlossen, nicht mehr Mitglied der Unterstützungsgruppe zu sein.

Als ich seine kurze und etwas trocken klingende E-Mail bekam, war ich überrumpelt: Er hatte angekündigt, ruhiger leben zu müssen, und ich wusste, dass das Folgen für uns und seine anderen Aktivitäten haben musste: Bernard war in zahllosen Bereichen unermüdlich tätig. Aber gerade deswegen hatten wir gedacht, sein Entschluss würde sich auf all diese Bereiche verteilen. Er hatte ja auch immer mehr Verantwortung bei EEC übernommen: »Das mache ich, lass mich das tun! Delegiere, Hetty.« Und auf einmal, fast trotzig, will er nicht nichts mehr. Franco beschreibt es so: Es ist, als ob jemand alle Mitarbeiter auf verschiedene Stufen einer Leiter gestellt hätte, um sie dann auf einmal wegzuziehen. Glücklicherweise haben wir noch etwas Zeit: Lieb von Bernard, dass er die nächsten Wochenenden noch übernehmen wird. Und die anderen Unterstützer sind auch da! Aber es ist doch nicht einfach, ihn zu ersetzen, und ich werde das unbehagliche Gefühl nicht los, etwas anderes verstecke sich dahinter, als wenn er die Gelegenheit nützen würde, um ohne lästige Fragen aussteigen zu können. Habe ich ihn verletzt, etwas Falsches gesagt oder getan? Ich spreche ihn darauf an, aber er antwortet nur: »Nee, wieso? Ich muss einfach langsamer leben.«

Das unruhige Gefühl bleibt. Aber im Moment muss ich seinen Entschluss akzeptieren und kann nichts sagen; nur der Sturm draußen und heftige Kopfschmerzen reflektieren etwas von meinem inneren Tumult. Was soll aus diesem Wochenende noch werden?

Die ersten Gefangenen treffen ein, bleiben vor dem Tipi stehen, nehmen den angebotenen Kaffee an, gehen Speedy begrüßen. Barou ist unruhig, weil er nicht dazugehört – bis einige ins Tipi reinkommen: »Ein *Hund*! Oh, ist das lange her, dass ich einen Hund hab streicheln können! Darf ich?« Und wie!

Barou, überglücklich wieder seinen Platz zu haben, wedelt, leckt, »lacht« auf seine spezielle Art und Weise, lässt sich die Streicheleinheiten nur zu gern gefallen. Ein Mann kniet nieder, verbirgt den Kopf im struppigen Hundefell, legt die Arme um den Hundehals. Barou hält still, liegt da, ruhig, als ob er wüsste, wie wichtig dieser Moment ist. Lange bleibt der Mann so liegen. Dann steht er auf, Tränen in den Augen. »Wissen Sie, es ist so lange her«, sagt er fast etwas entschuldigend. Dann geht er raus, kommt aber noch mal rein: »Sind Sie das ganze Wochenende da? Darf ich wiederkommen? Und darf ich ihn dann bürsten?«

So werden an diesem Wochenende meine beiden Tiere gehegt, gepflegt, gekämmt, gebürstet, gestreichelt. Und sogar gezeichnet: Einer der Insassen ist Künstler und zeigt mir seine Sammelmappe. In zwei Minuten malt er von Barou ein liebes Bild, das jetzt in der Flon-Hütte hängt.

Ein Mann setzt sich ans Klavier. Wir spielen vierhändig, er macht ein Solo, ein anderer spielt Gitarre. Es wird viel geredet im Tipi, sowohl unter vier Augen als auch in Gruppen.

Philippe hat mich gefragt, ob ich heute Abend den Gottesdienst hier in der *Colonie* und morgen den in Bochuz halten kann. Na klar! Er zieht ab, um die Männer zu holen, die Interesse haben könnten. Normalerweise seien es zwischen sechs und zehn, hatte er mir gesagt. Ich warte mit Roland und Jean-Claude. Die Tür zum Gottesdienstraum geht auf, und an die dreißig Männer kommen herein. Die Wächter haben die Wahl gegeben: entweder zurück in die Zelle oder ab zum Gottesdienst. Da fällt die Entscheidung nicht schwer!

Ich weiß nicht, ob ich glücklich damit sein soll: Wie soll ich bloß mit dieser lärmenden, lachenden, provozierenden Bande einen Gottesdienst machen? Keine Ahnung. Also singen wir nach der Begrüßung das Lied vom Tipi. Das beruhigt, einige singen mit. Aber sobald es nicht mehr nur um Gott, sondern um Jesus Christus geht, wird's schwieriger. Einige rufen: »Wir sind Muslime!«

»Eh, Madame, Sie singen schön!«

»Halt die Schnauze, sie redet!«

»Misch dich nicht ein, Blödkopf!«

»Ich rede, wann und wie und so laut ich will!«

Ich bin genervt, und vielleicht total unkorrekt sage ich das den Männern. Einen kleinen Moment herrscht Stille. Dann: »Ja, Madame, aber wissen Sie, wir sind ja auch gar nicht echt interessiert. Wir sind nur hier, um eine Stunde länger frei zu haben.«

»Das sehe ich ein. Ich will aber Respekt und dass wir uns gegenseitig zuhören. Wenn Sie das nicht aufbringen können, können Sie's mir ja jetzt sagen, dann dürfen Sie gerne rausgehen.«

Das hilft ein bisschen. Und dann kommt, wenn auch ab und zu unterbrochen, eine richtige Diskussion anhand der Karten zustande, die ich mitgebracht habe: »Was ist Hoffnung? Was ist *Ihre* Hoffnung? Suchen Sie sich ein Bild aus, das irgendwie für Sie Hoffnung beschreibt; nachher kann jeder es den anderen zeigen. Und wenn er will, auch kurz sagen, warum.«

Alle Männer sitzen da, eine Karte vor sich, und das spöttische Lachen, das sich gegenseitige Anrempeln und die vereinzelten lauten Zwischenrufe können eine echte Diskussion nicht verhindern. Viele sagen, wie Hoffnung für sie aussieht. Manche reden von Gott: wie wichtig er für sie ist und was er schon für sie getan hat, sodass sie vertrauen, dass er sie in Zukunft auch nicht fallen lassen wird. Zum Abschluss lese ich Psalm 27.

Dann ist Zeit für das Abendmahl. Wie in Aigle frage ich mich, wie das mit einer Mehrheit von Muslimen gehen soll. Wie in Aigle ist's ganz einfach: »Wir feiern jetzt die letzte Mahlzeit von Jesus mit seinen Freunden. Wer möchte, bekommt ein Stück Brot und einen Schluck Wein; die stehen für die Gemeinschaft, die Jesus mit uns haben möchte: Teilhabe an seinem Tod und an seinem Leben. Wer das Abendmahl nicht nehmen möchte, zeigt es mir einfach, okay?« Alle sind einverstanden. Auch hier wieder Gelächter, etwas Spott, aber auch Respekt, Neugier, Zuhören. Einige nehmen Brot und Wein, die anderen lehnen höflich ab.

Beim Herausgehen drücken mir alle die Hand. Einer sagt etwas zögernd: »Danke, dass Sie gekommen sind. Ich habe mich blöd benommen. Danke trotzdem. War gut.«

Am Sonntagmorgen in Bochuz ist Aude dabei. Sie hat einen Monat hier mit Philippe ein Praktikum gemacht und kennt einige der Männer. Beim Abschluss des Gottesdienstes biete ich den persönlichen Segen an, wie immer am Sonntag im Tipi. Alle akzeptieren.

Der Segen in diesem total geschlossenen Gefängnis kriegt eine besondere Farbe und erinnert mich wieder neu an die Herausforderung, die sie beinhaltet: Entweder ist es wahr – oder nicht. Entweder ist da ein liebender Gott, der sich dieser Menschen annimmt, sie kennt, sie bei der Hand nimmt, da, wo sie sind, und nicht da, wo sie hätten sein sollen oder wollen – oder nicht. Entweder wird er diese Menschen begleiten in ihrer Schuld, in ihren Fragen, ihrer Rebellion, ihrem manchmal verkorksten Denken und Handeln – oder nicht. Entweder sind sie seine Kinder, die er nie fallen lässt – oder nicht. Entweder gibt es eine reelle, konkrete, unsere Rettungsmittel übersteigende Hoffnung – oder nicht.

Ein echtes Risiko. Wie es immer der Fall ist bei echten Versprechen.

Wer segnet, geht dieses Risiko ein und steht dazu. Er freut sich über Gottes Versprechen: *Er* steht dazu.

KAPITEL 42

DER CAMPINGPLATZ VON ORBE –
LIGNEROLLE – VALLORBE

Speedy wird am Sonntagabend von Josiane und Pascal Michaud abgeholt. Sie wohnen in Orbe, zwei Kilometer von Bochuz entfernt, und versprechen, ihn so gut wie möglich wieder auf die Beine zu bringen. Und das tun sie auch! Der Heilungsprozess ist langsam, aber keiner hätte sich liebevoller um ihn kümmern können als die beiden. Sie haben selbst Esel, kennen Speedys Besitzer Jacob gut und helfen EEC gerne. »Unser Kirchenbeitrag!«, sagen sie blinzelnd, denn sie sind keine Kirchgänger, aber sehr hilfsbereit und das so richtig »vaudois« – auf so richtig waadtländische Art und Weise: zuverlässig und diskret.

Sie bringen den Esel am nächsten Freitag zum Campingplatz von Orbe. Dessen neue Verantwortliche begrüßen uns herzlich: Es sind die früheren Campingwarte von Morges, bei denen wir voriges Jahr zu Gast waren und die uns ja nach Orbe eingeladen hatten! Etwas später findet eine zweite fröhliche Begrüßung statt: Meine Campingnachbarn entpuppen sich als ein Ehepaar aus Villars-Burquin, einem Dorf meiner früheren Pfarrgemeinde!

Schon bald kommen Kinder heran, schauen neugierig ins Tipi hinein und fragen die Eltern, ob sie bleiben dürfen. Die Eltern stimmen zu: Der Campingwart hat eifrig für EEC Reklame gemacht, und sie vertrauen ihm. Er hat mir erzählt, ein Evangelist würde hier auf dem Campingplatz Broschüren verteilen und Campinggäste ansprechen, aber die hätten sich beschwert.

»Warum?«, frage ich.

Er zuckt die Achseln. »Zu sektiererisch«, antwortet er vage.

Das schmeichelt mir aber nicht im Sinne von »*Ich* darf aber da sein!«. Es vermittelt mir eher wieder dieses unbehagliche Gefühl: Bin ich vielleicht zu angepasst? Na ja, für heute gilt: Es sei so! Ich darf Gottesdienst halten und singen und zuhören und reden. Und essen! Für den Orbener Kirchenvorstand mache ich große Portionen Zaziki, wir reden zusammen über die Gemeinde, über unsere Kirche, und zum Schluss beten wir füreinander. Das tut gut.

Die langen Gespräche finden diesmal eher ums Zelt herum als innen drin statt. Im Waschraum, auf dem Weg zum Hundeauslaufplatz, beim Bürsten von Speedy – überall werde ich angesprochen. Oft höre ich die Frage »Warum?«: Warum handelt Gott nicht in meinem Leben, warum lässt er einfach alles geschehen, warum ist er so schwer zu verstehen?

Am Sonntagmorgen kommt die Mutter von Pascal Michaud, deren Mann vor Kurzem gestorben ist, mit einigen Bekannten zum Tipi-Treffen. Nachmittags taucht dann auf einmal eine Frau auf, die ich seit vielen Jahren nicht mehr gesehen habe: Sie war – und ist – Sozialarbeiterin in einem Gefängnis und hat auf einem Plakat gelesen, dass ich mich hier rumtummele. »Ich wollt' mal sehen, wie's dir geht!«, ruft sie fröhlich. Dann sieht sie, dass ich gerade die Mittagsandacht halte, und sagt hastig: »Beten und so ist nix für mich, ich will dich nicht stören …«

»Nein, komm rein!«

Nicht-Beten hat seine Zeit … Und im Tipi stört man nicht. Sie bleibt und erzählt und erzählt … von ihrem Leben und seinen Hindernissen. Viele Stunden später richten wir uns dann doch zusammen an Gott. Beten hat seine Zeit …

Zum Abschlussgottesdienst am Sonntagabend gibt es eine ganze »ribambelle«, eine quirlige Menge von Campingplatz-Kindern, die Bernard eingeladen hat. Er ist so gut in diesen Sachen! Umso trauriger ist es für mich, dass er bald nicht mehr dabei sein wird.

Am nächsten Freitag bringt Josiane Speedy nach Lignerolle – so hat er Ruhe für seinen Huf. Seltsam ist es, so plötzlich in einem Dorf aufzutauchen: nicht bei jedem Schritt die Gegend entdeckend, sich verlaufend, sich wieder orientierend, Leute treffend, sich unterhaltend... sondern schnell, geradewegs und langweilig in einem Auto. Ich werde vom Vorsitzenden des kirchlichen Bezirksrates empfangen, der dieses Wochenende zusammen mit Roland organisiert hat. Allerdings hat es dabei auch etwas Uneinigkeit gegeben: Der örtliche Kirchenvorstandspräsident war zu spät vom Bezirk und von EEC informiert worden und ist sauer. Ich hatte mich entschuldigt, aber er hatte wirklich beleidigt reagiert. Mal sehen, ob's doch noch was wird...

Es wird was. Schnelle Versöhnung mit dem sauren Präsidenten, gute Gespräche mit Kirchenvorstandsmitgliedern, gute Gespräche mit vielen, vielen Kindern, gute Gespräche auf dem Weg beim Gassigehen. Und das Tipi hält den Sturm aus, der plötzlich über uns hereinbricht.

Am nächsten Wochenende sind wir in Vallorbe. In Absprache mit dem Pfarrer hat Bernard das Tipi neben dem Fußballplatz aufgestellt: schön zentral, gut sichtbar – aber hinter einem Zaun. Man muss schon wirklich wollen, wenn man uns besuchen möchte... Darum hat Bernard unsere EEC-Fahne an die Brücke gehängt, aber ich bekomme einen Anruf von der Polizei: »Können Sie die so schnell wie möglich wieder abmachen?!«

»Ja, natürlich, entschuldigen Sie bitte.«

Der Polizist am anderen Ende der Leitung antwortet: »Entschuldigen Sie eher uns! Uns stört sie ja nicht, Ihre Fahne, aber, na ja, der Stadtrat... Ach, und noch was: Fahren Sie nicht zu schnell, es gibt einen Radar auf der Straße nach Vallorbe!«

Wie befürchtet, sind die Gäste dann auch eher spärlich. Aber die Kontakte sind gut. Nur weiß ich nicht, wo ich mich duschen soll: Die Frau, deren Adresse man mir gegeben hat, ist nicht da; der Pfarrer auch nicht. Beim Gassigehen mit Barou stoße ich auf ein älteres Ehepaar, das die kleinen Entchen im Fluss bewundert. Wir unterhalten uns, sie kommen mit, um sich das Tipi anzusehen, und plötzlich denke ich mir: Frag sie doch einfach! »Darf ich Ihnen eine ganz unbescheidene Frage stellen?!«

Verwundert gucken sie mich an.

»Ich habe keine Adresse, wo ich duschen kann … Dürfte ich bei Ihnen …?«

Sie scheinen nicht begeistert zu sein und ich ziehe mich schon in mein Schneckenhaus zurück: »Ach, so schlimm ist's auch nicht, lassen Sie nur …«

Aber dann schütteln sie einstimmig die Köpfe: »Nein, kommen Sie mit!«

Und dann werde ich so herzlich empfangen! Ich kriege etwas zu essen, ein Glas Wein, ein selbst gemachtes Blumenöl für meine aufmüpfigen Muskeln und eine selbst aus Holz geschnitzte Kerze, die der Mann mir etwas verlegen reicht: »Hier, für Sie …«

Am Sonntag nehme ich mit Barou am Gottesdienst teil, aber diesmal einfach als Zuschauerin, während Speedy sich draußen von einem begeisterten Nachbarn bürsten lässt. Danach geht's mit der Gemeinde hoch zu einer Bergwiese, wo wir gemütlich Picknick machen. Während ich später alleine mit meinen beiden Tieren wieder runtergehe – ich muss wieder zum Tipi, das ich nicht so lange einsam hinter seinem Zaun stehen lassen kann –, überlege ich mir, dass meine Rolle hier in der Gemeinde irgendwie nicht so klar war. Okay, ich war da und dabei und es war nett, jeder war herzlich, aber … ich hätte genauso gut fehlen können.

Ich halte mir selber streng vor: Willst also wichtig sein, was?! Ich gestehe mir ein: Ja, gern! Aber darum geht's jetzt nicht. Die Frage ist nur: Was mache ich in der Gemeinde? Die brauchen mich nicht. Will ich also unbedingt gebraucht werden? Mmm ... Vielleicht? Es scheint eben so, dass Außerkirchliche mich mehr brauchen, oder zumindest habe ich bei ihnen das Gefühl, an meinem Platz zu sein. Seltsam.

Unten in Vallorbe treffe ich bei einem Dorf-Café auf eine fröhliche Gruppe, die noch um den Mittagstisch herumsitzt. Sie rufen ein freundliches »Setzen Sie sich doch zu uns!«, und das mache ich natürlich. Es wird viel gelacht, Witze und gutmütige Stiche fliegen hin und her. Aber die unvermeidliche Frage bleibt nicht aus: »Was machen Sie denn, so unterwegs mit Esel und Hund?« Ich erkläre. Es bleibt eine Weile still.

Dann sagt einer: »Das ist ja schön, dass Sie sich Zeit nehmen – mit uns.«

Wie war's noch? Das Gefühl, an meinem Platz zu sein. Seltsam.

KAPITEL 43

LA VALLÉE DE JOUX – L'ABBAYE – LE SENTIER

Josiane meint, es gehe Speedy gut genug, um die Strecke nach la Vallée de Joux auszuprobieren, und so wandere ich vorsichtig mit meinem Esel bergaufwärts. Zuerst scheint es gut zu gehen, dann hinkt er aber doch, und zum Schluss fällt auch noch der von Josiane so liebevoll umgelegte Verband von seinem Huf. Mühsam gehen wir weiter, es ist weit zum »Tal«, in Wirklichkeit einer Art Plateau im Juragebirge.

Kurz vor le Pont schreckt mein schlürfender Esel plötzlich hoch, stellt die Ohren auf, steht stocksteif da … um dann plötzlich mit einem riesigen Satz nach vorn zu springen und den Weg herunterzugaloppieren, das Seil – aber glücklicherweise nicht mich – hinter sich herschleifend. Barou guckt nur verdutzt, ich renne hinterher: »Speedy! *Stop*!« Von wegen. Ich sehe nur noch einen grauen Schatten und höre wüstes Gepolter. Aber da unten ist eine Straße. »*Speedy!!!*« Bald erreiche ich die Straße: Uff, keine Autos! Den Streich hat mir mein Esel noch nie gespielt. Er galoppiert vor mir her, keine Spur von Lahmheit mehr. Dann lässt er sich aber doch einholen, trabt neben mir, ist sogar bereit, anzuhalten, und – »Oh, *bravo!*« – wieder umzukehren, sei es auch widerwillig.

In le Pont, wo das Tipi stehen soll, werde ich vom Kirchenvorstandspräsidenten Pierre Meylan und der Gemeindesekretärin abgeholt und so herzlich begrüßt, dass mir ganz warm wird. Dies dauert allerdings nicht lange: Bei der Wiese angekommen, wo Bernard und seine Frau Gabrielle schon das Tipi ausrollen, kommt ein wütender Bauer herbeigerannt. »Weg hier! Und zwar sofort! Dies ist meine Wiese!«

Pierre stutzt: »Aber... es war doch so geplant! Der Pfarrer hat gesagt...«

»Nix Pfarrer! Nix Kirche! Hier entscheide ich! Und wenn ihr nicht bald weg seid, hole ich meine Flinte!«

So wurde EEC noch nie willkommen geheißen, bloß schnell weg hier... Im Café auf der anderen Straßenseite spekulieren die Zuschauer intensiv, wie es weitergehen wird, aber wir rollen das Tipi zusammen und laden das Material wieder in die Autos ein. Nur – wohin jetzt? Wie sollen wir am Freitagnachmittag noch so schnell einen anderen Platz finden? Der Bauer, ein wenig beschwichtigt, sieht ein, dass er vielleicht etwas übertrieben hat, und wird plötzlich die Hilfsbereitschaft selber: »Ich werd Ihnen helfen, wir finden bestimmt etwas.«

Aber es ist Pierre, der schließlich die Zustimmung des Gemeinderates von l'Abbaye bekommt, das Tipi beim Kinderspielplatz am See aufzustellen. Und was Besseres hätte uns nicht passieren können. Nicht nur, weil der Platz toll ist – ein unaufhörliches Kommen und Gehen von Leuten mit Kindern –, sondern auch, weil einige Bewohner von »la maison d'accueil«, einem Erholungsheim gleich nebenan, dieses Wochenende Stammgäste werden. Menschen, die vorübergehend oder längere Zeit verletzlich sind und in diesem Haus professionelle und freundliche Aufnahme und Unterstützung finden. Sie helfen beim Auf- und Abbauen des Tipis, sie kommen gerne zu den Andachten, einer ist Berufsmusiker und macht uns kleine Privatkonzerte, wir reden über die Schwierigkeiten, die diese Leute eine Zeit lang auf ein Nebengleis gestellt haben.

Verletzlichkeit wird in unserer heutigen Gesellschaft ja nicht hochgehalten. Man muss *mit*. Man muss *schnell* mit. Und man muss *so* mit, wie es eben die Gesellschaft vorschreibt. Wehe, wenn man da nicht mit dem Strom mitschwimmt. Ich meine natürlich nicht, dass man sich gemütlich hinsetzen soll und andere herhalten dürfen. Aber es wurmt mich, wie einfach manche Leute etikettiert werden: »Du entsprichst den Regeln und Mustern nicht – also können wir dich nicht gebrauchen. Wir werden zwar für dich sorgen, aber du wirst erst wieder ernst genommen, wenn du wieder ›normal‹ bist.«

Es beschäftigt mich auch, dass viele Gedanken, Gefühle und Haltungen sehr leicht von dieser Gesellschaft als eben un-normal zur Seite geschoben werden, als ob sie nichts zu sagen hätten. Aber ist es nicht so, dass viele Krankheitsbilder, sei es auch »ungeschickt«, etwas Wahres sagen, was man aber nicht hören will?

So leiden schizophrene Menschen an der Wirklichkeit und wissen nicht, wie sie mit ihr umgehen müssen. Aber klagen sie darin nicht auch, bewusst oder unbewusst, diese Wirklichkeit an? In der Willkür dieser Wirklichkeit, ihrem Machtmissbrauch, ihrer Abwendung von Gott und seinem Willen, in den verkorksten Zügen, die sie angenommen hat?

Könnten depressive Menschen nicht etwas reflektieren von der Trauer von Gott und Mensch darüber, dass das Original der Schöpfung und der Geschöpfe Gottes so oft eine unerkennbare Karikatur geworden ist? Sehen und spüren ängstliche Menschen nicht besser als andere etwas von der totalen Bedrohung der Schöpfung und aller Geschöpfe durch eine sehr reelle widergöttliche Macht, die Gottes Werk zerstören will? Verstehen bipolare Menschen nicht besser als andere die unglaubliche Intensität des Schönen, das von Gott kommt, und des Hässlichen, das vom Zerstörer kommt?

Am Nachmittag erwartet mich eine Überraschung: Rajita! Meine frühere Kindergottesdiensthelferin aus Fiez war schon in Jongny aufgetaucht, wir hatten ein kurzes Gespräch gehabt, aber uns nachher nicht mehr getroffen. Nun ist sie mit ihrem Freund Fritz bei l'Abbaye vorbeigekommen und hat auf einmal das Tipi gesehen. Beide haben etwas Zeit und so kommen wir ins Reden. Mir scheint, Rajita trägt immer noch dieselbe schwere Last mit sich herum wie in Jongny. Wie kann ich ihr helfen? Das Tipi ist nicht *la Cascade*, meine frühere pastorale Beratungsstelle, wo ich anderthalb Stunden für jeden Besucher hatte. Ich weiß auch nicht, ob und wann ich sie noch wiedersehen werde. Das macht mich mutig; ich sage, vielleicht etwas zu energisch: »Ich habe das Gefühl, wenn wir uns in einem oder zwei Jahren wiedersehen, schleppst du immer noch dasselbe Problem mit dir herum. Wenn Gott sagt, dass er dir vergeben will, kannst du das auch glauben. Ist es nicht eher Trotz und Hochmut als Demut, wenn du meinst, es besser zu wissen als er?«

Uff! Das ist aber gar nicht lieb. Erschrocken guckt sie mich an. Fritz grinst in sich hinein.

»Meinst du das ernst?«, fragt Rajita.

»Ja. Tut mir leid, es klingt vielleicht etwas grob und du darfst mir gerne böse sein. Aber so kannst du doch nicht glücklich sein. Und frei erst recht nicht.« Wenn schon energisch, dann richtig. »Weißt du was? Du gehst jetzt in Ruhe nach Hause. Überlegst. Betest. Alleine oder mit Fritz. Und wenn du meinst, es sei eine gute Idee, kommst du morgen zurück, in der Frühe. Dann gehen wir an einen ruhigen Ort und wir machen ein kleines Ritual. Wir beten zusammen, du bittest Gott um Vergebung, nimmst seine Vergebung dann auch an und sagst ihm das. Und ich bin Zeuge! Ich segne dich dann in seinem Namen. Was meinst du?«

Sie nickt. »Ich werde es tun.«

»Was?«

»Den Schritt machen, den du vorschlägst. Ich glaub, es wird Zeit. Ich habe das lange genug mit mir rumgeschleppt, aber ich dachte, das sei meine eigene Bescheidenheit. Ich dachte, mein Fehler sei zu groß, um von Gott einfach so vergeben werden zu können … Es ist hart, was du sagst, aber ich denke, es stimmt.«

Und so treffen wir uns am frühen Sonntagmorgen mit Gott. Rajita sagt ihm, was ihr so schwer auf dem Herzen lag. Natürlich weiß er das längst, aber es tut gut, ihm das noch einmal zu erzählen. Sie bittet ihn um Vergebung. Sie entscheidet sich, diese Vergebung zu akzeptieren, sie verspricht es sogar. Ein beidseitiges Versprechen. Ein Segen. Und eine Frau, die sich befreit aufrichtet.

Die Zusammenarbeit mit den beiden Pfarrern ist schön; sie haben mich gefragt, ob wir »Evangelisation« als Thema des Gottesdienstes nehmen könnten. Es sind eilig Zettel verteilt und Plakate aufgehängt worden, die ankündigen, dass wir nicht in le Pont sind, sondern »wegen unerwarteter Umstände« (die Flinte wird nicht erwähnt) in l'Abbaye, und dass der Gottesdienst bei schönem Wetter draußen beim See stattfinden wird. Glücklicherweise scheint die Sonne, wir sitzen beziehungsweise stehen im Gras, singen und reden zusammen darüber, was es heißt, Licht der Welt zu sein. Leute gucken zu, singen ein Lied mit, gehen wieder weiter.

Nachmittags kommen viele vorbei, frühere Kollegen, alte Tipi-Gäste, neue ... Ich versuche, einige Gemeindemitglieder dazu zu bewegen, einen Freund oder Bekannten mit zum Tipi zu nehmen, aber das stößt nicht auf Begeisterung: »Ach nee, ich komme lieber für mich selbst.« Schwierig. Wie soll man lieber für sich selbst kommen und doch Licht der Welt sein?

Am Abend haben meine Gruppe und ich eine kleine Abschiedsfeier für Bernard organisiert. Wir schenken ihm meinen selbst gebastelten Hubschrauber, der ein Symbol sein soll für die Hubschraubertour, die wir ihm anbieten. Mein Kunstwerk findet nicht sofort die erwartete Wertschätzung: »C'est quoi ça?! Was ist das denn?!« Dabei ist die Form meiner Meinung nach doch total eindeutig, aber na ja, ich war noch nie gut im Basteln. Nach gebührender Erklärung freut Bernard sich dann auch. Alles geht freundlich und kumpelhaft zu, das Essen ist lecker ... Aber es liegt mir doch wie ein Stein im Magen, und beim gemeinsamen Gebet für Bernard muss ich weinen.

Am nächsten Tag schreibe ich Chantal eine SMS: »Habe Gott um ein ›clin d'oeil‹ gebeten, ein göttliches Augenzwinkern. Bin traurig. Brauch was Gutes.«

»Was denn?«, kommt eine SMS zurück.

»Weiß nicht. Was Gutes.«

Gott reagiert »express«. Schon am nächsten Wochenende wartet was Gutes auf mich. Oder besser: ein Guter.

In le Sentier wohnt Christian Ringgenberg. Ein 65-jähriger alleinstehender Witwer und Noch-nicht-so-ganz-Ex-Alkoholiker, der seine Tage hinter dem Computer und vor dem Fernseher verbringt. Er und Gott wohnen, wie er später schreibt, auf verschiedenen Planeten, jeder für sich, den anderen in seiner eventuellen Existenz respektvoll und gleichgültig da sein lassend. Ein von der Gemeinde angebotener Alpha-Kurs hat seine Neugier geweckt, aber auf seinem Planeten hat sich nichts Wesentliches geändert.

Das Tipi steht auf der Wiese neben Christians Wohnung, und er schaut schon bald herein. Was er sieht und hört, gefällt ihm, und er taucht zu jeder Andacht auf. Das Tipi ist sowieso gut gefüllt während dieser Tage. Ein Mann bietet ein Käsefondue an: »Für alle, die Sie einladen möchten! Ich bin Spezialist, sagen Sie nur per SMS, wie viele Sie erwarten!« Zum Schluss sitzen wir in einem gemütlichen Kreis um den Tisch herum und tauchen vierzehn Gabeln in den gemeinsamen Topf ein. Wunderbar!

Am Sonntagabend nach dem Abendmahl biete ich wie immer den persönlichen Segen an. Ich komme bei Christian an. »Willst du einen Segen heute Abend?«

»Ja, gerne!«

»Wie möchtest du ihn?«

»Deine Hände auf meinen Schultern, bitte.«

So geschieht's. Dann gehe ich weiter, nicht ahnend, dass sich in Christian eine Tür auftut und Gott direkt in sein Herz hineinwandert. Christian selbst ist zu verblüfft, um genau zu verstehen, was hier los ist; er kennt die Bibel nicht und weiß nichts von Pfingsten, Heiligem Geist, Gott, der in uns Menschen wohnen will. Er kennt keine Texte, keine Sprüche, keine Erklärungen.

Er weiß nur, dass er plötzlich nicht mehr alleine auf seinem Planeten lebt.

KAPITEL 44

PASS VOM MARCHAIRUZ

Nach zwei Wochen Ferien bin ich wieder topfit, und die Etappe zum Marchairuz scheint spannend zu werden: am selben Wochenende und am selben Ort ein Evangelium unterwegs und ein Schamanen-Seminar ... Wir werden auf dem Parkplatz des Hotels stehen, die Schamanen werden im Hotel beherbergt. Ich habe Letzteres erst kurz vorher erfahren und kann nicht sagen, dass ich begeistert bin. Andererseits, wenn Gott mich in diesem Moment hierher führt, wird er wohl was im Sinn haben.

Ich freue mich über strahlendes Wetter und viele Leute, die zum Wandern oder zum Eisessen und vor allem zum »Slow-up« auf den Pass beziehungsweise über diesen hinüber wollen. Der Slow-up ist eine riesige Fahrradtour um den See, *le lac de Joux*, herum, an dem sowohl professionelle Fahrer als auch Familien mit Kindern teilnehmen. Es werden Tausende erwartet, und einen besseren Platz als gerade hier oben könnte ich nicht haben. Viele Tipi-Gäste gibt's also, und vor allem Philippe, ein einsamer Wanderer, mit dem ich mich länger unterhalte und der in Zukunft oft auftauchen wird. Und Jacqueline, die das Tipi sowohl in l'Abbaye als auch in le Sentier besucht hat. Wir haben viel geredet und nun ist sie mit dem Bus hochgefahren, um mit ihrem »trottinette«, ihrem Roller, nachher wieder runterzusausen.

Von den Hotelbesitzern werde ich total lieb willkommen geheißen. Sie lassen fertige Mahlzeiten bringen und laden mich mehrmals zu heißem Tee ein, denn es wird schnell kalt hier oben.

Beim Spaziergang mit Barou stoße ich auf erste Seminarteilnehmer. Sie sind freundlich, bewundern die tolle Natur, sind sehr am Tipi, dem Eselwagen und den beiden Tieren interessiert. Am Tag sehe ich sie dann weniger, sie sind ja drinnen und ich draußen.

Mit einem der Seminarteilnehmer habe ich denn doch noch ein langes Gespräch. Er sei eine wichtige Persönlichkeit in Schamanen-Kreisen, hat man mir gesagt. Wir stellen uns vor. Ich nutze die Gelegenheit und frage, was er nun so tut und auch glaubt. Es interessiert mich wirklich; mag ich selber skeptisch sein, es gibt nichts wie echtes Zuhören, um den anderen zu verstehen und sich dann selbst eine Meinung zu bilden.

Er erzählt, lange und ausführlich. Ich lerne viel. Wie so oft habe ich das Gefühl, es ist etwas Richtiges, Wichtiges irgendwo drin, das dann aber sozusagen aus den geistlichen Fugen gerät. Hier ist es das Bewusstsein eines Geheimnisses, das der Schöpfung innewohnt: Sie ist so viel mehr als nur Natur, Tiere, Bäume und Pflanzen, so viel mehr als nur Dinge… Die Schöpfung ist »bewohnt«. Aber wo die Schamanen als Folgerung von dieser Intuition auf eine Art autonomes universales »Geistes-Innewohnen« schließen, bezeugt die Bibel etwas ganz anderes: Sie weist hin auf die Herrlichkeit Gottes in der Schöpfung: »Himmel *und* Erde sind deiner Ehre voll!« Aber sie zeigt auch auf das jetzt noch Kaputte, das gerade in seinem Kaputtsein auf eine kommende Erlösung hinweist: Die ganze Schöpfung, sagt Paulus in Römer 8, stöhnt und leidet in einer unaussprechlichen Sehnsucht danach, dass Gott endlich seinen Plan definitiv ausführt, dass endlich die Kinder Gottes sichtbar werden in ihrer noch versteckten Herrlichkeit und endlich die Schöpfung werden kann, was sie in Wirklichkeit ist: Zeuge der Güte, der Pracht, der Wirklichkeit des dreieinigen Gottes. Während ich zuhöre, spielen sich diese Gedanken im Hintergrund in meinem Kopf ab.

Dann fragt der Mann mich, was *ich* nun tue und glaube. Ich erzähle auch.

Er sagt: »Eigentlich glauben wir ja dasselbe, meinen Sie nicht auch? Wir verehren beide einen ›Gott‹, obwohl wir ihn anders nennen, und Sie haben mir gerade von einem Heiligen Geist erzählt. Der entspricht bestimmt unserem alles innewohnenden Universalgeist.«

»Nein, das glaube ich nicht«, sage ich.

»Wieso nicht?«

»Weil der Heilige Geist der Geist von Jesus ist, und Sie haben mir gerade gesagt, mit dem könnten Sie nichts anfangen.«

Der Mann ist etwas sauer. »Also meinen Sie, ich wäre auf einem falschen Weg?«, fragt er provozierend.

»Ich denke schon«, antworte ich. »Ich finde es toll, dass wir so ehrlich reden können und uns gegenseitig respektieren. Aber unser Glaube ist ganz bestimmt nicht derselbe.«

Nun wird er wirklich ärgerlich. »So? Aber ich sage Ihnen, es kommen auch Priester und Pfarrer zu diesen Konferenzen, sogar ein Bischof hat teilgenommen, und die waren total begeistert und haben gesagt, wir würden an denselben Gott glauben!«

Ich schüttele meinen Kopf. »Ich kann Ihnen nur sagen: Das glaube ich ehrlich nicht. Christen haben nur einen Herrn: Jesus Christus. Und sein Heiliger Geist sagt nur, was Jesus selber gesagt hat, führt es weiter aus und bringt uns immer tiefer in seine Wahrheit hinein. Gott passt sich uns nicht an, er ist nicht vage, sondern in Jesus unheimlich konkret geworden. Und er will nicht, dass wir andere Götter oder Gottheiten verehren, die ihn ersetzen.«

Der Mann blickt auf die Uhr. »Schade, dass Sie so intolerant und ›fermée‹, geschlossen, sind. Vielleicht öffnen Sie sich noch mal unseren Ritualen? Sie sind herzlich willkommen. Warum nicht gleich morgen? Sie können ja einfach mal testen, teilnehmen und dann selber beurteilen, wie Sie dazu stehen.«

Dann höre ich mich sagen und bin selber etwas erstaunt: »Nein. Der Heilige Geist erlaubt es mir nicht.« Es klingt knallhart, und ich sehe verständnislose und auch böse Blicke von Leuten, die mitgehört haben. Es sei so.

Abends in meinem Eselwagen bin ich aufgewühlt und fröhlich zugleich, eine seltsame Mischung. Ich bete für den Mann und alle Teilnehmer. Nein, nicht dass sie dasselbe denken wie ich. Aber dass sie vom Heiligen Geist berührt, erfasst und von seinem Licht umgeben werden.

In der Nacht von Samstag auf Sonntag bin ich dann nur noch aufgewühlt. Ist es Absicht oder nicht? Die Schamanen, zurück von ihrem nächtlichen Geisteraufrufen auf einem Feld etwas weiter weg, bleiben auf dem Parkplatz stehen, um dort noch eine Zeit lang weiterzutrommeln. Es klingt aggressiv, drohend. Ich stopfe mir die Ohren mit Stöpseln zu und singe das einfache, kindliche Lied, das mir vor langer Zeit nachts gegeben worden ist. Ja, wirklich gegeben: Ich komponiere viel und oft, aber ich habe noch nie ein Lied sozusagen fix und fertig in meinen Geist hinein »serviert« bekommen: »Here Jezus, kom bij mij …« Es ist (auf Französisch natürlich) ein fester Bestandteil der Abendliturgie geworden. Nun brauche ich es, um Schutz zu finden vor etwas, was ich nicht verstehe. Und ein einfaches Kinderlied reicht. Ich spüre nicht plötzlich »einen tiefen Frieden.« Das erzählen mir so oft andere, und dann bin ich immer etwas neidisch. Aber ich weiß, dass ich gehalten und geborgen bin: »Herr Jesus, komm zu mir.« Wie soll er da wegbleiben?!

Am Sonntag wimmelt es von Besuchern. Ein Ehepaar ist da, die Frau ist schwer krank. Wir beten. Ein Notruf am Telefon von einer Frau, die Hilfe braucht. Wir reden, wenn auch nur bruchstückhaft, denn die Verbindung hier oben ist schrecklich. Wir machen einen Telefontermin für Montag ab. Christian kommt und erzählt, was ihm vor zwei Wochenenden passiert ist. Ich bin erstaunt und begeistert und freue mich so sehr. Er fragt, ob ich ihm helfen könne, zu verstehen, was da nun eigentlich geschah. Ich weise ihn auf seinen eigenen Pfarrer hin, und er antwortet: »Okay, ich werde ihn anrufen und einen Termin mit ihm abmachen. Aber du bist mir schuldig, die ersten Grundlagen zu erzählen; es ist ja im Tipi passiert.«

Und so entwickelt sich an den nächsten Wochenenden eine total spannende Diskussion. Denn alles ist umgekehrt: Normalerweise sind da zuerst eine Bibel und Texte und Verheißungen, und die Leute lesen diese und wollen verstehen und selber die Erfahrung machen, dass Jesus Christus wirklich lebt und in ihrem Leben handelt. Das ist schön! Aber hier ist es andersherum. Hier ist jemand vom Heiligen Geist erfasst worden, weiß nicht, was ihm passiert ist, und braucht und erfindet Wörter, um seine höchst persönliche Erfahrung verstehen und einordnen zu können. Einordnen in seinen Alltag, aber auch in den größeren Rahmen der Christenheit. So was Tolles! Mal nicht ein Bibeltext, der ausgelegt und ins Heute übersetzt wird, sondern ein Ereignis von heute, das mithilfe von Bibeltexten ausgelegt wird. Ich hatte Christian vor den Ferien eine Bibel gegeben, und er studiert und entdeckt und wundert sich und freut sich. Ein ganzes neues Leben tut sich vor ihm auf. Göttliches Leben auf dem menschlichen Planeten! Was für ein unendliches Abenteuer! Und das alles handfest mitten in seinem eigenen Alltag...

Am Sonntagabend gucke ich etwas sorgenvoll nach unserem Vorrat: Wegen der vielen Besucher ist fast nichts mehr da, und zum Tipi-Treffen sind schon mindestens fünfzehn Leute eingetroffen. Wie sollen wir denen nachher alle zu essen geben? Franco sagt: »Wir teilen einfach, die kommen doch nicht hierher, um den Magen zu füllen!« Stimmt, aber ein bisschen schade ist es schon.

Denise, meine frühere Supervisorin, ist auch wieder da und begleitet das Singen mit ihrer Querflöte. Am Ende der Andacht verschwindet sie und taucht kurz darauf mit einem riesigen Topf auf. »Habe ich mitbekommen«, erklärt sie. »Ich war auf einem Hochzeitsfest, und das Brautpaar wollte das Essen nicht wegwerfen. Sie haben gefragt, wer es brauchen könnte, und ich habe gesagt, ich wüsste einen Ort, wo es vielleicht sehr willkommen wäre!«

Danke, Herr! Vielleicht nicht Brot und Fisch für fünftausend. Aber Spaghetti für zwanzig ist auch nicht schlecht!

KAPITEL 45

LONGIROD – GENOLIER

Speedy geht es mit seinem Huf immer noch nicht richtig gut, also fährt derselbe Bauer, der ihn zum Marchairuz gebracht hat, den Esel nach Longirod. Da wartet der fast vollzählige Kirchenvorstand, der uns hierher »bestellt« hat. Wir werden dieses Wochenende oft zusammensitzen und singen. Ich freue mich, Vanessa wiederzusehen. Sie war mit einer Konfirmandengruppe schon zum Tipi in l'Abbaye gekommen, und wir hatten uns wunderbar verstanden. Sie ist Gemeindepfarrerin und nebenbei verantwortlich für die Jugendarbeit in diesem Bezirk. Ich mache auch Bekanntschaft mit einem jungen Ehepaar und dessen Tochter. Die Mutter der Frau war bei mir im Chor in Fiez und hat den beiden vom Tipi erzählt. Sie fragen, ob sie am Nachmittag ihren autistischen Sohn zum Tipi mitnehmen dürfen.

»Klar! Er ist willkommen!«

»Ja, aber er ist etwas wild und kann aggressiv sein ...«

Trotzdem ist er willkommen. Mit ihm zusammen singen wir ein paar Lieder von der Kinder-CD, und ich bin ganz gerührt, denn der Junge kennt die Lieder und brummt manche Zeilen mit.

Diesmal sind nicht so viele Gäste da. Ich habe ein paar gute Gespräche mit Dorfbewohnern und ein sehr beeindruckendes Gespräch mit der Frau, bei der ich meine Dusche nehme. Mit Vanessa und einigen Kirchenvorstandsmitgliedern rede ich über die Zukunft von EEC. Denn die provisorisch versprochenen drei Jahre nähern sich diesen Winter ihrem Ende, und meine Gruppe hat einen Brief an die Kirchenleitung verfasst, in dem wir um Verlängerung des Mandats bitten. EEC hat nebst etwas Ärgernis viel Begeisterung hervorgebracht, und wir meinen, etwas Gutes und Einzigartiges, sei es (oder weil!) Einfaches, im Rahmen der Kirche bieten zu können. Es ist regelmäßig über EEC berichtet worden: durch die »nouvelles« im offiziellen kirchlichen Nachrichtenbrief, durch die Jahresberichte an den *Conseil Synodal,* durch die Radio- und Fernsehsendungen und die Zeitungsartikel. So hoffen wir, dass EEC, das bis jetzt nur ein Spezialmandat war, als echter anerkannter Posten in die Kirche eingegliedert wird.

Für die Strecke von Longirod nach Genolier geht es Speedy nun aber gut genug. Ich freue mich sehr, wieder so richtig mit ihm unterwegs zu sein!

Es ist nicht weit, die Sonne strahlt schon wieder, die Umgebung ist idyllisch. Wandern ist gut für Ideen: Der Gedanke an ein Buch war schon vorher aufgekommen, nun nimmt er etwas deutlichere Züge an. Noch nicht ein Buch über meine Wandererlebnisse selbst; dafür ist es zu früh. Aber durch die vielen Gespräche mit Hunderten von Leuten, durch die Auseinandersetzung mit ihren Fragen, ihren Antworten, ihrer Spiritualität in schillerndsten Farben kribbelt's in meinem Bauch, um meine unterwegs gesammelten Eindrücke in ein Buch zu fassen. Über Gott, wie ich ihn kennengelernt habe. Damit ich selber ein bisschen Ordnung in mein geistiges Umherwandern bringe. Damit ich den Leuten etwas anbieten kann, das bleibt, wenn ich wieder weg bin. Aber auch ein bisschen als Stellungnahme einer Gesellschaft *und* einer Kirche gegenüber, die – als Reaktion auf rigide Glaubenszwangsjacken – nun meiner Meinung nach hinabrutscht in ein spirituelles Sammelsurium, in dem alles gleich gültig ist, aber dann auch schnell gleichgültig wird.

Je länger ich unterwegs bin, umso mehr habe ich das Gefühl, der Wein des christlichen Glaubens wird mit so viel Wasser vermischt, dass er eben nicht mehr so richtig nach Wein schmeckt. Das tut mir weh. »Ja, aber … bin ich dann nicht eingebildet?«, halte ich mir vor. »Als wenn *ich* Bescheid wüsste und nun den wahren, richtigen Glauben auf Papier bringe, um andere vor Irrwegen zu behüten?!« Aber es rummelt weiter in meinem geistlichen Magen. Meine Motive mögen nicht immer klar sein, aber je länger ich unterwegs bin, umso mehr habe ich Hunger nach einer deutlichen Stellungnahme, nach einigen klaren Hinweisschildern bei all diesen (Um-)Wegen, gefährlichen Abkürzungen und Sackgassen im Leben anderer wie in meinem eigenen. Und so entsteht, teils unterwegs, teils oben im Chalet, das Buch *l'Evangile en chemin*.

In Genolier angekommen, sehe ich schon schnell das Tipi. Es steht leider etwas abseits im Garten des Pfarrhauses: Wir waren auf der Wiese vor der Schule geplant, aber der zuständige Bauer meinte plötzlich, es sei zu schade für seine Wiese, wenn da ein ganzes Wochenende lang Leute drauf herumlaufen und das Gras platt treten würden. Wir – das heißt Patrick, der den Eselwagen hierher gezogen hat, Jean-Claude und Christian, der seit le Sentier ein unermüdlicher Mitarbeiter ist – versuchen, die Leute mittels unserer tollen Fahne auf das Tipi aufmerksam zu machen. Bernard hatte die Zeichnung von unserer offiziellen Visitenkarte auf ein zehn Meter langes Tuch übertragen, und so renne ich nun in Großformat hinter Speedy und dem Eselwagen mit Barou her.

Das Schönste an diesem Wochenende ist der erneute Besuch vom autistischen Jungen mit seinen Eltern. Und ein unerwartetes Gespräch am Sonntagabend. Ein Ehepaar kommt zur Abendandacht und fängt plötzlich an, von einem tiefen Schmerz zu reden. Die Anwesenden, die sich untereinander gar nicht kennen, hören zu, unterbrechen nicht, geben keine billigen Ratschläge. Sie fragen nur nach und schweigen eine Weile. Dann will jemand wissen, ob die beiden möchten, dass wir zusammen für sie beten. Sie überlegen einen Moment, stimmen schließlich zu. Ich tue hier gar nichts. Es hat sich spontan eine kleine Gemeinschaft gebildet, eine kleine lebendige Zelle, genau an ihrem Platz im Leib Jesu, der da Kirche heißt; genau an ihrem Platz hier im Tipi, wo Gott sie gebraucht, um ein kleines Puzzlestück seines Planes dort zu legen, wo es hingehört.

KAPITEL 46

DAS OPEN-AIR-MUSIKFESTIVAL PALÉO
IN NYON

Tausende und Abertausende von Menschen strömen zum Paléo, einem Open-Air-Musikfestival in Nyon. Die Leitung will
nichts Religiöses oder Politisches mehr auf ihrem Festplatz haben, es hat zu viel Ärger gegeben. Was tue *ich* denn da, mit
meinem doch sehr deutlichen Anspruch, mit dem Evangelium
unterwegs zu sein? Aber es gibt halt Pannen, die Gott mit einem Lächeln in Gelegenheiten verwandelt…

Bernard, der ursprünglich für dieses Wochenende mein Koordinator war, hatte mit »einer offiziellen Person« gesprochen,
die ihm gesagt habe, nein, auf dem Festplatz selbst könnten wir
nicht sein, aber etwas daneben wohl. Da befinde sich ein großes Grundstück mit einer Manege des kantonalen Pferdezüchterverbands. Ein offizieller Vorsitzender dieses Verbands habe
nichts dagegen, dass ich mit meinem »Krimskrams« bei dieser
Manege das Wochenende verbringe, so hatte mir Bernard versichert. Außerdem sei er ein Cousin seines Cousins, und jemand
Offizielles aus der Direktion sei auf dem Laufenden, also »pas
de problème«, kein Problem, alles sei geregelt.

Etwas vage, aber was soll bei diesem dreifachen »offiziell«
noch schiefgehen? Davon, dass hier eher freudiger Optimismus
als Wirklichkeit an der Tagesordnung war; davon, dass keine
Person, und erst recht nicht eine offizielle, nur im Traum daran
denken würde, uns diese Erlaubnis zu geben – davon ahnte ich
gar nichts. Bernard hat außer anderen tollen Eigenschaften die-

se, dass er unzählige Cousins hat, die sich in allen Ecken der französischen Schweiz angesiedelt haben. Diese kommen zu äußerst befriedigenden Momenten zum Vorschein, um bei Pannen auszuhelfen, Esel zu beherbergen, Tierärzte zu kennen, böse Bauern zu beschwichtigen und so weiter. Nun hat er also einen Cousin im »syndicat chevalin«, das passt ja prima. Nein, ich brauche mich um nichts zu kümmern, es sei alles geregelt. »Komm, Hetty, du musst besser delegieren lernen …!«

Leider ist Bernard ja nun nicht mehr zuständig. Außerdem ging es ihm in den letzten Wochen nicht gut genug, er darf nicht gestört werden. Seit mehreren Wochen versuche ich also herauszufinden, an wen ich mich jetzt wenden soll. Um welchen Cousin handelt es sich wohl? Ich wähle die Nummer der Paléo-Direktion.

Eine Sekretärin meldet sich. »Wie? Eine Pfarrerin direkt neben Paléo? Ausgeschlossen.«

»Ja, aber, eine Person aus der Direktion …«

»Welche Person aus der Direktion?!«

»Eben das weiß ich leider nicht.«

»Tut mir leid, total unmöglich.«

Ich verbleibe in meinem Unwissen über die Identität der betreffenden Person, aber auch in meiner Überzeugung, doch mindestens *einen* Cousin ausfindig machen zu können. »Sie kennen nicht einen Bernard Tripet?«

»Nein!«

»Kennt denn jemand anders aus der Organisation ihn?«

(Nach einigem Hin-und-her-Gefrage): »Nein!«

Ich bin eher skeptisch Leuten gegenüber, die meinen, sie seien so wichtig, dass man für *sie* eine Ausnahme machen müsse. Nun werde ich selber so jemand. Aber Paléo ist mir wichtig: Die Gelegenheit hier inmitten der Menschenmenge ist zu schön: als bescheidenes Zeichen der Gegenwart Gottes schlicht da zu sein, Andachten zu halten, Kaffee und einfache Mahlzeiten anzubieten, zu singen und zu beten … »Darf ich dann bitte den Direktor selbst sprechen?«

»Das geht nicht, er ist zu beschäftigt.«

»Okay, wann darf ich zurückrufen?«

»Na, wenn's sein muss, in einer halben Stunde.«

Wie oft habe ich's versucht? Fünf Mal? Sechs? Wie dem auch sei, beim x-ten Mal klappt's. Der Direktor hat von mir gehört und sagt dasselbe wie sein Team: »Ausgeschlossen.«

Ich rufe verzweifelt: »Aber jemand von der Leitung hat doch gesagt, es sei okay!«

»Wer denn?!«

Ja, das weiß ich eben nicht. Dann kommt mir die Wahrheit zu Hilfe: »Ich weiß es wirklich nicht, und ich verstehe Ihren Ärger, aber mein Koordinator ist krank, und er weiß es, aber ich nicht … Und er hat mir gesagt, eine Person Ihrer Organisation habe zugestimmt, und ein Vertreter des Pferdezüchterverbands auch …«

Der Direktor sinnt nach. »Na, wenn ein offizieller Vertreter des Pferdezüchterverbands zustimmt, kann ich nicht Nein sagen, es ist *sein* Grundstück.«

Vier Anrufe später sagt ein höchst irritierter Vertreter des Pferdezüchterverbands dieselben erlösenden Worte: »Na, wenn der Direktor von Paléo zustimmt, kann ich nicht Nein sagen, es ist *sein* Festival.«

Rückruf an den Direktor: »Herr X sagt, er stimme zu!« (Den Nebensatz »wenn der andere zustimmt« lasse ich vorsichtshalber weg.)

Gegrummel am anderen Ende der Leitung: »Ja dann … in Ordnung!«

Wieder klingele ich beim Vertreter des Pferdezüchterverbands an: »Herr Y sagt, er stimme zu!«

Ein Seufzer schallt durch den Telefonhörer: »Erstaunlich … aber nun gut.«

Gott zaubert nicht. Er schafft Gelegenheiten und ist neugierig, wie sein Bodenpersonal diese Gelegenheiten nutzen wird. Ich habe das Gefühl, er möchte manchmal auch ein bisschen dessen Beharrlichkeit testen, so im Sinne von: »Glaubst du selber dran?!«

Also, Paléo, hier bin ich! Die Erde bebt unter meinen Füßen, wir stehen genau neben einem der Hauptzelte und man hat mir gerade erzählt, es würden Ohrstöpsel beim Eingang verteilt. Wir stehen mitten drin im Menschengewimmel, in der »Welt«, da, wo ich immer so gerne sein möchte. Aber ich muss zugeben: Ich bin etwas enttäuscht. All dieser Rummel, um eine offizielle Genehmigung zu bekommen, für – ja, für was? Für die paar Leute, die zu unseren Andachten kommen? Für die Hunderte, die vorbeikommen, aber eben *vorbei*kommen, nur um schnell den Esel zu streicheln oder mit dem Hund zu spielen oder unsere Visitenkarte anzunehmen? Denn es gibt sehr viel Musik, sehr viel Krach und sehr viel Alkohol und viele gute und witzige und farbige Angebote. EEC, mit seinen einfachen Tieren, seinem einfachen Begegnungszelt und noch einfacherem Eselwagen geht in dieser Konkurrenz – einfach – verloren. Oder so sieht es zumindest aus.

Außerdem habe ich gerade die Antwort der Kirchenleitung auf unsere Bitte um Verlängerung von EEC bekommen. Sie lautet: Nein.

Meine eigene Spezialfalle, in die ich ja immer mit größter (und entmutigender) Regelmäßigkeit hineinpurzele, öffnet sich unoriginell sofort wieder vor meinen Füßen: »Siehste! Stellt nix dar! Haben doch recht, die anderen, die sagen, dass du einfach durch die Lande streunst und dich für dein bisschen Folklore auch noch bezahlen lässt. Und das soll verlängert werden?« Ja, ein paar solcher bissigen Bemerkungen habe ich in letzter Zeit wohl wieder zu hören bekommen – meistens aus dem »Kirchen-Establishment« –, von dort, wo ich es in meiner Naivität immer noch nicht erwarte. Und ich, die ich nun einmal nur ich bin – ich bin wieder völlig geknickt. Habe ich denn nichts gelernt? Oft höre ich: »Oh, Sie sind eine starke Frau! Sie lassen sich nichts anhaben!« Aber innen drin, da sieht's ja anders aus. Da rummelt's und bebt's fast so beharrlich wie jetzt in Paléo, aber ohne Stöpsel, und ein kleines, verirrtes Kind wimmert: »Die mögen mich alle nicht! Was kann ich nur tun, damit ich wieder da sein darf?«

Keine gute Situation für eine Wanderpfarrerin auf Evangeliumsabenteuerreise. »Herr, das wusstest du doch …?« Und es ist, als antwortete Gott: »Ja, du, das wusste ich. Und du weißt, wie ich meine Lehrlinge ausgesucht habe. Nie, weil sie so besonders geeignet oder toll oder religiös oder was auch immer waren. Ich habe sie eben … gefragt. Und sie haben Ja gesagt.«

Aber ich stecke mal wieder in einer meiner Selbstzweifelphasen. Und sehe nicht, wie Gott mit großer Geduld und Expertise etwas bewirkt. Etwas Kleines und Schönes, das meine eigenen Träume von Wichtigsein und Menschenmassen im Tipi und offizieller Anerkennung seitens der Kirche weit übersteigt. Er öffnet zwei Luken und damit die Aussicht auf eine seiner typischen Eigenschaften: Er mag gerne auf und in unsere Wirklichkeit eingehen, sie total ernst nehmen. Um sie dann fröhlich und unbeirrbar in seine größere, *wirklichere* Wirklichkeit hineinzunehmen.

Die erste Luke: Paléo lebt von seinen freiwilligen, jugendlichen Helfern. Sie sind sehr viele und sehr begeistert. Ich mache Kaffee für verschiedene Gruppen. Alle nehmen an, mit Ausnahme eines Mädchens, das mich abwehrend anguckt und sagt: »Nö danke.« Okay, denke ich, dann eben nicht. Aber ausschließen tust du sie doch nicht.

Nach etwa sechs »Nö dankes« kommt sie etwas näher. Sie streichelt dem Esel über seine weichen, überdimensionalen Ohren. Flüstert ihm Sachen in diese hinein. Ich nähere mich, streichele ihn auch. »Er heißt Speedy«, gebe ich freiwillig Auskunft. Nicht sehr originell. Nach »Ach bitte, können Sie mir helfen?« der zweithäufigste Satz meiner zweieinhalb Wanderjahre.

Das Mädchen lächelt. »Und? Tut er seinem Namen Ehre an?«

Ich grinse über meine dritthäufigste Bemerkung, aber na ja, es ist eben so: »Zwei Kilometer pro Stunde Spitzenleistung!«

Inzwischen lehnen wir uns gemütlich über Speedys Rücken, sie von links, ich von rechts. Sie fragt, was ich hier tue. Ich erkläre, wer und was wir sind. Es bleibt eine Weile still.

Dann sagt sie, und ich sehe erstaunt, wie gerührt sie ist: »Wissen Sie ... ich bin völlig vom Hocker. Ich habe so lange nichts mehr mit Gott zu tun gehabt. Nicht haben wollen. Und nun, hier, plötzlich, sind Sie da. Aber so anders. So einfach. Nur da. Nur mit einem Esel. Nur Kaffee machen und was reden, und sonst nichts. Und das mit einem Esel, so 'nem einfachen, total anspruchslosen *Esel* ... Das haut mich um. Wenn Gott so ist ... Ja, dann sollte ich mich vielleicht doch mal wieder an ihn wenden.«

Meine persönliche Falle schließt sich hastig. Ich höre nur noch, wie sie mir schnell zuraunt: »Na ja, was soll's, *eine* Person von Tausenden!« Aber dann ist ihr auch schon der Mund zugeschnürt.

Dann die zweite Luke: Eine ältere Kollegin und frühere Krankenhauspfarrerin, Claire-Lise Noir, kommt vorbei, nimmt sich Zeit, trinkt einen Tee mit Christian, Jean-Claude und mir. Sie redet von ihrem Traum: In der Kirche gibt es nur noch freiwillige Mitarbeiter, Pfarrer inklusive. Alle bieten ein Stück Zeit, Energie, persönliche Gaben an; niemand wird bezahlt. Weder sie noch ich können uns das so richtig vorstellen: Wie wird das Studium der Pfarrer bezahlt? Wie sollen Gemeinde und Nebenjob kombiniert werden? Es ist halt ein Traum – worin eine Kirche nicht mehr von Geld lebt, sondern von jedem Wort, das aus dem Mund Gottes hervorgeht, im konkreten Vertrauen auf das Wort Jesu: »Sucht zuerst das Königreich Gottes und *seine* Gerechtigkeit, Kriterien und ›Spielregeln‹ ... Dann kommt der Rest von selber ...« (frei nach Matthäus 6,33). Typisch so'n Wort, das man nicht ernst nimmt, denn wo käme man denn da hin? Aber auch typisch so'n Wort, das Jesus ja nun doch gesagt hat. Und wie wär's, wenn man das mal anwenden würde, statt es mit einem überlegenen Lächeln von der Hand und aus unserer Wirklichkeit zu weisen?

Diese beiden geöffneten Luken geben EEC eine neue Perspektive. Wir reden zusammen darüber, ob und wie wir EEC weiterführen können – dann eben ohne Gehalt für mich. Wenn dieser einfache Esel jemand auch nur ein Stück weit wieder zu Gott zurückführen oder zumindest helfen kann, die verschlossene Tür wieder einen Spalt zu öffnen... Wenn diese Kollegin, die doch so gar nicht weltfremd ist, sondern als Krankenhauspfarrerin das Elend der Welt nur allzu gut kennt, meint, das Suchen des Königreiches Gottes könne unter Umständen beinhalten, von einem Gehalt abzusehen... ja dann...

KAPITEL 47

BURSINS – PERROY

Die nächsten Etappen haben wir Roland zu verdanken, der seit Bernards »Austritt« viele stressige Stunden hinter dem Telefon verbracht hat, um geeignete Stellen fürs Tipi zu finden.

Von Paléo nach Bursins ist es nicht weit. Ich gehe die Strecke gemütlich zusammen mit Christine. Seit wir uns in Crêt-Bérard kennengelernt haben, taucht sie regelmäßig auf. Roland und Christian haben zusammen das Tipi aufgebaut; nicht in großer Einigkeit, denn ihre Charaktere sind sehr verschieden: Roland hat perfektionistische Züge, Christian ist eher etwas chaotisch. Aber mithilfe von Eric, einem Kirchenvorstandsmitglied, geht es doch schnell. Eine Überraschung erwartet mich an diesem Wochenende: Ein alter klappriger Bus taucht auf, zwei lachende Gesichter hinter der Fensterscheibe, vier wedelnde Arme: Es sind Fred und Jean-Marc aus dem Süden Frankreichs – was machen die denn hier in Bursins?!

Ich hatte die beiden im Juni auf meiner Radtour durch Südfrankreich getroffen. Ich pflügte gerade einen Berg hoch, als ein Auto neben mir anhielt. »Das ist ja toll, wie Sie unterwegs sind!« Ein fröhliches Mädchengesicht, ein Finger, der auf Fahrrad, Hundekarre und mein ziemlich überhängendes Gepäck zeigte: Fred. Von Frédérique. »Wollen Sie nicht nachher einen Tee bei uns trinken? Wir wohnen auf dem Berg! Ich warte oben auf Sie!«

Und dort stand sie auch. Sie führte mich an einem kleinen Pfad entlang, den man kaum als solchen erkennen konnte. Geradeaus, links, rechts. Dann plötzlich standen wir auf einer kleinen Lichtung, ein junger Mann kam auf uns zu, wir setzten uns auf die Terrasse der schönsten kleinen Hütte, die man sich vorstellen kann. Fred und Jean-Marc leben hier völlig illegal und völlig glücklich in ihrer kleinen Bude, bauen ihr eigenes Essen an, leben so ökologisch und billig wie möglich. Kein Wasser, keine sanitären Anlagen, natürlich keine Elektrizität. Aber das, was der Mensch zum Leben braucht: ein Dach über dem Kopf, Salat, Gemüse und Kartoffeln aus dem eigenen Garten. Nur das Wasser ist lästig, das muss in großen Plastiktonnen vom Dorf hochgeschafft werden.

Wir schlossen Freundschaft. Sie luden mich ein zu Tee mit Honig, Brot mit Schafskäse; erst später merkte ich, dass sie mir ihre ganze Tagesration gegeben hatten.

Und nun stehen die beiden vor meiner Nase! Sie haben auf der Website von EEC gesehen, wo ich bin, wollten mich überraschen, sind in ihrem Bulli gestiegen – und ab in die Schweiz! Wir bewundern alle ihren Bus, sie haben sogar einen Ofen drin, das Rohr schwingt sich elegant hinaus durch ein Loch in der Fensterscheibe.

Die beiden bleiben das ganze Wochenende. Sie laden alle Tipi-Gäste zum typischen provenzalischen Eintopf ein. Zwei Kinder aus Bursins zeichnen schöne Einladungen, die sie an verschiedenen Stellen im Dorf aufhängen. Fred spielt auf ihrem kleinen Akkordeon alte französische Volkslieder, Eric ist wieder da mit seiner Frau, Gäste aus der Umgebung, aber auch von weiter weg setzen sich draußen an einen Tisch, den ein Dorfbewohner schnell geholt hat. Christine hat ein gegrilltes Hähnchen, sagen wir eher, einen gegrillten Riesenhahn mitgebracht, es wird ein wahres Festessen.

Das nächste Ziel ist Perroy. Ich treffe mich in Bursins mit der Frau, die am Pass von Marchairuz angerufen hatte. Es geht ihr nicht gut, sie will gerne reden, und so unterwegs hat man schön

Zeit. Zusammen treffen wir in Perroy ein, wo Christian und Roland das Tipi schon aufgebaut haben, wieder mithilfe von Eric, der anscheinend auf den Tipi-Geschmack gekommen ist. Wir trinken zusammen einen Apéro. Ich gucke etwas skeptisch zu Christian. Als ich ankam, roch er schon nach Alkohol – und nach Herunterrutschen. Sein etwas glasiger Blick bestätigt meine Sorge. Ich warte, bis die anderen weg sind, und spreche ihn darauf an.

»Na ja, ich langweilte mich... Und es waren noch vier Tage bis zum Wochenende, da habe ich halt etwas getrunken. Aber mach dir keine Sorgen, es war fast nix, und ich fühle mich prima.«

»Ich mach mir aber Sorgen, und du siehst gar nicht prima aus. Christian, das geht nicht.«

»Ach was, kein Problem.«

Dann werde ich sauer. »Ich sage dir, wenn du jetzt wieder anfängst zu trinken, kannst du nicht als Mitglied der Unterstützungsgruppe bei uns bleiben. Du hast Gott in dein Leben hineingelassen, nun sei auch konsequent. Natürlich kannst du einen Rückfall haben, aber rutsch nicht wieder in den Alkohol hinein.«

Er ist erschrocken, dass ich so reagiere, so hart. Wir reden lange an diesem Abend im Tipi. Es ist, als ob Christian plötzlich wach geschüttelt würde: In dieses Alkoholleben will er doch gar nicht wieder zurück. Das Alte, das hinter ihm liegt, hat doch seinen Reiz, wenn man das schon so nennen soll, total verloren.

»Ich werde Gott versprechen, nie wieder zu trinken!«, sagt er dann impulsiv.

»Das scheint mir ein bisschen abrupt«, bremse ich leicht ab. »Nimm dir morgen Zeit, bete, überlege, schreibe es auf, wenn du ihm etwas versprechen willst. Dann können wir morgen Abend wieder drüber reden, wenn du möchtest. Tagsüber geht nicht, dann sind zu viele Leute da.«

Und so ist es. An diesem Wochenende kommen so viele Leute, dass ich nicht mal einfach aufs Klo gehen kann, sogar da noch klingelt das Telefon. Ich muss Leute stehen lassen und warten lassen, und das ist gar nicht schön.

Am Samstagabend liest Christian feierlich sein eigenes Versprechen an Gott vor. Es ist schon dunkel, die Kerzen flackern, wir sitzen beide vor dem Kindergottesdienst-Kreuz. Nein, er will nicht vorsichtig sein und sich für einige Tage oder Wochen festlegen, wie ich es ihm vorschlage. Er weiß, dass der Alkohol sein Leben lang eine Falle für ihn bedeuten wird. Darum will er sein Leben lang darauf verzichten – um ein Leben lang jeden Tag neu zu lernen und neu zu erfahren, was es heißt, frei zu sein.

KAPITEL 48

AUBONNE – VILLARS-SOUS-YENS

Jean-Claude hat mit Christian das Tipi aufgebaut; diesmal nicht an einer Stelle, wo jeder sozusagen über uns stolpert, dafür aber gleich neben einem Weingut und einem riesigen Hangar, sodass wir im Fall von Regen dorthin ausweichen können. Denn am Sonntag wird ein großer Familiengottesdienst hier in Aubonne stattfinden, den die Diakonin der Gemeinde mit Michel Durussel (Pfarrer und treuem EEC-Unterstützer) und mir zusammen vorbereitet hat. Zu diesem Anlass haben Christian und ich sogar die offiziellen neuen Fahnen aufgestellt, die unsere Kirche für solche Anlässe hat anfertigen lassen: Ihr Logo flattert etwas mickrig hoch oben im Wind, und wir haben nicht das Gefühl, dass jemand sie sehen wird, aber der gute Wille ist da.

Dieses Wochenende stolpern also nur wenige Leute über uns, dafür aber suchen Gäste uns gezielt auf. Ich freu mich besonders über einen »meiner« Gefangenen. Er hat am Wochenende frei und kommt uns besuchen.

Am Sonntag wird's voll, die Sonne strahlt, große Tische für das Picknick nachher und Bänke für die Gottesdienstbesucher werden aufgestellt. Das Thema ist Segen, und die Diakonin und ich haben abgemacht, dass ich nach der kurzen Predigt den Segen auch persönlich anbieten werde, wie bei der Sonntagabendandacht.

Ich frage mich wie so oft schon, warum dieser persönliche Segen mich so glücklich macht. Sind es die erwartungsvollen

Gesichter der Kinder und Erwachsenen? Ist es meine eigene erste Hemmschwelle, die überwunden werden muss und bewirkt, dass es nie zur Routine wird? Ist es das spannungsvolle Abwarten, was Gott mir vielleicht zuflüstern oder zeigen könnte? Ist es die Freude, die die gesegneten Menschen zeigen, oder die regelmäßige Bemerkung nachher, das Gesagte habe getroffen oder den Finger auf etwas gelegt oder einfach getröstet und gutgetan? Jedenfalls ist es nie selbstverständlich für mich, und jedes Mal entdecke ich wieder neu, wie konkret Gott wirken kann.

Beim Picknick kommt ein Elternpaar zu mir herüber: »Unser Kind hat sich vorher nicht getraut, aber möchte so gerne den Segen...« Ja, vielleicht ist es das aufblickende Kindergesicht, was am schönsten ist, mit dem spontanen einfachen Wort »Danke!« nachher.

Schade, dass in der Bibel manchmal so wenig Einzelheiten stehen. Als Jesus die Kinder segnete, haben sie bestimmt auch so vertraulich zu ihm hochgeschaut und »Danke!« gesagt. Wie sehr muss ihn das gefreut haben. Wie mich...

Vielleicht hat er's ja manchmal auch bereut, keine Kinder zu haben. Wie ich...

Für das Wochenende in Villars-sous-Yens ist sehr schlechtes Wetter vorhergesagt, sogar eine offizielle Sturmwarnung gibt es. Ich mache mich also früh auf mit Esel und Hund. Unterwegs ruft Roland an: »Ich kann heute Nachmittag nicht kommen, habe einen unerwarteten Zwischenfall. Jean-Claude kann aushelfen, aber er kommt erst so um fünf.« Das ist ja ärgerlich. Ausgerechnet jetzt, wo der Himmel langsam eine dunkelgraue Farbe annimmt und ominöse Wolken sich am Horizont auftürmen.

»Schneller, Speedy«, bettele ich, obwohl ich ja weiß: Das nützt nichts. Es bleibt aber erst mal noch trocken. Nadine, die Pfarrerin, holt mich am Eingang des Dorfes ab und bringt mich zum vorgesehenen Feld. Kein Tipi, das wusste ich ja. Aber auch kein Eselwagen. Wo steckt Christian?! Ich rufe ihn an.

»Oui? Wo steckst du, Hetty? Ich bin da.«

»Ich auch! Aber *wo* bist du?«

»Na, auf dem Feld natürlich, mit dem Wagen.«

»Ja, aber auf welchem Feld?!«

Nach einigen mühsamen Erklärungen finden wir heraus, dass er am anderen Ende des Dorfes steht. Er hat den Wagen schon abgehakt, und einige Telefonate später scheint es, dass dieser nicht mehr ans Auto will. Die immer dunkler werdenden Wolken sind vom Horizont direkt über unseren Kopf herangezogen, Windstöße fegen über das Feld, die ersten Tropfen fallen, Christian steht mit einem abgehakten Eselwagen auf irgendeiner anderen Wiese.

Roland ruft an: »Alles klar?«

»Nein!«

Glücklicherweise hat EEC bei Roland Priorität über seine eigenen unvorhergesehenen Zwischenfälle, und eine Dreiviertelstunde später taucht er auf, *mit* Eselwagen. Inzwischen gießt und stürmt es wie verrückt, aber da ist auch schon Jean-Claude, unser Tipi-Experte. Zwei neugierige Jugendliche werden an die Arbeit gesetzt; sie müssen versuchen, die zentrale Stange zu halten. Aufrecht ist gut: Mit ihrem ganzen Gewicht hängen sie sich dran, damit das Tipi nicht mitsamt Jean-Claude und Roland in den Genfer See fliegt.

Christian sitzt nass in seinem Auto und will sich zum zweiten Mal trockene Sachen anziehen. Er wird von uns klitschnassen Umherstehenden gerade herzlich ausgelacht, da taucht Franco auf, der Aude mitgenommen hat; wir haben ja heute Abend unsere Gruppe. Während die beiden Jugendlichen immer noch wie Sandsäcke an der Zentralstange hängen, die Männer herumrennen, um bloß schnell die Heringe zu befestigen, und unser Zelt sich trotz allem wüst flatternd in die Lüfte schwingen will, versuchen Aude und ich mit Tränen in den Augen vor Lachen an strategischen Punkten drinnen im Tipi Kisten hinzustellen. Und es klappt, die Heringe halten, Christian kommt trocken aus seinem Auto heraus und ist sofort wieder nass, aber wir packen unser Picknick aus und halten unsere etwas triefende Sitzung in großer Zufriedenheit ab.

Am Samstag wimmelt es vor Menschen: Hochzeitsgäste der Feier gleich nebenan im großen Dorfsaal kommen vorbei. Sie schauen herein, fragen, bleiben eine Weile zum Reden. Viele Kinder – also auch viele Zeichnungen!

Am Sonntag ist wieder Familiengottesdienst. Da sehe ich Michel Kocher, Theologe und Journalist, der beim französisch-schweizerischen Radio arbeitet. Wir haben öfter ausführlich über theologische und kirchenpolitische Fragen diskutiert. Er weiß, dass EEC keine finanzielle Unterstützung mehr von der Kirche bekommen wird und hat einen tollen Artikel für die offizielle kirchliche Presseagentur geschrieben. Er fragt mich, ob er diesen während der Ankündigungen vorlesen darf, und ich stimme natürlich zu. Es freut mich sehr, dass er EEC »eine sehr gute Idee« nennt und sich fragt, warum die Kirche nicht, statt ihre Unterstützung abzubrechen, im Gegenteil mehrere Wanderpfarrämter schafft. Er schlägt auch vor, vielleicht andere Kantone zu besuchen.

Das ist allerdings nicht ganz einfach. Denn wir wollen fragen, ob die Kirche uns auch weiterhin unterstützt, wenn auch nicht finanziell: Falls die Spenden, die wir für EEC sammeln wollen, über die Kirchenkasse laufen könnten, würde meine Pension nicht völlig in sich zusammensacken… Dafür müssen wir aber im Kanton Vaud bleiben. Unser damaliger Abstecher in den Kanton Fribourg hat der Kirchenleitung nur mäßig gefallen, und wenn wir schon in Zukunft zusammenarbeiten wollen, müssen wir »zu Hause« bleiben. Dazu kommt, seien wir ehrlich, dass Einladungen aus anderen Kantonen bis jetzt eher spärlich waren.

Auch in Villars-sous-Yens wieder: Segnungen, viele Kinder, unerwartete Gespräche…

Ein Mann kommt herein, freut sich über das Zelt und die Einrichtung, erzählt von seinem persönlichen Glauben. Einerseits interessant, was er erzählt. Aber wie ich mich schon früher über die vagen Gottesbilder wunderte, stolpere ich jetzt über die (daraus hervorgehende!) vage Definition des »Christseins«, die den christlichen Glauben endlos ausdehnbar und variierbar und anpassbar und reduzierbar macht. Beides ist aber unvereinbar mit Gottes eigener Persönlichkeit, denn diese *ist* nun mal nicht endlos variierbar und reduzierbar.

Wie vereinige ich das mit der Forderung nach einer Haltung von »non-jugement«, der Nicht-Verurteilung? Was *heißt* dieses Lieblingswort der kirchlichen und gesellschaftlichen Sprache eigentlich?

Es müsste doch heißen: Alle Meinungen respektieren! Aber doch nicht: Sie alle für gleich wahr halten?! Dann gibt es keine Gesprächsbasis mehr. Ein Gärtner ist ein Gärtner, ein Bauarbeiter ein Bauarbeiter. Und wenn jemand sagt: »Ich empfinde diesen Gärtner aber als Bauarbeiter, ich fühle das nun mal so«, dann kann man das zwar respektieren, aber dann wird eine Diskussion über den Beruf und seine Eigenart etwas schwierig.

Beinhaltet der Ruf nach Offenheit, der von vielen Kirchen übernommen wird, in Wirklichkeit nicht etwas ganz anderes, nämlich: den anderen in scheinbarer Toleranz auf einem Weg lassen, der zwar sehr gut aussieht, aber von dem man (als Christ) beim besten Willen nicht sagen kann, dass er den anderen frei macht? Es zulassen, ohne mit der Wimper zu zucken, dass der christliche Glaube seiner Hauptinhalte entleert wird, sodass nur noch ein verwässerter Rest, ein Fischglas eben, übrig bleibt?

Urteile ich da? Ja, und ich glaube, das muss sein. »Testet, beurteilt alles und behaltet das Gute« ist eine biblische Einladung. Es geht hier nicht um ein Sich-besser-Fühlen. Es geht eigentlich darum, eine Definition wieder klarzustellen. Denn was ist nun ein Christ? Jemand, der Gutes tut? Nein. Man braucht nicht Christ zu sein, um Gutes zu tun. Jemand, der das

Leben Jesu als sein Vorbild nimmt? Nein. Man kann andere gute Vorbilder haben und zu einer ähnlichen Handlungsweise kommen. Jemand also, der über Jesus nachdenkt und meditiert? Auch nicht. Das kann jeder, und das verpflichtet noch zu gar nichts. Jemand, der die Bibel liest? Das tun viele, einfach aus kulturellem Interesse. Jemand, der zur Kirche geht? Tja, auch nicht. Das braucht noch nichts über die innere Haltung dieses Menschen gegenüber Jesus Christus auszusagen.

Wie viele richtige Beschreibungen es auch geben mag, sie müssen alle den Kern beinhalten: Ein Christ ist jemand, der den für uns am Kreuz gestorbenen und dann auferstandenen Jesus Christus als seinen einzigen Herrn anerkennt, seine bedingungslose Liebe *und* seine Worte annimmt und sich von ihm verwandeln lässt.

»Jesus Christus ist Herr, zur Ehre Gottes, des Vaters«, sagt Paulus (Philipper 2,11; L). Mit anderen Worten: Im christlichen Glauben steht als alleiniger Herr der gestorbene und auferstandene Jesus Christus im Mittelpunkt, der Gott den Menschen wieder nahegebracht hat und unermüdlich damit beschäftigt ist, sie immer wieder neu *ihm* nahezubringen. Bis sie ihm endlich so nahe sind, dass sie ihn erkennen und dann nie mehr wegwollen.

Ein altes, kurzes Glaubensbekenntnis meiner kantonalen reformierten Kirche, zwar eher vergessen, aber immer noch Teil der »konstitutiven Prinzipien«, lautet: »Jesus Christus ist unser einziger Herr.« Und ein noch kürzeres – fünf Worte – ist das von Thomas, das er dem auferstandenen Christus gesagt hat (Johannes 20,28) und das im Gebet von Niklaus von Flüe wieder aufgenommen wurde: »Mein Herr und mein Gott.«

Wenn man diesen Kern stehen lässt, fallen alle anderen Puzzlestücke allmählich um diesen Kern herum an ihren Platz. Wenn man ihn herausnimmt, bleibt ein Loch in unserem Menschen-Puzzle – da, wo das Bild von Jesus Christus hätte liegen sollen – und wir kommen nicht weiter. Um diesen Kern herum ist viel Freiheit für individuelles Verstehen und Auslegen. Aber diesen Kern darf man nicht herausnehmen. Denn unsere Identität und damit unsere Freiheit und unsere Freude stehen auf dem Spiel.

Ich stelle fest, dass die Undeutlichkeit des heutigen christlichen Bekenntnisses Menschen merkwürdigerweise eher aus- als einschließt. Vielleicht nicht erstaunlich. Wenn Gott nicht mehr auf seinem Platz stehen darf, dann geht das auf Kosten... des Menschen.

KAPITEL 49

ECHICHENS

Kurze, sonnige Strecken kennzeichnen diese letzten Etappen des EEC-Sommers. Der Weg von Villars-sous-Yens nach Echichens ist wie ein Sonntagsspaziergang. Das Tipi thront diesmal neben einem Alters- und Pflegeheim. Der Platz ist schön flach, damit jeder kommen kann, sei es mit Krücken oder im Rollstuhl.

Aus diesem Wochenende datiert meine Freundschaft mit Esther. Ein ganzes Leben hat sie schon hinter sich; Erfahrung, Mut, Willenskraft und Frieden kann man ihrem Gesicht ablesen. Ihr Glaube inspiriert mich, richtet mich auf, gibt mir Hoffnung und lässt mich – wie wichtig! – etwas entspannen. »Keine Sorge, wenn Gott will, dass EEC weitergeht, geht's weiter. Dann sorgt er einfach dafür. Dann kommt Geld«, meint sie.

Seltsam. Manchmal nervt mich das, wenn Leute das sagen, wie gut es auch gemeint sein mag. Als ob Gott irgendwie aus dem Himmel Geld und Gut regnen lassen würde, nur weil *wir* meinen, dass EEC so wichtig sei. Als ob es nicht in der Welt Tausende, Millionen Gebete gäbe, die Gott *nicht* so erhört, wie wir das gerne wollen. Als ob es sie nicht gäbe: verzweifelte Mütter, die beten, die flehen, ihr Kind möge gerettet werden vor dem Hunger; verfolgte, vor Angst fast wahnsinnige Menschen; terroristische Anschläge; tyrannische Regimes; physische, psychische, geistliche Qualen und Quälereien; unvorstellbare Schmerzen und so weiter und so fort. Als ob der Glaube uns ein Recht darauf gäbe, es gut zu haben – nach menschlichen Kriterien. Ein Recht auf Gelingen, auf Erfolg, auf ein gemütliches, gesundes, komfortables Leben.

Wie gesagt, damit habe ich große Schwierigkeiten, aber Esther hat eine Art spirituelle Autorität, wie ich sie öfter feststelle bei Menschen, die freudig-gespannt auf Gott sehen, während sie fest in der Wirklichkeit verwurzelt bleiben. Anders gesagt: bei Menschen, die ihre Wirklichkeit tatsächlich von Gottes Wirklichkeit umfangen sehen.

Esther und ich reden viel. Andere Gäste kommen und gehen, alte Leute aus dem Heim selber, ihre Begleiter und/oder Versorger, Familienmitglieder, die zu Besuch kommen, die Bürgermeisterin von Renens, deren Mutter im Heim wohnt, ein Mann, der seine frühere Freundin wiedergefunden hat. Leute aus der Gemeinde, die zu den Andachten kommen, vor allem zum Sonntagabendtreffen. Und Sébastien, den ich in Perroy kennengelernt habe, mit seiner Freundin Martine.

Wir kommen auf das Thema Winterquartier. Ich erzähle, wie die Idee vom Flon sich zwar in meinem Herzen angesiedelt hat, aber noch nicht in denen meiner Gruppe: zu unterirdisch, zu gefährlich, zu verletzlich. Dann beten wir gemeinsam, und anschließend richtet eine Frau sich an mich: »Darf ich Ihnen sagen, was mir vorher durch den Kopf ging? Sie werden es schwierig haben, wenn Sie zum Flon gehen. Es wird wichtig sein, ganz klar Ihre Grenzen zu ziehen. Leute willkommen heißen, ja. Darauf achten, dass jeder einen Platz kriegt, ja. Aber auch deutlich sagen: ›Bis hierher und nicht weiter; dieses oder jenes erlaube ich nicht‹ – koste es, was es wolle. Und wenn Sie dafür im Krankenhaus landen…«

Das imponiert mir, es klingt irgendwie echt. Es hinterlässt aber auch ein mulmiges Gefühl. Ist es wirklich eine so tolle Idee, meine Nase unbedingt ins Wespennest Flon hineinstecken zu wollen? Das »Krankenhaus« nimmt dieser eventuellen Zukunft doch etwas von seiner Gloriole. Na ja, mal sehen. Bei der letzten Etappe dieses Sommers, *la place de Milan* in Lausanne, wollen wir Gott zusammen um ein geeignetes Winterquartier bitten.

Was mir aber auch imponiert, ist die Tatsache, dass diese Warnung oder Ermutigung von jemand kommt, deren Glauben ich nicht teilen kann. Das ist überraschend, und es freut mich auch: So deutlich, wie ich beim Beschreiben des christlichen Glaubens sein will – also des Seins und Tuns Gottes –, so endlos weit und breit ist Gottes Bereitschaft, mehr noch, seine Leidenschaft, konkret und ausnahmslos allen Menschen beim Verwirklichen seiner Pläne einen Platz zu geben. Christen, Andersglaubende oder gar nicht Glaubende, Atheisten, lebenslange Fans oder lebenslange Skeptiker – er arbeitet mit ihnen. Nicht wie mit Marionetten oder Schachfiguren. Nein, er respektiert ihre Eigenart. Er bezieht ihre Intelligenz, ihre Sehnsüchte und Ängste, ihre Güte, ihre Schwächen und sogar ihre Wut mit ein, um Menschen etwas näher an ihn heranzurücken. So hat ein atheistischer Freund mich auf den Weg des Pfarrerseins gebracht. So hat ein betrunkener Gefangener, der mitten in eine tolle Diskussion mit einem anderen Gefangenen hineinplatzte und den ich in dem Augenblick auf den Mond wünschte, mir eine Botschaft Gottes gebracht. So haben unterschiedlichste Leute mich an Kreuzungen meines Lebens in die richtige Richtung geschubst. So haben Gebete, auch von Leuten, mit denen ich mich nun wirklich nicht geistlich verwandt fühlte, mich getragen, gestützt und ermutigt, Wolken weggeschoben, Hindernisse aus dem Weg geräumt, mir geholfen, mich selber besser zu sehen und mich auch zum Lachen gebracht.

Eine Fülle von Helfern auf allen meinen Wegen …

KAPITEL 50

VILLARS-SAINTE CROIX

Nach mehreren Umwegen streune ich seit geraumer Zeit durch ein Maisfeld. Villars-Sainte Croix, das Dorf, in dem ich dieses Wochenende verbringen werde, soll sich hinter dem Feld befinden, aber der Pfad schlängelt und wendet sich in vielen Kurven vorwärts, und außer Maiskolben sehe ich gar nichts. Das Handy klingelt, es ist der Pfarrer. »Wo bist du? Wir warten, das Tipi ist fertig, wir sind alle da für einen Apéro.«

Ja, wo bin ich? »Ich stecke in einem Maisfeld zwischen den Autobahnen. Weißt du, wo das sein könnte?«

»Ein Maisfeld?«

Ich höre Geflüster und Überlegungen an der anderen Seite: »Maisfeld? Ach ja, natürlich, da links oben, da ist eins.« – »Aber nein, sie ist bestimmt zwischen dem Feld von Bauer X und Landwirt Y...« – »Frag sie, wie das Maisfeld aussieht, und wo sie vorher war.«

Der Pfarrer meldet sich wieder. »Weißt du, wo du vorher warst? Ein Kennzeichen, irgendeins? Eine Fabrik? Und wie sieht dein Maisfeld aus? Groß? Klein? Verläuft es von Westen nach Osten oder von Norden nach Süden? Keine Sorge, wir kriegen dich da schon raus!« Er redet ruhig und überzeugend wie mit einem Kind, das sich verirrt hat. Wieder kriege ich hilfreiche Bemerkungen aus dem Hörer mit. Aber ich sehe nicht, ob sich mein Feld von Norden nach Süden oder von Westen nach Osten erstreckt. Ich sehe nur Mais.

Dann kommt mir ein Jogger zu Hilfe. Ich winke nach ihm mit meinem Handy, er bremst etwas widerwillig, doch höflich ab und gibt mir klare Auskünfte. Nicht, wie manche Männer es so gerne mögen, mit vielen unwichtigen Details oder unnötigen Abkürzungen. Einfach links, rechts, links, rechts. Und so lasse ich schwitzend, doch eindeutig die Maiskolben hinter mir.

Am Samstagmorgen sitze ich friedlich beim Frühstück in der Sonne. Ein Polizeiauto fährt vorbei. Die zwei Polizisten sehen das Tipi und den Esel; das Auto bremst ab, hält. Beide kommen raus, ein freundliches, aber gleichzeitig »Wir-dulden-keinen-Unsinn«-Lächeln auf den Lippen. »Guten Morgen. Haben Sie eine Genehmigung für, äh, Ihr Unternehmen?«

»Ja, die Kirchgemeinde hat mich eingeladen. Und der Gemeinderat war einverstanden, Frau... ach, ich weiß ihren Namen nicht mehr, hat gesagt, sie regele alles. Wollen Sie sich nicht setzen? Einen Kaffee vielleicht?«

»Nein, danke. Und Sie meinen, der Gemeinderat sei einverstanden?«

»Der Gemeinderat *ist* einverstanden«, verbessere ich nachdrücklich. »Man hat mir gesagt, alles sei in Ordnung, Frau... na ja, wie gesagt, ich weiß nicht mehr, wie sie heißt... Aber Sie können ja den Pfarrer anrufen, er weiß Bescheid.«

Die Skepsis steht ihnen deutlich in ihre Gesichter geschrieben. Ich sehe schon, wie sie in Gedanken sanft, doch bestimmt die Vagabundin mitsamt ihrem Zoo aus Villars-Sainte Croix entfernen, da kommt eine winkende Frau herbeigerannt. »Ich bin's, es ist alles in Ordnung«, hechelt sie, »ich hätte die Entscheidung des Gemeinderates weiterleiten müssen, hab's aber vergessen. Tut mir wirklich leid.«

Nun hellen sich die beiden Gesichter auf. »Kein Problem, dann ist ja alles in Ordnung.« Sie wenden sich an mich. »Ja, und wer sind Sie denn, und was machen Sie denn?« Dann setzen sie sich doch und trinken einen Kaffee mit. Erzählen von ihrer Arbeit, die anstrengend und oft so undankbar ist. Von Schwierigkeiten, beruflich und persönlich. Nach einer Weile stehen sie wieder auf: »Müssen wieder an die Arbeit. Danke für den Kaffee. Und für Ihr Interesse.«

Wenige Minuten später hält ein riesiges, nagelneues, blitzendes rotes Feuerwehrauto vor dem Tipi. Drei Männer steigen lächelnd aus. »Ja, was tun Sie denn hier? Was ist das?«

»Haben Sie Zeit für einen Kaffee?«, frage ich.

»Ach ja, wir müssen sowieso nur unseren neuen Wagen testen.« Die drei setzen sich. Ich erzähle, was ich mache, einer von ihnen redet über seine Suche nach Gott, dann reden wir über ihre Arbeit. Ich sehe sehnsüchtig auf das rot leuchtende Vehikel. Feuerwehrautos üben eine große Faszination auf mich aus. »Darf ich mir den nachher mal angucken? Er sieht ja total neu aus.«

»Ist er auch. Kommen Sie mit, wir zeigen Ihnen, was der alles kann.« Mit einer witzigen Mischung aus professionellem Wissen und Begeisterung wird mir der Wagen vorgeführt, inklusiver aller technischen Einzelheiten und neuesten Gadgets.

»Sehen Sie«, spricht einer von ihnen, »wenn ich auf diesen Knopf drücke, dann…« Nichts passiert. »Dann… hm, wie war's noch mal, dann müsste doch eigentlich… Nein. Hm. Seltsam. Dann ist's wahrscheinlich dieser…«

Heftige Wasserstrahlen spritzen plötzlich nach allen Seiten, wir springen erschrocken zurück. Dann wagt der Chef sich durch den Wasservorhang hindurch, kurbelt an Griffen, drückt auf Knöpfe, zieht an Stangen… Leute kommen herangesprengt. Wo kommen die so schnell her? Ich habe inzwischen das, was meine beste Freundin Thea und ich untereinander »schlaffen Lach« nennen – etwas entartet aus dem Holländischen übersetzt, aber so viel farbiger und aussagefähiger als der deutsche »Lachkrampf«. Es handelt sich ja nicht um einen Krampf, im Gegenteil, jeglicher Krampf fällt weg, wenn man nur noch schlaff in sich zusammenknickt, hustend und prustend versucht, aufzuhören, und es trotzdem nicht hinkriegt.

Da! Der richtige Knopf ist gefunden, alles kehrt wieder in seine stattliche Ordnung zurück. Der Chef wischt lachend sein nasses Gesicht trocken. »Na ja, er ist ja auch noch ganz neu«, entschuldigt er sich noch, dann müssen sie auch schon wieder los.

Viele Gespräche habe ich. So viele, dass ich keine Zeit habe, mein Zaziki für den Kirchenvorstand vorzubereiten. So muss ich ihn machen, während alle schon da sind, und das hasse ich.

Abends um 23 Uhr klingelt mein Handy. »Ja, guten Abend, Frau Pfarrer. Ich habe gesehen, die Leute sind gegangen, ich kann Ihr Zelt von hier aus sehen. Ist noch jemand da? Nein? Darf ich dann kommen? Ich wollte mit Ihnen reden, aber nicht, wenn andere da sind.«

So reden die Frau und ich unter vier Augen und beten schließlich im stillen Tipi. Es wird sehr spät, aber was *bin* ich glücklich, hier zu sein!

KAPITEL 51

RENENS, LES BAUMETTES – LAUSANNE, PLACE DE MILAN

Nach einem sehr schönen Wochenende im Garten des Alten-pflegeheimes »Les Baumettes« in Renens bricht die letzte Sommeretappe dieses Jahres an! Die Kirchenleitung ist einverstanden, mich als freiwillig arbeitende Pfarrerin zu unterstützen und das Spendengeld über ihre Personalkasse laufen zu lassen. Toll! Meine Pension ist gerettet, und es ist so schön, dass die Kirche weiterhin EEC mitträgt, wenn auch nicht finanziell.

Es hat schon was, mit einem Esel durch Lausanne zu wandern. Überall werde ich angestarrt, Leute wollen mit Speedy auf ein Foto. Die Schule ist aus, und so kommen Kinder angetanzt, und Jugendliche wollen wissen, was wir hier tun und wohin wir gehen. *A la Place de Milan.* Ihr seid herzlich willkommen!

Ich weiß nicht genau, wie weit es noch ist, und habe großen Durst. Da, ein Café! Ich binde Speedy an den Parkverbot-Pfahl, aber nicht zu nah an den Geranien, die er heiß und innig liebt. Auf der Terrasse sitzen einige biertrinkende Männer, die mir auch eins spendieren wollen, aber ich ziehe einen Kakao vor. Wir kommen ins Gespräch. Einer von ihnen, ein Lehrer, ist sehr interessiert und sagt, er komme bestimmt vorbei. Tut er auch, und wir reden öfter dieses Wochenende.

Dann aber geht's runter zum Tipi. Franco, der gleich nebenan wohnt, hat alles vorbereitet. Bei meiner Ankunft stürzen sich gleich zwei Kinder auf uns, oder besser, auf Speedy und Barou. Sie werden das ganze Wochenende da sein, mithelfen, Fragen stellen. Abends kommt eine Gruppe Jugendlicher vorbei. Zuerst bin ich etwas auf der Hut, die Stadt ist nicht so friedlich wie die Dörfer, und ruhig gehe es hier am Wochenende bestimmt nicht zu, hat man mir gesagt. Aber die jungen Leute kommen gerne ins Zelt, wir diskutieren und singen dann sogar das Lied vom Tipi.

Viele Lausanner, die irgendwann mal einen Zeitungsartikel über EEC gelesen haben, freuen sich, dass wir mal so richtig in der Nähe sind. Besucher kommen, bleiben und gehen. Ich habe ein interessantes Gespräch mit einem Freimaurer, der eine hohe Position bekleidet. Und ich trinke einen Kaffee mit meinem Autohändler und seiner Frau.

Besonders schön ist der Besuch von Marcelle, die in meiner Zeit in Fiez Kindergottesdienstmithelferin war. Sie ist inzwischen leider sehr krank, aber mithilfe einer Freundin und auf Krücken kommt sie doch ins Tipi hinein.

Es ist ein schönes letztes Wochenende. Josiane, die Speedy so liebevoll versorgt hat, ist da, und natürlich Jacob und Marguerite, um den Esel für den Winter abzuholen. Bernard hat mithilfe der Gruppe Zelte aufgerichtet, es warten Kuchen, Salzgebäck, Tee, Kaffee und Wein auf die Gäste. Bei der Sonntagabendandacht müssen Leute sogar draußen sitzen, so voll ist das Tipi. Sie kommen von allen möglichen Etappen dieser letzten Jahre, und das macht mich ganz dankbar.

Zusammen beten wir für ein Winterquartier. Wie in den beiden letzten Jahren sind die Intuitionen eher widersprüchlich. Und wie in den beiden letzten Jahren sage ich zu Gott: »Herr, warum geht es bei uns nie zu wie in den Büchern? Darin scheinst du so klar und eindeutig zu reden ...«

Keine Antwort.

Aber ich sehe vor meinem inneren Auge den Hangar in Champagne, die Eisenbahnwagons in Echallens und am Horizont eine eventuelle Metrostation, und ich gestehe ihm: »Aber trotzdem nicht schlecht, was du bis jetzt hingekriegt hast. *Gar* nicht schlecht!«

KAPITEL 52

WINTER IM FLON VON NOVEMBER 2011 BIS APRIL 2012 – UND DARÜBER HINAUS!

Ende Oktober rufe ich Monsieur Gachet, den Direktor vom LEB, wieder an, um ihm diesmal eine konkrete Erlaubnis abzuringen. Ich höre ihn tief seufzen. »Also haben Sie die Idee nicht fallen gelassen ...«

»Nein.«

»Stur sind Sie. Wie Ihr Esel.«

»Ja.« Ist das ein Kompliment oder eine Irritation? Beides? Jedenfalls sagt er zu, mal am Flon vorbeizukommen, um sich das Ganze selber anzusehen. »Ich treffe mich Morgen um neun hier mit meiner Gruppe«, sage ich ihm. »Danach kann ich Ihnen vielleicht auch genauere Informationen geben.«

Dieser erstaunliche Mann, der mitten in großen organisatorischen Problemen steckt – die Frequenz der Züge soll erhöht, Bahnhöfe angepasst werden – und wahrhaftig anderes zu tun hat, als sich mit lästigen Pfarrerinnen zu treffen, kommt nicht nur »mal am Flon vorbei«, sondern ist schon am nächsten Tag an Ort und Stelle, noch vor uns. Ich sehe, wie er mit einer Messschnur in der Hand auf und ab geht, die Stirn gerunzelt.

»Ah, da sind Sie ja! Ich probiere gerade verschiedene Möglichkeiten aus. Ich denke, hier wäre es am besten, zwischen Bahnsteig und Treppe. Dann haben Sie die Küche des Zugpersonals gleich nebenan, das ist ja praktisch, und Elektrizität holen wir da auch. Also, wenn Sie sich hier wirklich einrichten wollen, kann ich das mit meinen Chefs wohl regeln.«

Ich sehe ihn, zuerst sprachlos, an. »Das heißt… wir dürfen? Sie sind einverstanden?«

Er zuckt die Achseln. »Ja, es scheint Ihnen daran gelegen zu sein, oder?!«

Ich wäre ihm am liebsten um den Hals gefallen, halte mich jedoch zurück und beschränke mich auf innigste Dankesbezeugungen. Aber er ist in seinem Kopf schon wieder bei einem anderen Projekt und nimmt hastig Abschied.

Einen Monat später sitzen wir nun in der Hütte im Flon um den Tisch herum, meine Gruppe und ich, und feiern meinen Geburtstag. Ich habe sie zu meiner eigenen Lieblingsmahlzeit eingeladen: »boerenkool met worst«, eine Art Grünkohl – aber leckerer! –, mit der unvergleichlichen geräucherten Wurst, eigenhändig aus Holland mitgenommen.

Die gemütliche Stimmung wird unterbrochen durch schreiende Stimmen von draußen. Ein scharfer Fußtritt gegen die Wand der Hütte zeigt, dass nicht jeder begeistert ist von der Anwesenheit dieses neuen und ungewohnten Elementes in der Metrostation. Außerdem, so erfahre ich später, sehen die Jugendlichen sie zunächst als Angriff auf ihre Privatsphäre. Denn sie treffen sich hier auf diesen 12,50 Quadratmetern mitten in »la mine« – in der Zeche oder Grube, wie dieser unterirdische Ort von ihnen genannt wird – jedes Wochenende zum Vortrinken, bevor sie in die Discos und Nachtklubs gehen. Und zwar genau hier, wo unsere kleine, von Bernard mit Liebe und großer Fachkenntnis gebaute Holzhütte schließlich gelandet ist.

Wir sehen uns bedenklich an. Aber jetzt sind wir trotzdem erst mal hier, das Essen ist lecker, die Zukunft steht weit und abenteuerlich offen, die Hütte ist schön und riecht, wie es sich gehört, so richtig nach Holz. Ich bin gespannt, was passieren wird… Morgen geht's los!

Ich bin gerade beim Aufräumen am nächsten Tag, da geht die Tür auf. Ein Kopf wird durch den Spalt gereckt. »Was machen

Sie hier?«, erkundigt sich der dazugehörige Jugendliche. »Wir haben Sie gestern schon gesehen. Wir haben uns alle gefragt, was das wohl soll.«

»Komm doch rein!«, sage ich. »Kaffee?«

»Ja, warum nicht.«

Ich erzähle von EEC.

»Ich bin Muslim«, kündigt er an.

»Ja? Ist es wichtig für dich? Was bedeutet das für dich?«

Die Tür geht wieder auf. »Ah, mein Freund«, erklärt mir der erste Gast, der sich als Lorand vorgestellt hat. »Komm rein, sie verteilt Kaffee und wird an den Wochenenden hier sein. Es ist okay, sie respektiert uns.«

Sie respektiert uns. Wie oft werde ich diesen Satz noch hören. Und dann diese dezidierte, wenn auch etwas verwunderte Feststellung: »Hier ist es okay, jeder kann kommen.« Und das bestimmt nicht, weil ich nun so toll wäre. Einfach nur, weil ich keine Rolle spiele: Ich freue mich über jeden, der hereinguckt, über jedes vertrauliche Wort. Weniger über die manchmal aggressiven, herausfordernden Bemerkungen, aber sogar die verwandeln sich meistens in gute Kontakte.

Es ist gemütlich mit Lorand und seinem Freund. »Können wir unsere Freundinnen anrufen?«, fragen sie.

»Oh ja, gern!«

Sofort wird eifrig telefoniert. »Ja, wir sind hier im Flon, wie immer. Kommt ihr auch? Ja, wir warten auf euch. *A la cabane* – in der Hütte. Was? Oui, la cabane. Das neue Ding, das jetzt dasteht. Was? Nee, ist okay. Riskierst nix. Die Holzhütte, wirst schon sehen, unter der Treppe, am Bahnsteig vom LEB.«

Etwas später trudeln zwei Mädchen hinein, setzen sich, trinken einen Tee. Dann geht die Tür wieder auf – noch ein Freund. Tür auf, noch eine Freundin. Einige sitzen inzwischen auf dem Boden, wir reden.

»Sie spielen Klavier?«, fragt eines der Mädchen.

»Ja. Aber nur zum Begleiten. Beim Singen.« Ich schäme mich ein bisschen, denn das klingt plötzlich etwas eigenartig hier, wo alle mit einem Kopfhörer dasitzen und raue Musik aus den Handys knattert.

»Singen Sie uns was?«

Ich bin etwas verblüfft, gehe aber gerne darauf ein. »Hier ist unser Liedheft. Möchten Sie was Bestimmtes?«

Das Mädchen blättert schweigend, zeigt dann auf »Hosanna, mon Seigneur, mon Dieu«, Hosanna, mein Herr und mein Gott; ein Lied, das ich irgendwann mal komponiert habe, aber das wir fast nie zusammen gesungen haben, weil es etwas zu schwierig ist, um schnell mitsingen zu können.

Ich wundere mich wieder: Hosanna?! Nicht sehr »cool«... Aber okay. Leicht verlegen, aber auch froh singe ich. Die Jugendlichen hören zu. Dann schlage ich das Lied vom Tipi vor. Einige lesen mit.

»Sie singen schön!«, entscheidet Lorand. Die Mädchen nicken.

»Warum haben Sie gerade das Hosanna-Lied ausgesucht?«, frage ich. »Wissen Sie, was das heißt?«

Aber da wird's ihnen doch etwas zu persönlich. »Einfach so«, sagt die eine und guckt dann auf die Uhr. »Wollen wir?« Alle stehen auf, geben mir die Hand. »Ist schön hier. Bis bald. Wir kommen wieder.«

Bald ist bald. Am Abend steht Lorand mit zwei Freunden vor der Tür. Ich lade die drei zu meinem chinesischen Fondue ein. Sie sind verdattert. »Was? Einfach so? Ohne Voranmeldung?«

»Ohne Voranmeldung«, bestätige ich. Sie gucken sich an, nicken, kommen herein.

Es wird ein festlicher Abend. Ludo taucht mit seiner Freundin Marion auf. Ludo ist Theologiestudent und sehr an EEC interessiert.

»Esst ihr mit? Habt ihr Zeit?«

Haben sie, und so sind wir schon sechs. Draußen wird gerufen, an die Wand der Hütte gestoßen. Aber Lorand ruft etwas zurück, gibt ein paar Klopfzeichen, zumindest hört es sich so an, und es wird ruhig. Ein paar neugierige Köpfe erscheinen vor dem Fenster. »Was?! Da sitzt ja Lorand! Und Peter! Und Kashi! Und ... die essen!«

»Ja, wir essen!«, ruft Lorand. »Und auch noch sehr gut! Nächstes Mal seid ihr dran, jetzt wir, sonst wird's zu voll hier in *la cabane*!«

La cabane, die Hütte, hat Lorand unser Holzhäuschen getauft. Ich hatte selber an »le cabanon«, eine kleine Hütte, gedacht, das klang so schön: »le cabanon au Flon«. Nun ist es also *la cabane* geworden.

Seit diesem Abend ist die Hütte ein Begriff. Seit diesem Abend wird sie in Ruhe gelassen. Respektiert. Es gibt keine Fußtritte mehr. Was für ein Geschenk, Herr! Ja, *la cabane* ist verletzlich, und es gibt keine einzige Garantie, dass sie auch wirklich stehen bleibt und weiterhin respektiert wird. Aber – sie steht da. Jeden Samstagmorgen, wenn ich ankomme, gucke ich ... und freue ich mich: Sie steht noch da!

Danke, Herr, für Lorand und seine Freunde.

KAPITEL 53

ERSTE CABANE-BESUCHER

Lorand war der erste Besucher, andere folgen.

Ich rede mit Roland in *la cabane* über die Zukunft von EEC. Plötzlich hören wir Gekritzel auf der Wand. Roland stürzt hinaus, ich folge. Vor uns steht ein Junge, wohl etwas erschrocken, aber mit provozierendem Blick: »Quoi? Was?«

Roland, der immer Höfliche, antwortet: »Sie wissen ganz genau, dass wir keine Graffiti auf der Hütte wollen. Erst recht nicht« – er schaut auf die nicht sehr sozial korrekten Kritzeleien – »erst recht nicht von solcher Art.«

Der Junge zuckt die Schultern. »Ich kann's ja wieder abkratzen.«

Roland guckt nachdenklich. »Ja, oder übermalen... Was meinen Sie? Was wäre besser? Sie kennen sich ja hier aus. Was raten Sie uns: Wir wollen nicht die ganze Hütte voller Graffiti, was ist die beste Lösung, die nicht provoziert?«

Der Junge, sichtlich aus dem Häuschen ob dieser unerwarteten Wende von nervigem Graffiti-Schreiber zu professionellem Hütten-Berater, reagiert sofort. »Übermalen! Denn so 'ne Holzwand, die... ja, die lädt einfach ein zum Dreck draufschmieren. Da muss man einfach, verstehen Sie?«

Roland nickt feierlich.

Dann zweifelt der Junge. »Obwohl, so 'ne sauber angemalte Wand, die provoziert auch, da...«

»Da muss man auch einfach wieder«, helfe ich.

Er schaut mich düster an, wendet sich dann ostentativ von

mir ab. Roland ist sichtlich der vorgezogene Gesprächspartner. Dieser nimmt die Sache fest in den Griff. »Wenn Sie mir Ihre Telefonnummer geben, rufe ich Sie an, sobald wir uns entschieden haben«, sagt er. »Wie heißen Sie denn?«

»Joos«.

Roland schüttelt ihm männlich die Hand. »Okay, Joos, vielen Dank für Ihre Hilfe. Dann hören Sie noch von uns.«

Joos gibt ihm tatsächlich seine Telefonnummer, auch wenn er nie antworten wird, weder auf meine Versuche noch auf die von Roland. Ich sehe den Jungen ab und zu auf seinem Fahrrad vorbeisausen. »Salut, Joos!«

Keine Antwort, nur wieder dieser finstere Blick. Aber ich kenne jetzt seinen Namen, und so bete ich für Joos wie für Lorand und schon viele anderen.

Eines Tages treffe ich Joos draußen vor der Hütte beim Tisch mit Getränken und Keksen an. Er nimmt sich gerade Sirup. Das war übrigens eine gute Idee, dieser »Self-Service«: So können die Leute herankommen und sich was zu trinken und zu essen holen, ohne unbedingt gleich in die Hütte hinein zu müssen. Jedem sein Rhythmus... Es erinnert mich ein bisschen an den Fuchs von Antoine de Saint-Exupéry. Bitte, lasst uns uns langsam kennenlernen, Schritt für Schritt... Joos flieht nicht wie sonst immer, sondern grinst mir ermutigend zu: »Schmeckt gut, Ihr Sirup!«

Ich kann das nur bestätigen, die total leckere exotische Mischung war ein guter Wurf und kostet fast gar nichts. Dann geht er wieder, aber nicht ohne mir noch mal »Bis bald« zugerufen zu haben.

Am nächsten Wochenende sitzt er auf dem Gitter hinter dem Tisch. »Willst du einen Moment reinkommen?«, frage ich. »Es ist ja wirklich eisig hier draußen.«

»Nö, ich sitze hier gut.«

Also bleibe ich auch draußen, schaue nach, ob noch genug heißer Orange-Rooibos-Tee in dem Thermosbehälter und Sirup in der Kanne ist, ob noch Kekse in der Schale liegen und ob die Zettel noch lesbar sind. Die Zettel, meine kleinen, farbigen Kunstwerke, kündigen an, dass alles wirklich umsonst ist und man sich wirklich selbst bedienen kann.

»Ich hätt' gern einen Tee«, sagt Joos. Ich serviere uns beiden einen. Er fängt an zu reden. Über seine Familie, das Haus, wo er im Augenblick wohnt, seine Berufschancen, oder besser, dass er im Moment wenige hat. Dann zieht er wieder los.

Ein paar Wochen später komme ich aus meiner Küche zurück und finde Joos mit einem Freund vor – *in* der Hütte. Wie ich mich freue! Sie bleiben eine Weile und wir klönen. Joos gibt mir die Hand und sagt: »Es ist toll, was Sie hier machen. Das sagen alle.« Und verschwindet eiligst.

Monate gehen vorbei. Es ist samstagmorgens früh. Ich bin schlecht gelaunt, weil ich zu wenig geschlafen habe. Ich habe ein unbefriedigendes Gespräch mit der Kirchenleitung gehabt, nicht das Richtige im richtigen Moment sagen können, im Nachhinein genau gewusst, was ich hätte sagen können und sagen sollen, aber nun mal nicht gesagt habe, meine Morgenration an Kaffee ist noch nicht vollständig – sagen wir mal so: Das Leben sieht recht düster aus. Ich komme wie immer kurz vor neun an und treffe Joos vor *la cabane*.

»Ich habe die Nacht durchgemacht«, erzählt er, »und nun dachte ich, Sie haben vielleicht Kaffee?«

»Den muss ich erst mal machen, aber wenn du drinnen warten willst, mache ich uns beiden einen!«

Wir schlürfen an unserem heißen Kaffee und tauschen uns über unsere Wochenerlebnisse aus. Ich erzähle, ohne in Details zu gehen, wie genervt ich bin. Joos nickt verständnisvoll. Dann erzählt er, wie er und seine Freunde eigentlich gar keine Freude an diesem Nachtleben haben, an dieser sinnlosen Sauferei, an der Gewohnheit, in Banden durch die Stadt zu ziehen, andere Gruppen provozierend. »Aber was sollen wir denn sonst machen?«, fragt er, und er meint es ernst. »Uns braucht doch kei-

263

ner. Keiner wartet auf uns in dieser Scheißgesellschaft, wo's sich eh nur alles ums Geld und den Ruf und den Schein dreht.« Er guckt mich an. »Wissen Sie, darum finden wir es toll, dass die Hütte da ist. Hier ist es anders. Hier ist es… ja, anders. Alle meine Kumpels sagen das. Wenn die Hütte nicht da wäre, würde sie fehlen. Ja, wirklich, vielen würde sie fehlen, sogar denen, die noch nie gekommen sind.«

Ich muss einen Kloß im Hals hinunterschlucken. »Wieso, Joos? Warum würde die Hütte fehlen?« Ich frage das nicht, weil ich dieses riesige Kompliment noch weiter vergrößern will. Sondern weil von den Worten dieses Jungen plötzlich so viel abhängt. Worte, die mir Mut machen und die, ohne dass er nur das Geringste davon ahnt, mir auf einmal unendlich viel wichtiger sind als die der Kirchenleitung, die mir deutlich zu verstehen gegeben hat, dass EEC zwar sympathisch sei, aber in die heutige Kirchenlandschaft und deren Kriterien nicht hineinpasse.

Joos zuckt die Schultern. »Sie würde uns allen fehlen. Weiß nicht, warum. Ist eben so. Fragen Sie die anderen.« Und dann, während er aufsteht, kommt sein letztes Goal: »So, ich gehe jetzt schlafen. Aber eins sage ich Ihnen: Wir mögen Sie hier. Alle. Normalerweise würde ich so was nie sagen, aber jetzt bin ich betrunken, da macht's mir nix.« Weg ist er.

Fünf Minuten später taucht Lorand auf. Ich trinke meinen vierten Kaffee. Er runzelt die Stirn und sagt dann: »Ja, die Hütte… Ist doch noch gar nicht so lange da. Merkwürdig. Wenn sie plötzlich nicht mehr da wäre, wie würde sie fehlen …«

Ich sitze dumm da, die Kaffeetasse vergessen. »Wieso sagst du das? Warum würde sie fehlen?«, frage ich zum zweiten Mal innerhalb von zehn Minuten.

Doch auch hier bleibt die Antwort etwas vage. »Weiß ich nicht. Ein Orientierungspunkt oder so was. Auch wenn mal keiner da ist – die Hütte ist da.«

Vielleicht etwas vage. Aber – danke, Joos! Danke, Lorand! Ihr wisst nicht, wie ihr mir geholfen habt!

KAPITEL 54

LA CABANE UND WEITERE GÄSTE

Wer kommt denn nun so in unsere Hütte zu Besuch?

Menschen in allen möglichen Sorten und Farben: Obdachlose, Bankdirektoren, verfallen aussehende Alkoholiker oder Drogensüchtige, makellos gekleidete Handelsvertreter, Lehrer, Ärzte, Psychologen, Jugendliche, Omas mit Enkelkindern, alte Leute, junge Leute; aus allen Kontinenten kommen sie: Chinesen, Nord- und Südamerikaner, Schweizer, Inder, Pakistaner, Tunesier, Syrier; und aus allen Religionen: Christen, Muslime, Hindus, Buddhisten…

Menschen, Menschen, Menschen…

Eines haben sie oft gemeinsam: Sie sind hastig unterwegs. Sie gucken »schnell eben« herein oder nehmen sich einen Tee oder eine Karte von EEC, gerade vor dem nächsten Zug, der nächsten Metro.

Eines Tages kommt ein Jugendlicher herein und sagt mir: »Ich habe fünf Minuten, bis mein Zug abfährt. Ich habe gesehen, Sie haben was mit Kirche zu tun. Können Sie mir sagen, was nun eigentlich ›christlich‹ heißt? Das hat mir bis jetzt keiner erklären können.« – Was für eine tolle Herausforderung!

Ein weiterer Junge kommt herein und meint: »Ich habe sexuelle Schwierigkeiten, können Sie mir helfen? Viel Zeit hab ich aber nicht.«

Ein anderer kurvt um die Hütte, die Kreise werden immer kleiner, bis er mich anspricht: »Tun Sie… äh… In Ihrer Kirche, treibt man da auch böse Geister aus? Ich … äh, ich habe da ein großes Problem.«

Ich denke an meine Kirche, die der Meinung ist, dieses sei kein Thema, und die ihre Mitarbeiter auf dieses Elend also nicht vorbereitet. Ich sehe das suchende Gesicht des Jungen und sage: »Ich bin da zwar überhaupt kein Spezialist. Aber wenn du möchtest, bete ich mit dir zusammen, dass Jesus Christus dich frei macht.«

Er ist sichtlich erleichtert. »Okay. Ja, dann … dann komme ich irgendwann mal vorbei. Aber danke, jetzt weiß ich, dass ich irgendwohin kann.«

Manchmal haben Leute gerade den Zug verpasst. Sie sind ärgerlich, haben plötzlich etwas Zeit, wissen nicht, wohin damit. Eine Pianistin hat den Zug zu ihrem Konzert verpasst und wandert nun unruhig auf dem Bahnsteig hin und her. Ich lade sie zu einem Kaffee in der warmen Hütte ein. Sie nimmt gerne an und wir kommen ins Gespräch. Sie ist so dankbar, dass sie uns ein Gratiskonzert anbietet. Das akzeptiere ich nun wiederum gerne, und so findet zwei Wochen später ein Privatkonzert in der Metrostation statt, auf meinem armseligen elektrischen Klavier, vor begeisterten, wenn auch verwunderten Zuschauern. Der Direktor vom LEB hat zu diesem Anlass sogar die ewige Radiomusik in der Station ausgeschaltet.

Ja, diese Musik … Sie ist für mich nicht einfach. Ich bin auf meinem Berg so auf Ruhe und Einsamkeit eingestellt, dass die Zeche mit ihrem Lärm, ihren Schreien, ihren Flüchen, ihren Sirenen, ihren kreischenden Zugbremsen, ihrem ewigen Flaschen-Zerbrechen und eben auch ihrer ewigen Radiomusik manchmal eine echte Nervensäge ist. Und auf diesem Hintergrund singen wir, beten wir, diskutieren wir. Das ist nicht immer einfach. Zur Konzentration gibt es Besseres, besonders wenn wir eine Zeit der Stille einlegen. Aber andererseits hat es auch was Tolles, dieses Sich-zu-Gott-Richten inmitten der lärmenden Welt. Zusammen. Oder ich alleine. Denn es gibt Momente, da ist es in der Hütte still; meistens nicht lange, aber doch manchmal eine Stunde lang. Bis dann wieder die Tür aufgeht.

Das ist eine der schönsten Sachen in der Hütte: die Tür. Sie geht auf, und man weiß nie, wer da nun hereinkommt und was passieren wird. Manchmal, wenn ich hinter dem Klavier sitze, sehe ich nur einen Arm, ein Bein, einen Kopf, höre ich eine Stimme. Erst später kommt dann der ganze Mensch zum Vorschein.

Einmal sehe ich sogar nur einen Fisch: Eine tiefgefrorene Forelle schaut wehmütig um die Ecke. Wir unterbrechen etwas verdutzt unser Lied, da kommt auch schon hinter dem Fisch Merguez zum Vorschein. Merguez, mit dem man toll reden kann, jetzt aber völlig betrunken und völlig begeistert, wedelnd mit seinem Fisch, den er frisch geklaut hat und den ich während der nächsten Stunde überall in der Hütte oder um sie herum vorfinden werde.

»Merguez, du bist willkommen, aber dein Fisch nicht. Leg ihn draußen irgendwohin.«

»Okay, okay, hast was gegen meinen Fisch. Ich lege ihn solange auf den Stuhl hier, ja? Sonst wird er bestimmt geklaut.«

»Nein – *draußen*!«

Schmollend geht der Fisch hinaus. Etwas später geht die Tür wieder auf. »Entschuldigen Sie bitte, da liegt ein Fisch bei den Keksen. Ist das, äh, Absicht?«

»*Merguez!*«

»Ja, was ist denn nun schon wieder?« Eine Zigarette in Gesellschaft einer Bierflasche und der Forelle guckt durch die Tür.

»Keine Zigarette in der Hütte! Und keinen Alkohol *und keinen Fisch!*«

Der hereinschauende Mensch kann, wie gesagt, sehr sauber oder sehr dreckig aussehen, aus den unterschiedlichsten Ländern kommen, eine Sprache sprechen, die ich gut, mittelmäßig oder gar nicht verstehe, er kann eine helle, dunkle oder braun gebrannte Hautfarbe haben. Er kann nüchtern oder total betrunken sein, freundlich oder nervig, friedlich oder gewalttätig. Er kann schreien oder flüstern, respektvoll sein oder mich lächerlich finden und dies dann auch sagen. Er kann einen gewöhnlichen Namen haben. Er kann Merguez heißen oder »Tipp-Ex«, »Popeye« oder »Angebrannt«.

Ich wiederum kann für diesen Menschen »Madame« oder »Hetty« sein. Aber auch »woman christian« (so nennt mich ein äthiopischer Bahnhofsangestellter), »Hé vous...?« (»He Sie da?«) oder eher neutral: »Ähmmmmm...« Und seit Oualid aufgetaucht ist, bin ich auch »Maman«, Mama.

Oualid sitzt eines Tages mit seinen Freunden Tee trinkend auf dem Gitter hinter dem Tisch und lächelt mir freundlich zu. »Gut, Ihr Tee. Sympathisch, Ihre Hütte.«

Ich mache mir gerade eine Suppe und lade die ganze Gesellschaft dazu ein. Die ersten vier lehnen höflich, doch bestimmt ab. Aber Oualid drückt seine Zigarette aus, klopft seinen Kameraden auf die Schultern, sagt: »Los, Jungs!« und marschiert in *la cabane* hinein. Vor lauter Staunen fallen den anderen vieren die Zigaretten fast aus dem Mund. Sie gucken sich schweigend an.

»Na, wird's bald?!«, klingt es aus der Hütte. Oualid ist sichtlich der Anführer, denn einer nach dem anderen trottet in die Hütte hinein, wo Oualid strahlend am Tisch sitzt. »Wissen Sie, ich find das so nett, da muss man mitmachen!«

Die Freunde sehen, immer noch schweigend, auf das Kreuz, die Ikonen.

»Ja, ja«, wischt Oualid die unausgesprochene Frage weg. »Wir sind alle Muslime. Aber man kann doch Respekt voreinander haben, oder? Und wir sind doch noch nie so herzlich empfangen worden, oder? Na also.« Dann wendet er sich zu mir: »Darf ich ›maman‹ zu dir sagen? Das tut man bei uns in Tunesien, wenn man Leute schätzt und sie öfter sehen will. Ist das okay für dich?«

»Okay, Oualid!«

So bin ich nun also zu »Maman« promoviert.

Aber am häufigsten ertönt vom Tisch draußen »Madaaame!«:

»Madaaame, es gibt keinen Tee mehr!«

»Madaaame, es heißt hier, bitte bedienen Sie sich, aber es gibt nichts mehr.«

»Madaaame, die Plastikbecher (oder Kekse) sind alle.«

Und vor allem: »Madaaame, haben Sie auch Zucker?«

Dabei sind doch großzügige zehn Teelöffel Zucker in der Thermoskanne vorhanden. Aber das reicht den meisten nicht. Der Zuckerbedarf und -verzehr der Jugendlichen ist unglaublich. Das wäre mir ja egal, wenn ich nicht von neuesten Studienergebnissen gelesen hätte, die berichten, was für verheerende Folgen übermäßiger Zuckergebrauch hat. Nicht nur Gewichtsprobleme. Nein, er trägt auch bei zu Entzündungen, Über-Aktivität, Aggressivität und Gewalttätigkeit. Hier im Flon, wo Zucker als konstanter Mischfaktor für stark alkoholische Getränke gebraucht wird, ist das schon bedenklich.

All diese Menschen kommen in die Hütte und bleiben zwischen drei Sekunden (Fabians Spezialität: »Hallo, ça va, ich muss wieder los«) und mehreren Stunden. Letzteres ist mir nicht so lieb: Die Hütte ist kein Ort zum Herumhängen. Aber manchmal mache ich doch eine Ausnahme, und dann dürfen kalte Popeyes mit dem Kopf auf dem Tisch ruhig ein paar Stunden schnarchen, während der vergessene Kaffee kalt wird.

Sie können sich ankündigen oder spontan hineinplatzen. Sie können zum Kaffee kommen oder zum Essen. Zum Singen und zum Beten. Oder sie kommen gar nicht zum Singen und Beten, befinden sich aber plötzlich mitten drin. Hauen dann schleunigst ab – oder bleiben. So kommt Popeye betrunken, aber friedvoll mit einem Freund herein, während ich gerade beim Segnen bin. Er setzt sich krachend hin, hört sich das Ganze an und flüstert leise – zumindest ist das seine Absicht – ein paar Bemerkungen. Dann ruft er plötzlich laut: »Oh wow, das ist ja toll! Das will ich auch. Kann ich das auch haben?«

Ja, jeder kann das haben, also du, Popeye, natürlich auch. Er senkt den Kopf, bekommt den Segen, fängt an zu weinen. Etwas später segnet Jean-Claude mich.

Popeye muss wieder weinen: »So was Tolles sagst du, nein, so was Tolles, scheiße, zu schön!«

Ein anderes Mal kommen zwei Nacht-Durchmacher in die Hütte herein, während Roland und ich bei der Morgenandacht sind. Auf unsere Einladung hin bleiben sie, setzen sich unsicher hin. Ich ändere flugs den gewohnten Andachtsablauf und schlage das Tipi-Lied vor. Gemeinsam singen wir.

»Gefällt euch das Lied?«, frage ich.

Sie gucken sich an. »Ähmmm – mäßig. Wir haben, ähmmm, wir hören andere Musik…«

»Was für welche?«

Die beiden fühlen sich bei dieser Frage von Bewohnern eines anderen Planeten deutlich unbehaglich. »Tja, na ja, Rap und so; gefällt Ihnen nicht.«

»Lass uns doch hören!«

Und so bekommt die koptische Morgenandacht ein unerwartetes Nachspiel, das mir lieber ist als das tollste Orgel-Postludium: Brendon und sein Freund lassen Musik aus ihrem Handy krachen, setzen sich in Starthaltung und rappen dann ein Stück ihres Repertoires. Nicht unbedingt lieblich. Aber echt. Und sogar sehr professionell.

Musik – Singen… ein so wichtiger Teil meiner Arbeit. Sie alle waren schon da: die Konzertpianistin, die Rapper, ein orthodoxer Mann, der eine Art mobile Stereoanlage dabei hat und mit einer Bassstimme, die in unglaubliche Tiefen hinuntersteigt, seine Lieblingslieder zu Gehör bringt; ein professioneller afrikanischer Schlagzeuger.

Und Alex, betrunken, aber allem Neuen gegenüber sehr offen. Wenn er ein Lied vorschlagen darf, brummt er: »Ich kenne nix. Gar nix.« Dann hebt er den Kopf hoch. »Doch. Kenne etwas. Eins. Was mit Glooooooooooooria.«

Ich seufze, denn es ist inzwischen Frühling. Ich hoffe nur, dass die Leute draußen uns nicht zu laut auslachen. »Okay, Alex, es heißt: ›Les anges dans nos campagnes‹ (›Hört, der Engel helle Lieder‹) und ist eigentlich ein Weihnachtslied, aber sehr schön.« Und sehr schön *ist* es, wenn ein Mann, der sagt, dass er mit Gott nicht auf freundschaftlichem Fuß steht, nun aus vollem Halse singt: »Gloria in excelsis Deo ...«

Menschen, Menschen, Menschen ...

Die aus den unterschiedlichsten Gründen zur Hütte kommen:

»Madame, können Sie mir helfen? Ich brauche ein Passfoto und das Ding funktioniert nicht ...«

»Was ist das hier, Madame? Ein Kiosk? Oder das Bahnhofsbüfett?«

»Excuse me please, I just lost my computer. Can you help me?«

»Madame, ich habe so'n Hunger ...«

»Buenas tardes, Señora, usted puede ayudarme ...«

Gefangene trudeln auch regelmäßig ein: »Mein« Gefängnis liegt nur eine Metrostation entfernt. Sie arbeiten normalerweise tagsüber, aber abends und am Wochenende müssen sie »drinnen« bleiben. Die kurze Pause morgens erlaubt es ihnen, gerade für einen Kaffee bei mir vorbeizuschauen, und zu meiner großen Freude kommen viele auch.

Szenenwechsel. Eine Bande von sechs Jungen will zum Essen kommen. Ich habe sie samstagmorgens kennengelernt, und sie haben sich fürs abendliche Fondue angekündigt. Aber am Abend sind nur zwei von den sechs da.

»Wo sind die anderen?«, erkundige ich mich.

Die beiden sind sichtlich verlegen. »Oh, die sind … die sind auf mal nicht da.«

Ich will sie nicht in Verlegenheit bringen. »Manchmal hat man was vor und denkt sich dann aber später: Na ja, lieber doch nicht.«

Sie sind erleichtert. »Ja, die hatten plötzlich Angst, es sei doch so was wie eine Sekte hier«, platzt dann einer heraus.

Der andere stößt ihn warnend an. »Schhhhh!«

Die Tür geht auf. Ein Dritter der Bande kommt herein. »Na, haste doch keine Angst vor Sekten mehr?«, lacht der Erste hämisch.

»Was? Du Dussel! Haste ihr das gesagt?!« Der Betroffene wird ganz rot.

Ich unterbreche hastig. »Das macht nichts. Ich versteh das. So 'ne seltsame Hütte mit so 'ner seltsamen Pfarrerin! Außerdem ist es gut, dass ihr auf der Hut seid. Es gibt so viele, die versuchen, andere Menschen zu manipulieren …«

Wir essen, wir reden. Die drei erzählen vom Leben in Banden, wie wichtig diese Gruppenverbindungen sind, wie sie manchmal die Familie ersetzen. Und dass die Loyalität untereinander dann auch so groß sein kann, dass man sich für den anderen einsetzt, ja, vielleicht sogar sein Leben aufs Spiel setzt. Denn der andere würde das auch tun. So beschützt man sich gegenseitig, und das ergibt eine relative Geborgenheit, auch hinsichtlich der Aggressivität anderer Banden. Gruppengewalt schützt vor Bedrohungen – jeder Art.

Vorsichtig versuche ich, ein paar Bemerkungen hineinzustreuen, die vielleicht eine Alternative zur allgegenwärtigen Gewalt aufzeigen könnten. Missverständnisse und Konflikte ausreden? Ehrlich sagen, was man denkt, ohne den anderen gleich zu beschuldigen? Lieber der Weisere sein? Die drei schauen mich mitleidig an. So eine naive Frau! Das bringt mich wiederum zum Lachen. »Sagt's nur!«, ermuntere ich sie. »Eine typisch nette, christliche Bemerkung, aber nicht sehr realistisch, was?!«

Sie lachen auch. »Na ja«, sagt einer, »es ist halt so. Wissen Sie, Ihre Argumente, die klappen vielleicht im Gymnasium oder zumindest in einem anderen Milieu. Bei uns... funktioniert das einfach nicht. Bei uns ist Reden ein Zeichen von Schwäche. Ich erklär's Ihnen. Wenn jemand auf mich zukommt und mich ausschimpft und ich reagiere nicht oder zu sanft, dann denkt er: ›So ein Weichling! Bei dem kann ich machen, was ich will!‹ Das provoziert ihn, also holt er seine Bandenbrüder und haut mir eine ins Gesicht. Ich weiß das, also muss ich's anders machen. Wenn der Typ auf mich zukommt und mich beleidigt, hol' ich meine Bandenbrüder, wir schlagen ihn so zusammen, dass er überhaupt nicht mehr aufstehen kann. Dann hat er seine Lektion gelernt.«

»Und dann?«, frage ich ungewollt fasziniert.

»Dann respektiert er mich ab da. Er sagt sich: ›Das kann ich mir nicht noch mal erlauben. Den muss ich in Ruhe lassen.‹ Und das nächste Mal schütteln wir uns die Hand und werden vielleicht sogar Freunde.«

Herr Jesus, was hättest du gesagt?! Wenn jemand dich auf die Wange schlägt, biete ihm die andere? Oder hättest du die innere Logik verstanden und genickt? Wie *toll* wäre es, wenn du jetzt dabei wärst. Ja, ich weiß, du bist dabei. Aber ich meine, so richtig konkret, sichtbar, ansprechbar, auf unsere Fragen antwortend...

Es erinnert mich so sehr an das, was ein guter Bekannter aus dem Flon mir über die Lebensweise in den »cités« von Paris erzählt hat: von diesen Stadtteilen, wo nur eine bestimmte Bevölkerungsschicht wohnt, die sich meistens selber reguliert und dann auch nach eigenen Gesetzen lebt. Die Polizei traut sich selten in diese Stadtviertel hinein. Die Gesetze sind ungeschrieben, aber deutlich: was man da tun und nicht tun soll, was man da sagen kann oder besser eben nicht; wie man gucken und wie man sich in einer Situation verhalten soll. Wie wenig Freiheit gibt es da für die Menschen, sie selbst zu sein, wenn sie überleben wollen.

Ich lerne so viel hier im Flon. Keiner hat mich zum Beispiel den Islam so lebendig, von innen, betrachten lassen wie Ahmadou. Keiner hat mir so deutlich die verschiedenen Muster der unterschiedlichen Kulturen zeigen können wie er.

Menschen, Menschen, Menschen …

KAPITEL 55

LA CABANE UND IHRE HÜTER

La cabane hat ihre Hüter, die sie besuchen, aber sie auch beschützen, für sie sorgen, für sie beten. Da sind natürlich zuerst die Mitglieder meiner Unterstützungsgruppe.

Christian, der Treue, der sich von einem Computerversklavten in einen das Leben mit vollen Zügen genießenden Menschen verwandelt hat und äußerst originelle Texte schreibt. Der gelernt hat, anderen zuzuhören, statt platte Floskeln herauszuhauen. Christian, der als Alkoholiker für viele eine große Hilfe geworden ist, die mit demselben Problem kämpfen; zu meiner großen Freude fragen diese Menschen jetzt nicht mehr nach mir, sondern nach ihm. Christian, der inzwischen für die ganze Logistik verantwortlich ist – und das will was heißen! Der sowohl am Samstag- als auch am Sonntagnachmittag kommt und dableibt, samstags sogar bis spät in die Nacht hinein, damit ich abends, wenn die Atmosphäre im Flon immer geladener wird, nicht alleine bin. Christian, bei dem ich mich auslachen, aber auch ausweinen kann.

Roland, der Präzise, der die Brücke zu dem »Offiziellen« im weitesten Sinne aufrechterhält und für alle finanziellen Fragen zuständig ist. Er ist der regelmäßige Besucher der Hütte, der so viel zu tun hat, aber sich trotzdem immer Zeit nimmt, um zu beten, um Hüttengästen und mir weiterzuhelfen, auch (und vielleicht erst recht) wenn die Situation nicht sehr rosig aussieht. Der Integre und auch der Perfektionist, der mich immer ein bisschen an das Lied *Mann aus Alemania* von Reinhard Mey erinnert, weil er gerne zeigen mag, wie man etwas so *richtig* macht! Aber der andererseits immer bereit ist, sehr unperfekte Situationen zu ertragen, für Speedy zu sorgen, den Trecker mit Eselwagen zu fahren und sich die Hände beim schlammigen Tipi-Nomadenleben dreckig zu machen.

Franco, der Aufrichtige, der lieb Sorgende, aber auch der Sorgenvolle. Oft geht er fast unter in seiner Arbeit und findet trotzdem Zeit für EEC. Und wenn er da ist, dann ist er auch völlig da. Franco, der Suchende, der manchmal am liebsten in irgendeinem Kloster untertaucht, um endlich Zeit zu haben für die vielen wichtigen Fragen, die ihn bewegen, aber auch ganz einfach für die vielen schönen Sachen in der Welt, die man beim heutigen Lebensrhythmus vor lauter Eile und Geschäftigkeit gar nicht mehr sehen kann. Ich kenne ihn und Thérèse, seine liebe Frau, schon seit Langem und schätze beide sehr.

Valérie, die mit ihrem kleinen Baby jetzt ziemlich ans Haus gebunden ist, aber die mich mit ihren Gebeten, Fragen und auch Infragestellungen trägt beziehungsweise herausfordert. Wir sehen uns nicht oft, aber wir machen regelmäßig Retraiten, wo wir uns für zwei Tage zurückziehen und zusammen beten, wandern, Fondue essen und endlos diskutieren. Letzteres hätte uns neulich fast eine ganze Nacht in einer einsam gelegenen Kirche gefangen gehalten, weil wir erstens nicht auf die Uhr und zweitens nicht auf die automatische Verriegelung geachtet hatten.

Jean-Claude, der Hingebungsvolle, der sich mit Leib und Seele einsetzt für die, die von der Gesellschaft ausgeschlossen werden. Der sich nach Gottes Königreich auf Erden sehnt. Jean-Claude, der zerstreute Mathematiklehrer im Ruhestand, der in einem Moment ziemlich unverständliche Sätze herauslässt und sich darin selber etwas verliert, um gleich darauf total klare, geniale Sachen zu sagen. Der fünf Mal über dasselbe Seil stolpert, aber doch von allen der größte Tipi-Experte ist. Der, als Einziger unter uns, sich nicht scheut, im Flon auf jeden x-beliebigen Unbekannten zuzusteuern, um ihn zu einer Andacht einzuladen. Jean-Claude kann ruhig in eine Bande von jugendlichen Arabern hineinplatzen und sagen: »Jetzt singen und beten wir; wir sind Christen, wollt ihr mitmachen?« Die Betroffenen sind dann zu erstaunt, um sich zu ärgern, und ich höre oft durch die Hüttenwand ein höfliches Murmeln: »Nein danke, wir sind Muslime.« Worauf Jean-Claude nur freudig antwortet: »Ja, aber Sie sind trotzdem willkommen!«

Aude, die Fröhliche, die inzwischen Pfarrerin ist. Die immer noch an unerwartete Stellen Zettel klebt, sodass ich »Guten Mut!«, »Halte die Ohren steif!«, »Gott lässt dich nicht allein!«, »Wir denken an dich!« immer dann vorfinde, wenn ich es am meisten brauche. Aude, die nicht oft vorbeikommt, aber wenn sie da ist, bleibt sie, hat Zeit, sorgt dafür, dass die Leute sich wohlfühlen. Aude ist wie eine Frühlingsblume, die die Sonnenstrahlen in sich hineinfließen lässt und sie widerspiegelt.

Priscille, die manchmal etwas Zurückgezogene, die zuerst überlegt und dann redet, so ganz anders als ich. Priscille, die als Psychologin mir oft zu Hilfe kommt, wenn Situationen oder ich selbst oder beides etwas »knoterig« werden. Die vielleicht besser als alle anderen deutlich Nein sagen kann. Nein, das finde ich nicht. Nein, das tue ich nicht. Nein, da mache ich nicht mit. Die dann auch dementsprechend deutlich Ja sagt. Und dann kann man sich darauf verlassen, dass das Versprochene treu und lieb und fachkundig durchgezogen wird. Priscille kommt mit ihrer ganzen Familie am Heiligabend zur Hütte, um beim Raclette zu helfen und einfach für alle da zu sein. Typisch: Wenn meine ursprüngliche Gruppe sich auflöst, sagt Priscille ganz klar Nein zu einer Verlängerung der versprochenen drei Jahre. Aber dafür macht sie mir ein neues Angebot: regelmäßig für mich da zu sein, um schwierige Fragen durchzusprechen und mich zu ermutigen.

Und dann **Bernard**, auch wenn er nicht mehr zur Gruppe dazugehört. Bernard, der *la cabane* gebaut, Zelte aufgerichtet, Menschen betreut, Trecker gezogen und Speedy geführt hat … Der auch die Hütte in Concise, die zuerst als Winterquartier für EEC hätte dienen sollen, umgebaut hat, sodass es da in Zukunft eine Zufluchtsinsel geben wird. Für mich und für andere.

Was war ich traurig, als mir klar wurde, dass meine Gruppe nach den drei versprochenen Jahren nicht in derselben Zusammenstellung weiterleben würde. Meine Gruppe, mit der ich doch gebetet, gekämpft, gelacht und sogar geweint hatte. Und nun wollen sie nicht länger »offiziell« verantwortlich sein. Franco ist zu müde, er hat zu viel um die Ohren. Das weiß ich, damit habe ich gerechnet. Valérie hat mich angerufen: Sie ist zu beschäftigt mit ihren Kindern, vor allem mit ihrem Baby, ihrem Haus und ihrem Beruf. Roland wirbelt sowieso ständig herum, macht oft die Nacht durch, um doch noch immer alles fertig zu kriegen. Das wusste ich. Seltsamerweise bleibt er dann aber doch. Jetzt, wo der Druck wegfällt, dass er da sein muss, entscheidet er, frei da sein zu wollen! Jean-Claude sagt, er werde zu alt, um als offizieller Mitarbeiter tätig zu sein. Aber er werde EEC nie fallen lassen. So taucht er in der Tat mit großer Regelmäßigkeit im Flon auf. Priscille beendet die Gruppentätigkeit, bietet mir aber dafür wie gesagt eine Art Coaching und persönliche Begleitung an.

Christian freut sich, an der neuen Gruppe teilzunehmen. Aude auch! Da bin ich erstaunt; ich hatte gedacht, dass sie abhaken würde, sie war ja nicht mehr so oft dabei. Aber Aude hat ein Herz für EEC, wie sie selber sagt.

So sind wir fünf. Denn inzwischen hat Ludo zugesagt, Mitglied der neuen Gruppe zu werden. Das freut mich unheimlich. Er gehört zu den »veilleurs«, einer Gemeinschaft, deren Leiter lange der französische reformierte Mönch und Autor Daniel Bourguet war. Ludo ist jung, begeistert, energisch und hat daneben eine seltsame Weisheit, eine Art »Erfahrung-mit-dem-Heiligen-Geist«, die zur Folge hat, dass ich ihn oft um Rat frage. Zusammen mit Christian vertritt Ludo mich in *la cabane*, wenn ich am Wochenende mal einen Nachmittag im Gefängnis arbeiten muss.

Das waren beziehungsweise sind die offiziellen und regelmäßigen Hüter der Hütte. Aber es gibt auch inoffizielle, unregelmäßige und vor allem unerwartete Hüter.

Da sind natürlich die Leute selber: Lorand, Joos, Brendon, Zamos, Oualid, Merguez, Popeye, Sacha... Sacha, der, ohne es zu wissen, der Erste war, der mich definitiv davon überzeugte, ich solle EEC weitermachen – mit oder ohne Gehalt.

Sie alle haben die Hütte sicher schon beschützt, jeder auf seine eigene Weise. Mit ihren Worten, ihrer Haltung, ihrer Freundlichkeit uns gegenüber.

Mehr wäre vielleicht auch nicht unbedingt empfehlenswert. Eines Tages kommt Oualid in die Hütte, seine Hand und ein Teil seines Arms fest verpackt in einem imponierenden Verband. Strahlend hebt er das ganze Paket hoch: »Da sind die Zähne meines Gegners drin!« – Ja, dann doch lieber himmlische Schutzengel...

Da ist Ahmadou vom Bahnhofspersonal. Er holt jeden Samstagmorgen seinen Kaffee bei mir und hat uns unzählige Male geholfen. Ahmadou kommt extra von seiner Wohnung rüber, um Christian die Schlüssel zu geben. Er kauft ein, wenn ich gerade was brauche und nicht weg kann. Und er spritzt die Hinterwand der Hütte mindestens vier Mal pro Woche mit Bleichwasser ab, damit der Urin nicht zu große Schäden anrichtet.

Letzteres hat mich schließlich doch dazu gebracht, wie ein Vulkan zu explodieren. Es ist so entmutigend, wenn Leute die Hüttenwand als Pissoir gebrauchen. Es sickert durch die Nähte hindurch, es stinkt. Und es macht mich wütend. Eines Morgens begebe ich mich zur Küche und stoße auf einen Reisenden, der ausführlichst gegen die Küchentür pinkelt. Da, wo wir alle hindurchmüssen, direkt beim Türgriff.

»Sagen Sie mal, sind Sie verrückt geworden?!«, kläffe ich ihn an.

Erschrocken guckt er über die Schulter, der Strahl stoppt abrupt, das Objekt wird hastig in die Hose gestopft. »Oh, es tut mir leid, ich... äh... ich dachte...«

»Sie haben hier gar nichts zu denken!«, fahre ich in meiner Empörung fort. »Allez-vous-en, weg hier!«

Der Tourist verschwindet eilig, ich hole aus dem Arbeitsraum einen Eimer, Seife, heißes Wasser. Es ist nicht das erste Mal, dass ich wie bei einem Hüpfspiel von einer trockenen Stelle zur anderen springen muss und mit mir das ganze LEB- und Metro-Personal. »So 'n Hammel!«, murmele ich, während ich zwei Eimer über die Tatortszene leere. Ich komme gerade mit dem dritten Eimer hinaus, da treffe ich auf einen unserer Hüttenbesucher, der betrunken und seelenruhig gegen die Hüttenwand pinkelt, direkt unter dem Schild »Verboten, hier zu urinieren! Toiletten oben auf *la place de l'Europe*!«. Auf Französisch und – dank meiner südländischen Gäste – auf Arabisch.

»Non *mais*! Das gibt's doch nicht!«, piepse ich ergrimmt. Aber im Gegensatz zum vorigen Sünder bleibt dieser stehen. »Bin noch nicht fertig«, sagt er entschuldigend, »Alkohol treibt, wissen Sie.«

Das ist zu viel. Ich nehme meinen Eimer und – schwupp! – geht das warme Seifenwasser in die Richtung des Mannes. Da kommt er aber in Bewegung und torkelt auf mich zu. »Das werden Sie mir bezahlen! Das lasse ich nicht über mich ergehen! Ich bin tief beleidigt! Tief – beleidigt!«

Ich bereue schon meine impulsive Reaktion. Nicht weil sie fehl am Platze wäre, im Gegenteil. Es war eine wahre Genugtuung. Aber weil ich meinen Leuten immer und immer eingehämmert habe, Konfrontationen seien zu vermeiden; die Hütte sei zu verletzlich, um uns Streit erlauben zu können. Auch wenn Leute nerven – ruhig bleiben. Auch wenn man sie an die Hüttenwand kleben könnte – ruhig bleiben. Nein, *nicht* die Leute hinauswerfen, auch wenn sie's verdient hätten. Und nun...

Der Missetäter versucht, mich klar anzusehen, damit er mich gebührend bestrafen kann. Da taucht Arbi aus Algerien auf. Er sieht, was passiert, fängt den Betrunkenen liebevoll auf und murmelt: »Na, so was, na, so was«. Dann führt er den Mann gewandt in die entgegengesetzte Richtung.

Doch dieser wehrt sich. »Sie... sie hat mich *beleidigt!*«

»Ja, das ist ja wirklich ärgerlich«, sagt mein jetziger Hütten-hüter kopfschüttelnd, während er den anderen immer weiter mit sich zieht.

»Ich will sie *verhauen!*«, höre ich noch, dann verschwinden die beiden um die Ecke.

Uff! Danke, Herr, für meinen algerischen Schutzengel!

KAPITEL 56

LA CABANE – IHRE ZERBRECHLICHKEIT UND IHRE STÄRKE

Die Hütte steht solide auf dem Grund von dem, was Gott getan hat. Sie lebt von dem, was er tut – auch durch sein unerwartetes Bodenpersonal hindurch. Das ist zugleich ihre Stärke und ihre Zerbrechlichkeit. Nach »weltlichen« Kriterien stellt sie – und EEC mit ihr – gar nichts dar. Sie steht jeden Samstagmorgen noch da, aber wie lange noch? Ja, wenn Gott sie behütet, wird sie da auch stehen bleiben. Aber dann muss Gott eben den Direktor der LEB überzeugen, dass diese Hütte dort gut und notwendig ist, sodass er uns erlaubt, zu bleiben. Dann muss er die Jugendlichen davon abhalten, in ihrem Rausch plötzlich ihre Wut auf *la cabane* zu kühlen. Sicher, die Leute haben sie gerne, die Hütte, und ich habe mich unendlich gefreut über die Sendung, die das One-Man-Team vom Neuchâteler Fernsehen über die Hütte produziert hat; vor allem die Jugendlichen waren da voller Lob. Aber ich mache mir keine Illusionen: Der Alkohol ist ein unkalkulierbarer Feind, und er hat Zeit. Mögen andere Leute idyllische Vorstellungen haben über die »Jungs, die die Hütte anderen gegenüber in Schutz nehmen werden« – mag es sogar ein bisschen stimmen. Aber wenn's drauf ankommt, sind eine Flasche Wodka und ein paar kräftige Fußtritte genug, um dem Ganzen ein jähes Ende zu bereiten.

Die erwähnte Fernsehsendung war übrigens für uns ein wundervolles Geschenk. Der Journalist, Carlos Montserrat, hatte vorher einmal angerufen und gesagt, er werde vielleicht mal vorbeikommen. Dann erscheint er tatsächlich, aber zuerst ist er ehrlich gesagt gar nicht so willkommen ... Wir haben gerade eine Retraite unserer Gruppe hinter uns, ich bin die ganze Woche schon krank gewesen und nach diesem Freitag und Samstag klettert das Fieber erst so richtig eifrig hoch. Aber ich denke mir, dass ein Abend und ein Tag in der Hütte noch gehen werden, danach habe ich ja wieder drei Tage frei.

Ich treffe gerade ein, da kommt ein junger Mann angetrabt. »Bonsoir, ich bin der Journalist, der Sie vor ein paar Wochen angerufen hat. Ich wollte hier heute Abend filmen, geht das?«

Ich stöhne innerlich, denn ich bin schrecklich müde und sehe auch so aus, meine Stimme ähnelt der einer Krähe mit Burn-out und ich weiß nicht, wie ich diesen Abend normal über die Runden kriegen soll, geschweige denn fernsehsendungsreif. Aber nun ist der Journalist ja da, die ersten Gäste für die Fünf-Uhr-Andacht treffen ein, es muss Fondue gemacht werden. Die Interviews laufen so lala, es muss einiges neu aufgenommen werden. Um ein Uhr nachts krächze ich: »Ich will nichts, aber auch gar nichts mehr, nur schlafen.«

Carlos ist verständnisvoll, taucht eine Woche später wieder auf und verschwindet diesmal auf den Bahnsteig. Ich sehe ihn in Gruppen mir unbekannter Jugendlichen eintauchen und mache mir Sorgen: Wer weiß, was die wohl sagen werden? Gott weiß es. Die Sendung, die ich mir ein paar Wochen später ansehe, rührt mich *und* wühlt mich auf. Das Wort »Respekt« taucht sechs oder sieben Mal auf. Carlos fragt einen, was die Pfarrerin ihm dann zu bieten habe, wo er doch gesagt habe, er sei Atheist. Er denkt kurz nach und sagt dann: »Ihre Lebensfreude ...«

Carlos fragt die anderen, warum sie die Hütte da haben stehen lassen, wo sie doch gerade sagten, es sei so viel Gewalttätigkeit unter ihnen. Einer antwortet: »Warum sollten wir ihr Böses tun? Sie lädt uns ein, macht Kaffee, sie *sieht uns* ... Sie respektiert uns, warum sollten wir sie dann nicht respektieren?«

»Sie sieht uns…« Das ist eine Stärke der Hütte, denn das bin nicht nur ich, das ist meine Gruppe, das sind die Leute, die kommen und Freunde und Bekannte mitnehmen, das sind die Freunde und Bekannte selber wieder. Denn es ist ansteckend: Wenn man von jemand gesehen wird (und durch diesen Menschen hindurch von Gott, der ihn gebraucht), bekommt man Mut, selber andere zu sehen und sie dann auch anders zu sehen. Ich glaube, es ist eine Art Erkennungszeichen für die Hütte geworden, und ich freue mich sehr darüber: Hier wird man gesehen. Das ist ein bisschen wie eine unsichtbare Fahne von *la cabane* – aber eben nicht, weil jemand oder alle nun so toll oder besonders wären. Gar nicht. Es gibt hier genauso viel Ambivalenz und Schlecht-gelaunt-Sein und dumme Bemerkungen und dummes Verhalten. Aber die Hütte scheint irgendwie gesegnet zu sein. Das ist ihre Stärke.

Die Fernsehsendung hat uns auf ihre Art und Weise auch ein bisschen stärker gemacht. Aber noch nicht in den Augen der Kirche. Der »CS«, wie der *Conseil Synodal* oft genannt wird, reagiert, lobt uns, versteht etwas besser, wie es hier zugeht. Aber überzeugt sind sie doch nicht. Und das ist eine Schwäche für eine Fahne im Flon, die doch aus der Kirche herauswehen will.

La cabane und ihre Zerbrechlichkeit: Ein paar Fußtritte, eine Schlägerei direkt in ihrer Nähe, ein Kurzschluss in der elektrischen Leitung, ein seriöser Versuch, einzubrechen (auch wenn es nichts zu stehlen gibt) … und weg wäre sie, die Hütte.

Die Sichtweisen und Entscheidungen des CS können sie zwar nicht wegfegen, dafür ist sie zu froh und frei. Und ob mit oder ohne Gehalt, sie lebt ja weiter. Aber sie steht schwach. Wenn die Kirche ihre Unterstützung ganz absagt, wird's wackelig. Dann liegt sie nur noch in Gottes Händen. Und wer weiß, was er will? Nur noch in Gottes Händen: Das ist die eigentliche Schwäche – *und* Stärke von *la cabane*.

Meine eigenen spirituellen, psychischen und physischen Schwächen machen das Ganze nicht einfacher. Wegen meiner Krankheit muss ich diesen Winter fasten: keinen Zucker mehr! Keine Croissants, keinen Kuchen, keine Kekse... Dafür lauter gesundes zuckerloses Brot, Gemüse, Fisch statt Fleisch. Ohne es zu wollen, verliere ich zehn Kilo und wiege nur noch neunundvierzig. Das wäre auch nicht schlimm, wenn sich diese zehn Kilo dort zurückziehen würden, wo sie mich ärgern: auf meinem Bauch. Aber nein, sie verlassen als Erstes mein Gesicht, das plötzlich viel zu viel Haut für seinen geschrumpften Inhalt hat. Es schaut mir morgens inzwischen recht faltig aus dem Spiegel entgegen, aber na ja, es stimmt, es geht mir besser, die Müdigkeit ist weniger heftig, die Krisen dauern nicht so lange; also hat es sich doch gelohnt. Aber – nein, stark stehe ich physisch nicht.

Und meine finanzielle Situation gleicht einer Achterbahn. Ende April 2012 findet der Aussendungsgottesdienst für ein neues Kapitel von EEC statt: ohne Gehalt, aber mit kirchlicher Unterstützung. Inzwischen haben wir Spenden erhalten, von denen ich – neben dem Geld, das ich mit der Gefängnisarbeit verdiene – ab dem 1. Mai leben werde. Abhängigkeit von Spenden bedeutet Schwäche. *Und* Stärke...

Ende Mai sagt man mir, ich bekomme noch einen Monat Gehalt.

»Ah bon? Merci! Ach so? Danke! Aber wieso?«

»Eine Übergangsregelung.«

Ende Juni kriege ich zu hören: noch einen Monat Gehalt.

»Ah bon? Merci! Aber wieso?«

Ich werde vom Personalchef empfangen, der mir erklärt, juristisch sei die ganze Sache nicht so klar, die »Freiwillige Arbeitskonvention« müsse genauer erarbeitet werden. Inzwischen würde ich normal mein Gehalt bekommen.

Im Juli fragt er mich, wie es mit meiner Krankheit stehe. Er denkt nach: Könnte man da nicht eine Anfrage an die »l'assurance d'invalidité«, die Invalidenversicherung, stellen?

»Aber ich *bin* nicht invalide!«, erkläre ich.

»Nein, aber du bist manchmal mehr, manchmal weniger behindert durch die Schmerzen und die Müdigkeit.« Das stimmt, also machen wir eine Anfrage für 20 Prozent Verminderung der Arbeitskapazität. »Solange das dauert, kriegst du dann aber noch dein vorheriges Gehalt, das ist immer so«, teilt mir der Personalchef mit.

»Ah bon? Merci…«

Im Sommer wird der Personalchef krank. Die Anfrage bleibt liegen. »Bis er wieder da ist, kriegst du noch dein altes Gehalt ausbezahlt«, sagt man mir, »das ist immer so.«

»Ah bon? Merci…«

Und so geht's weiter, das ganze Jahr. Die Spenden kommen herein. Wir haben nichts gestoppt, denn wir wissen ja nicht, wie lange dieses Manna noch so weiter fallen wird. Von einem Monat zum anderen hänge ich doch etwas unbequem zwischen all diesen unbekannten Faktoren. Aber ich brauche die Spenden eben noch nicht. Umso besser, denn umso länger kann EEC weiterleben und können wir an den Wochenenden entweder mit dem Tipi unterwegs oder in *la cabane* sein.

Der Personalchef ist wieder gesund, die Anfrage hat nicht geklappt. Deshalb bitte ich um eine 20-Prozent-Stelle in der Kirche, damit der Spendendruck nicht zu groß wird. Es ist inzwischen November. Der Personalchef überlegt, findet keine Antworten, wartet noch. »Ach, jetzt lohnt es sich eh nicht mehr – für den einen Monat. Ich finde eine Lösung, die ab 1. Januar gilt, okay? Ende Dezember ist endgültig Schluss mit deinem Gehalt! Aber bis dahin wirst du noch ausbezahlt!«

»Ah bon? Merci!«

Ab 1. Januar 2013 werde ich nun also endlich von den Spenden leben. Ich schreibe den Spendern einen Brief, in dem ich alles erkläre und mich herzlich bedanke. Aber Gottes personelle Achterbahn hat so ihre eigenen Überraschungen. Am 20. Dezember muss ich zur Kirchenleitung, man hat mir etwas Wichtiges mitzuteilen: »Du kriegst noch ein ganzes Jahr dasselbe Gehalt«, teilt mir der Chef meines Departementes im Namen des CS mit.

»???!!!«

»Ja, so haben sie sich entschieden.«

»Aber warum denn plötzlich?«

»Ich weiß es nicht. Sei froh!«

Meine Seele schwingt sich etwas schwerfällig aufwärts, ich bin noch zu perplex, um mich schon gleich richtig freuen zu können.

Er fährt fort. »Allerdings möchte der CS alle Spenden haben, die ihr inzwischen eingesammelt habt. Das ist ja weniger als das, was du jetzt bekommen wirst.«

Meine Seele stürzt wieder in die Tiefe. »Das geht doch nicht! Ich kann doch nicht das Geld, das die Leute für EEC gespendet haben, plötzlich der Kirchenkasse geben!«

Das machen wir auch nicht. Aber es gibt Ärger. Für den CS ist das Spendengeld dazu da, das Loch, das EEC unerwartet in der Kirchenkasse zurücklassen wird, wieder aufzufüllen. Für uns ist das Spendengeld dazu da, EEC nach diesem einen noch bezahlten Jahr weiterführen zu können.

Alles hat seine Zeit – nun ist es eben eine Zeit des Tauziehens. Aber ich mag Tauziehen nicht. Wenn es einem durch die Hände rutscht, kann das richtig wehtun.

KAPITEL 57

LA CABANE UND IHRE »NUSSKNACKER«-FRAGEN

»Die Christen wissen doch meistens selber nicht mehr, woran sie glauben! Wie wollen sie denn andere überzeugen?!« Immer wieder und immer öfter höre ich diesen Vorwurf, sei es im Tipi oder in *la cabane*.

Evangelisation – oder wie ich es lieber nenne, das Evangelium zu den Menschen bringen – ein heikles Thema? Seit Jahrzehnten hat dieses Wort eher einen schlechten Ruf in reformierten Kirchen, die vor ihrem inneren Auge Straßenprediger auf einem Pult sehen, die mit der Hölle drohen und Prospekte verteilen, auf denen zu lesen ist, wie man diese mit einigen unfehlbaren Schritten vermeiden kann. Mit dieser groben Vereinfachung und Generalisierung ist es dann natürlich ein Leichtes, sich darüber herzlich lustig zu machen und die reformierte Nase hoch in die Luft zu stecken. Nun gibt es aber ein Problem: Die reformierten Kirchen werden immer leerer, das Publikum wird immer älter und die Außenwelt, die die Kirche äußerst kritisch betrachtet, gibt ihr zu verstehen, dass sie zahm und somit langweilig geworden ist. Die Außenwelt fährt fort und sagt, wenn die Kirche nun anscheinend nichts Neues zu bieten habe – denn Werte, Spiritualität und Nächstenliebe gibt es in Hülle und Fülle auch woanders –, dann solle sie sich nicht wundern, dass sie ... leer bleibt.

So bekommt nun die Kirche Kritik aus einer ungewohnten Ecke. Und sieht sich vor die Notwendigkeit gestellt, nun aber schleunigst Evangelisation zu betreiben, auch damit ihre Gebäude voller werden, ihr Ruf wieder aufgeputzt. Da wird sie allerdings sehr aktiv: Programme, Impulse, Konferenzen, Gruppen, Bilanzen, von Weitem sichtbare, sogenannte »Leuchtturmprojekte«, interessante Neuigkeiten, perfekte Kommunikation – all diese Themen stehen als feste Punkte auf der kirchlichen Agenda. Aber die Frage, wie der *Herr* der Kirche sich nun diese Evangelisation vorstellt, diese Frage höre ich eigentlich nie.

Im Winter besuche ich mehrere Gesprächsabende zum Thema »Evangelisation«, von Mitgliedern der Synode organisiert. Es wimmelt nur so von guten Einfällen, Vorschlägen interessanter Ereignisse, Demonstrationen kirchlicher Kreativität. Es gibt Vorträge, Podiumsdialoge, Plenumsdiskussionen, es werden Medien und Redner eingeladen, Gruppenprojekte ausgearbeitet... Und doch hinterlässt das alles bei mir einen faden Nachgeschmack, so als ob das Wichtigste fehlte.

Ich halte mir selber streng vor: Ist das nur, weil sie *dich* nicht eingeladen haben?! Ist das nur, weil du meinst, deine Art und Weise sei die beste und daneben gebe es nichts Gutes?! Dann gestehe ich mir ein: Nein. Nein, das ist es nicht. Was fehlt, ist die Umkehr. Die Umkehr der Kirche zu ihrem Ursprung, zu ihrem Herrn, zum Warten auf *seinen* Heiligen Geist, zum Anschließen an *sein* Tun.

Ich hatte ja schon im Zug von Echallens für eine Woche Beten und Fasten für die ganze Kirche plädiert: zusammen in der Stille dem Heiligen Geist Platz machen und versuchen zu hören, was denn so seine Pläne sind – auch wenn das Ergebnis genauso chaotisch sein könnte wie bei unseren EEC-Gebeten um ein Winterquartier, egal. Hauptsache abbremsen, Rückwärtsgang einschalten, dorthin zurück, wo es schiefgegangen ist, und eine neue Richtung einschlagen. Nicht: neue Dinge tun, neue Kommunikationsmittel anwenden. Klar, das ist an sich nicht falsch. Aber das wird nie Menschenherzen berühren und sie erst recht nicht verwandeln.

Mit dieser Sichtweise bin ich natürlich an diesen Abenden nicht sehr populär. Ich fühle mich eigenartig und »à côté de la plaque«, daneben, was die geläufigen Kriterien betrifft. Ich sehe und fürchte das etwas irritierte Lächeln auf den Gesichtern: »Ach, *die* schon wieder …«

Ich bete: »Herr, behüte mich vor Arroganz, vor Besserwisserei … Aber auch vor der Angst in mir. Die Angst, nicht mehr anerkannt zu werden und dann vielleicht lieber meinen rebellischen Mund zu halten.«

Der Herr hört. Ich halte meinen rebellischen Mund also nicht, aber diese offiziellen Synodenabende sind mir ein Grund vieler nächtlicher Umdrehungen und Kissen andersrum legen und aufs Klo gehen und nicht schlafen können. Aber nach jeder Nacht wird mir klarer: Evangelisation kann nie ein »Programm« sein, sondern immer nur eine Folge von unserer eigenen inneren Erneuerung, von der Evangelisation unseres eigenen Herzens – durch Gott selbst. Und wenn wir diesem göttlichen Programm ausweichen, dann werden Kirchen immer leerer werden und schließlich ganz aussterben.

Wie will Kirche evangelisieren, wo sie doch in aller Ruhe zulässt, dass das christliche Glaubensbekenntnis ausgehöhlt wird? Wie evangelisieren, wenn Pfarrer nicht an die Auferstehung glauben, so als ob es sich hier um eine Option handelte, die man auch ruhig weglassen könnte? Wie will Kirche Gottes Geistesfeuer in Menschen anfachen, wenn Vertreter wie Pfarrer und Kirchenvorstandsmitglieder die Bibel nicht mehr als Botschaft Gottes sehen, sondern nur noch als Zeugnis davon, wie und was Menschen geglaubt haben?

Ich weiß ja: Diese Botschaft Gottes ist von Menschen erlebt und aufgeschrieben und damit von Menschlichkeit so richtig durchdrungen! Macht ja nichts. Es geht aber darum, ob durch diese biblischen Texte Gott selber spricht – oder eben nicht. Wenn die biblische Botschaft nicht mehr *seine* Botschaft ist, dann verliert das Christentum seinen Inhalt und seine Relevanz. Wenn die Identität Gottes nicht mehr verlässlich in diesen Texten gesehen werden kann, wenn sogar gesagt wird, darum gehe es eigentlich nicht, sondern nur um die Mut gebende und hoffnungsvolle Botschaft inspirierter Menschen, dann sollte man sich nicht wundern, dass die Außenwelt sich abkehrt.

Ein Satz des (überarbeiteten) koptischen Morgengebetes ist mir so wichtig geworden: »Gib uns, diesen Tag und alle Tage unseres Lebens abzuschließen im Frieden deiner Gegenwart: indem wir deine Wirklichkeit erkennen, dir deinen Platz geben und so unseren eigenen Platz einnehmen.«

Nicht der Friede, wie ihn die Welt versteht und gibt. Nicht eine Abwesenheit von Konflikten. Nicht eine Art spirituelles Wellnessprogramm. Nicht ein Zen-Gefühl. Sondern der Friede, der darin besteht, die *Wirklichkeit* Gottes, seines Sohnes und seines Geistes zu erkennen und darin Ruhe zu finden.

Ich habe manchmal den Eindruck, als habe der Phantomgott es sich so richtig gemütlich gemacht in vielen Kirchen. Wir bitten ihn um seine Hilfe, aber wenn er nichts tut, ist es auch nicht schlimm, dann tun wir's eben selber. Wie lautet noch mal der Spruch, mit dem ich ordiniert wurde und mit dem ich so gar nichts anfangen kann? Beten, als ob alles vom Beten abhinge, und arbeiten, als ob alles vom Arbeiten abhinge. Aber warum dieses »als ob«?! Warum nicht beten in dem Wissen, dass alles von Gott abhängt – und dann, *in* diesem Wissen, unsere Hand an sein Werk legen lassen?!

Und dies betrifft auch die Theologie. Sie ist die einzige Wissenschaft, wo das Objekt auch das Subjekt ist, das ist ihre Eigenart und darin liegt ihre Einzigartigkeit: Gott selber redet als Erster von sich, »legt sich aus« durch Menschen hindurch. Aber unter dem Vorwand sogenannter »Wissenschaftlichkeit« wird Gott in der protestantischen Theologie, wie ich sie kenne, immer mehr zum Objekt reduziert und den menschlichen (hauptsächlich rationellen, aber auch emotionalen) Kriterien völlig untergeordnet.

So wird zum Beispiel argumentiert, Wunder und erfüllte Prophezeiungen gebe es nicht, *könne* es nicht geben, also wären sie von den ersten Christengemeinden erfunden und an »passenden« Stellen in die Texte eingefügt, um andere zum Glauben an ihren außerordentlichen Herrn zu bewegen. Woraus dann allerdings die Außerordentlichkeit ihres Herrn bestehen sollte, wenn sie ja diese Wunder oder Prophezeiungen erst einmal hätten erfinden müssen, bleibt in dieser Argumentation dunkel…

So geht man davon aus, viele in den Bibeltexten beschriebene Taten und Aussagen Jesu hätte es gar nicht gegeben, sondern wären ihm später zugeschrieben beziehungsweise »in den Mund gelegt« von den ersten christlichen Gemeinden, die diese Worte und Taten in ihrer jeweiligen schwierigen Situation brauchten.

Dass die »Nützlichkeit« der Worte und Taten nun aber gar nicht heißen muss, dass diese »also« erfunden wurden, sondern eher ganz einfach, dass sie deswegen in die Bibel hineinfanden – nicht unbedingt wörtlich und im selben Zusammenhang (und auch nicht unbedingt *nicht*!), aber nun eben doch als Trost, Versprechen und Handlung des Herrn selbst –, diese Möglichkeit wird dabei nicht in Betracht gezogen.

So ist die ganze moderne Theologie von derselben Krankheit befallen wie die Kirche, durchzogen von Methoden, die »wissenschaftlich« zum *Menschen* als eigentliche Quelle der guten Nachricht (oder zumindest große Teile von ihr) hinführen. Diese Methoden sind allerdings – und das ist nun aber gar nicht wissenschaftlich! – auf einer Hypothese gebaut, die dem Wesen der Theologie fremd ist: nämlich, dass Gottes Sein und Handeln unseren menschlichen Kriterien und Möglichkeiten untergeordnet werden müsse.

In Wirklichkeit handelt es sich um einen falschen Ausgangspunkt: eben den erwähnten Phantomgott, das Illusionsbild. Und dieses erzeugt Illusions-Denken, -Fühlen und -Handeln: Fischglaslogik – Fischglastheologie!

Wie soll aber dieser Phantomgott beziehungsweise Phantomjesus, der in solchem Gedankengut übrig bleibt, noch Menschen trösten, befreien und erneuern können? Die Theologie, die doch dazu berufen ist, Einsicht in das Sein und Tun

Gottes und so »Salz der Christenheit« und dann auch der Welt zu sein, ist eher zu einem faden Lutscher geworden. Nicht immer und überall natürlich! Ich habe gerne studiert, schöne Sachen gehört. Aber auch so oft das Gefühl gehabt, die Theologie stehe hinter einem falschen Vorzeichen. Ich befürchte, wenn sie nicht aufwacht, hat sie bald nichts mehr mit den Wurzeln des Protestantismus zu tun und wird sich dann auch in nichts mehr von der allgemeinen Religionswissenschaft unterscheiden.

Statt auf Gott zu hören und sich auf die spannende Dynamik seines Geistes sowohl in den Bibeltexten als auch im Alltag einzulassen, richtet sich damit die Aufmerksamkeit von Kirche und Theologie auf autonome, von Gott losgekoppelte »Dinge«. Man braucht ihn nicht mehr, um diese Dinge zu sagen. So fangen sie an, ein eigenständiges Leben zu führen: Werte und Aufgaben, Rufe, Vorbilder, Modelle, Mahnungen und Projekte, Nächstenliebe, Toleranz, – das alles füllt jetzt das »christliche« Leben aus, und dann auch das christliche Zeugnis. Der Mensch wird auf sich selbst zurückgeworfen, muss das alles selbst verwirklichen und wird so, in der Illusion einer neu gefundenen Freiheit, in Wirklichkeit in eine unheimliche Zwangsjacke gesteckt.

Aber Evangelisation betrifft nie Dinge, wie »christlich« sie auch sein mögen. Evangelisation ist nur: Gottes Persönlichkeit bezeugen, wie *er* in der menschlichen Geschichte gearbeitet hat, jetzt arbeitet und wie er diese Arbeit vollenden wird. Mit oder ohne unsere Hilfe. Aber sein sehnlichster Wunsch: *mit*!

Am Fenster der Hütte hängt ein anderer Satz des Morgengebetes: »Du willst, dass wir unsere Illusionen verlassen, unsere falschen Bilder und die Gedanken, Gefühle und Verhaltensweisen, die daraus hervorgehen, um *dich* zu suchen und zu finden; um dich mit unserem ganzen Herzen zu lieben, dir in völliger Freiheit zu dienen. Um so zu uns selbst zurückzufinden und uns zu lieben und zu unseren Nächsten zurückzufinden und sie zu lieben.«

Ist das nicht Gottes Evangelisationsprogramm? Viel mehr, viel anspruchsvoller und radikaler, aber letztendlich auch viel einfacher, klarer und leichter als unsere tollen und weniger tollen Ideen und Projekte?

In *la cabane* ist vieles gebrechlich, vieles läuft schief. Es gibt zu viel dieses, zu wenig jenes. Menschliche Schwächen trüben nur zu oft die Sicht auf Gottes Wirken und können sogar dieses Wirken selbst ernsthaft bremsen. Er wird bestimmt oft seufzen… Aber ich glaube, eines wird hier wirklich ernsthaft gesucht: Gottes eigene Persönlichkeit. Sein Bild in Jesus. Und dann auch, durch Jesus hindurch, in uns.

Es ist klein, was passiert. Unansehnlich. Unscheinbar. Aber ich glaube, es ist echt. Nicht nur im Sinne von »authentisch«. Echt im Sinne von dem, »was von oben kommt« (Kolosser 3). Nur »wie im Himmel, so auf Erden« entsteht Evangelisation. Im Versuch, bereit zu sein, sich von Gott selbst – echt! – umkrempeln zu lassen.

Das gibt's natürlich anderswo auch! In Gemeinden, in der Kinder-, Konfirmanden-, Jugend- und Seniorenarbeit – überall kann Gottes Sein aufleuchten, sodass Menschen ihn neu, oder wieder neu, entdecken.

Aber warum kommt diese Botschaft »offiziell« so wenig zum Ausdruck? Ist es nicht deshalb, weil die Kirche nun doch um sich selbst herum dreht und ihr eigenes Bild präsentiert, statt des Bildes ihres lebendigen Gottes?

Diese Frage ist mir so unendlich wichtig, weil ich selber mit großer Regelmäßigkeit in dieselbe Falle hineinpurzele. Der andere nervt uns oft da, wo er uns an unsere eigene Schwäche erinnert. Meine Kirche nervt mich oft, weil sie mir einen Spiegel vorhält. Ich versuche ja selbst auch immer wieder, Gott nach meinem Bilde zu formen, ihn meinen Kriterien anzupassen. Aber dann schrecke ich wieder auf, wahrscheinlich, weil *er* mich aufschreckt. Ich versuche, den Nebel der Illusion vor den Augen wegzuwischen; ich bitte Gott, wie er es in Offenbarung 3,18 selber vorschlägt, mir Salbe gegen meine chronische

Blindheit zu verschreiben. Mit anderen Worten: Ich selber muss jeden Tag neu erfahren, was es heißt, anzuhalten und zum letzten Punkt zurückzugehen, wo wir noch richtig zusammen waren, um dann gemeinsam in die neue Richtung weiterzulaufen. Vom guten, von Gott gegebenen Platz aus. Aber dann gilt es wirklich:

»Auf die Plätze – fertig – los mit dir, in die Welt hinaus!«

»Nein, Herr, nein, ich bin noch nicht fertig! Mein Glaubensniveau ist gerade etwas über null, ich kann dir noch nicht folgen und erst recht nicht evangelisieren. Herr, ich muss zuerst... du musst zuerst...«

Aber Gott lächelt. »Nein, dann wird's nie was. Weißt du was? Wir machen's so: Noch nicht fertig? – Trotzdem los!«

KAPITEL 58

LA CABANE UND IHRE SPRACHE

Wie gesagt, eine der schönen Sachen im Flon ist die Hüttentür, durch die so verschiedene und vielfarbige Menschen eintreten. Eine andere wunderbare Sache ist die Sprache. Wie es schon bei Christian der Fall war, entdecke ich, wie erfrischend und intensiv Glaubensaussagen und Gebete werden können, wenn sie mal nicht durch die gängigen Kanäle und Muster und Redensarten hindurchgezwängt werden, sondern spontan und neu entstehen. Unbeeinflusst. In der Sprache, nein, eben nicht Kanaans, sondern Flons.

Es gibt ein paar liebe Beispiele. Wenn Popeye sagt: »Wow – hier wird Gott echt«, dann wird mein Herz ganz froh. Genauso, wenn er seinen Freunden sagt: »Hier darfst du du selbst sein.« Wenn mir jemand sagt: »Ich muss für Gott Punkte sammeln«, leuchtet auf mal der Begriff »Gnade« neu auf.

Das Abendmahl ist typisch so ein Moment, in dem die gewohnten Sätze plötzlich jäh unterbrochen und dann neu verstanden und manchmal auch neu formuliert werden. »Le corps du Christ. Pour toi. Der Leib Christi für dich.« – »Was? Für mich? Oh *danke*!«

Der Becher geht rum. Ein Mann sitzt etwas unentschlossen mit dem Traubensaft in der Hand. Sein Kumpel stößt ihn an: »Nun mach schon. Ist für dich. Ja, ich versteh's auch nicht. Man kann nicht sagen, dass du's verdient hast, hä?!« Eine Sekunde Stille. Dann: »Na ja, ich auch nicht…«

Eine Frau, deren Muttersprache nicht Französisch ist, hat gut zugehört, was man sagt, aber in der Hütte ist es nie so richtig still, vor allem, wenn der LEB-Zug mit quietschenden Bremsen einfährt. Während sie mir das Brot reicht, flüstert sie: »Un peu de Christ, ein bisschen Christus.«

Aber es sind nicht nur bestimmte Sätze oder Worte, ganze Gebete werden in einer anderen Sprache zu Gott hochgesandt. Auch der Rahmen ist nicht immer gleich erkennbar: Form, Haltung, Stimmung und Hintergrund sind sehr variabel.

Eines Abends kommt ein hastiger Mann in die Hütte hinein: »Darf ich hier kurz mein Handy aufladen? Ich muss jetzt los, aber ich hol's in fünf Minuten ab, wenn's Ihnen recht ist?«

Na klar. Kann er machen. Inzwischen kurvt eine jugendliche Bande um die Hütte herum. Der Anführer ist betrunken. »Ich bin Christ und eine Art Pastor«, teilt er mir nach einer Weile mit. »Ich rede mit Leuten und überzeuge sie und dann beten wir und dann, wow, das müssten Sie mal sehen!«

Ich nicke ernsthaft. Der Mann mit seinem aufgeladenen Handy kommt aus der Hütte heraus, lächelt mir dankbar zu und will schon zu seiner Metro sprinten, da stellt sich der »Pastor« vor ihn und bietet ihm Gebet an: umsonst und garantiert mit Wirkung.

Der Mann weicht aus: »Nein danke, nett von Ih…«

Aber zwei muskulöse Kumpel des Pastors schneiden ihm den Weg ab: »Du bleibst hier; so 'ne Gelegenheit bekommst du nie wieder, Mensch! Los, beten!«

Der Mann schaut verstört um sich, sieht keine Lücke, durch die er hindurchschlüpfen könnte. Die beiden Wächter stehen drohend an beiden Seiten, die restliche Gruppe stellt sich in einen Kreis um die beiden herum.

»Er betet gut«, versichert ihm einer der Kameraden, während er dem Mann eine haarige Hand auf die Schulter legt.

»Gib mir deine Hand«, befiehlt der Pastor. Der Mann gehorcht. Der Pastor legt seine Hand auf die des anderen. »Jetzt die zweite!« Und dann an mich gewandt: »Jetzt Ihre!«

Ich lege meine Hand auf die des Mannes, die leicht zittert. Meine auch, aber das ist eher wegen des schon erwähnten »schlaffen Lachens«, das ich mutig zu unterdrücken versuche.

Aber Gott arbeitet mit dem Material, das er vorfindet. Der Anführer wendet sich durch den Alkoholnebel an Gott, an das ganze Universum und was darin wimmelt. Aber plötzlich stoppt er, sieht den Mann an und sagt dann ruhig: »Danke, dass du auf dieser Welt bist.« Es klingt echt. Mitten in dieser seltsamen und so gar nicht »korrekten« Situation klingt es plötzlich wie ein Stückchen reines Evangelium. Die Hände gehen wieder auseinander. Die zwei Kumpel strahlen, die Gruppe strahlt.

Ich sehe den Mann an. »Das war... schön«, sage ich verwundert.

»Ja«, sagt er nachdenklich. »Ja. Es *war* schön.«

Manchmal ist dann doch die Sprache Kanaans in *la cabane* zu hören, aber der Geist weht ja auch fröhlich durch diese hindurch.

Eines Tages kommt eine Frau zur Hütte und trifft drei »meiner« Jungs, Muslime, die draußen eine rauchen. Einer von ihnen hat auf mein herzliches »Frohe Weihnachten!« ziemlich heftig reagiert: »Ich bin Muslim! Das weißt du doch und das musst du respektieren!«

»Oh, Entschuldigung...«

Nun sitzt die Frau auf einer Bank in der Hütte, die drei auf einer Bank ihr gegenüber. Sie hören wortlos und fasziniert zu, wie sie ihnen im Flüsterton, aber manchmal kräftig ausholend, von Jesus erzählt, von seinem Blut, das er am Kreuz für sie vergossen hat, von der geöffneten Tür, durch die sie jetzt zu Gott freien Zugang haben. Ich halte meinen Atem an. Wie werden sie reagieren?

Sie reagieren gar nicht, das heißt nicht mit Worten. Sie sitzen da, hören zu. Die Frau fragt, ob sie für sie beten dürfe; dies wird nicht abgelehnt. Nach dem Gebet geht sie wieder weg.

Die Jungs gucken mich an. »Das war eine seltsame Frau«, sagt einer von ihnen.

»Ja, vielleicht etwas. Aber was sie sagte, fand ich ziemlich richtig«, antworte ich.

Stille.

Dann sagt der, der keine frohen Weihnachten wollte: »Das war nicht ziemlich richtig. Das war die Wahrheit.«

Sie ziehen ab und lassen mich einmal mehr perplex zurück: »Herr, toll, aber … ich verstehe gar nix mehr!«

Meine eigenen Gebete werden auch vom Flon beeinflusst; von der Direktheit der Fragen, aber mehr noch, wie soll ich sagen, vom Gewicht und der Spannung des Augenblicks, oder besser, vom gigantischen Einsatz, der in so einem Augenblick geballt nach vorne tritt und den ich schon beim Gefängnisgottesdienst erwähnte: Ist es wahr oder nicht? Ist dieser liebende Gott Wirklichkeit oder nicht? *Tut* er jetzt, heute, im Flon, im Leben dieses Menschen vor mir, etwas oder nicht? Es ist, als ob diese Frage immer dringender und das Risiko, das ich eingehe, immer größer würde. Als ob ich bei EEC mit diesem Gott alles aufs Spiel setzen würde.

Eines Abends in der Hütte räumen Christian und ich gerade auf, da es schon nach Mitternacht ist und sich draußen wenig rührt. Aber – und das kommt im Flon oft vor – auf einmal ist der ganze Bahnsteig voller Jugendlicher. Wie ein Haufen Sperlinge, die im Sturzflug ein Stück Brot anpeilen, schwärmen sie alle zusammen in die Metrostation. Ich kenne sie nicht. Sie nehmen sich einen Tee, die Jungs schreien etwas wie »dusselige Christen«, es wird viel angerempelt und gelacht und getrunken. Nicht nur Tee. Ich gehe kurz raus, begrüße sie und versuche zu erklären, was EEC ist, aber sie wollen es nicht wissen. Ich ziehe mich wieder in die Hütte zurück. Dann geht die Tür auf, zwei der Mädchen kommen herein. »Wir haben gehört, Sie sind Christen?«

Wir nicken.

»Sie beten also? Für Leute?«

Wiederum nicken wir.

Inzwischen kommen laute Rufe von draußen: »Was macht ihr bloß da? Was wollt ihr denn? Was soll das?«

Die Mädchen kichern, machen die Tür auf und sagen: »Hier beten die. Lasst uns in Ruhe.« Geschrei und Gelächter. Die Tür geht wieder zu. »Und wofür beten Sie?« Bevor ich antworten kann, geht's schon weiter: »Wir brauchen beide einen Ausbildungsplatz. Beten Sie auch für so was?« Wieder Gekicher.

Ich bin mir nicht ganz sicher, wie ich reagieren soll. Ist es ihnen Ernst oder nicht? Dann sage ich genau, was ich denke: »Ja, für so was beten wir auch. Allerdings ist Gott kein Weihnachtsmann, und er ist auch kein Automat, in den man ein Gebet hineinwirft und aus dem dann das Gewünschte herauskommt. Aber – ja, er hört. Und tut was mit unserem Gebet.«

Gekicher.

Draußen klingt's: »Hä, jetzt reicht's aber! Kommt raus, das ist doch sowieso alles Blödsinn!«

Eines der Mädchen sagt: »Ich möchte gerne, dass Sie für mich beten. Ich suche schon seit einem Jahr eine Lehrstelle und krieg immer nur Absagen.«

»Ich auch«, sagt die andere.

»Okay«, sage ich, »Christian und ich, wir beten gerne für Sie, aber Sie müssen es schon ernst meinen. Ich habe keine Lust, hier eine Art Puppentheater aufzuführen. Und mit Gott spielt man nicht.«

Sie nicken. »Das kommt, weil wir so nervös sind.«

Und so beten wir – auf dem Hintergrund von nervösem Gekicher, lauten Ermutigungen von draußen, zerbrechenden Bierflaschen und zusammengestampft werdenden Plastikbechern. Ich fühle mich ein bisschen lächerlich und sehr schwach, so als ob die knallharte Wirklichkeit vom Flon die Wirklichkeit Gottes irgendwie ausklammern würde. Alles scheint ein bisschen auf dem Kopf zu stehen: Die Unwirklichkeit Gottes, die Illusion, scheint Wahrheit zu sein.

Aber, so denke ich mir, das ist ja eben die Spezialität der Illusion: sich für die Wirklichkeit auszugeben, um dann zu versuchen, uns an sie glauben zu lassen.

Es ist nicht einfach, besonders nachher: Laut lachend stürzen die beiden wieder hinaus und rufen der restlichen Bande zu: »Stellt euch vor, die haben mit uns gebetet. Für eine *Lehrstelle!*«

»Ich sagte dir doch, das ist nur Stuss!«, hören wir noch. Dann fliegt der Sperlingschwarm wieder davon, ebenso plötzlich, wie er gekommen ist.

Ich sehe Christian an. »Na, das war auch nicht gerade eine ideale Gebetssituation.« Vielleicht nicht.

Eine Woche später geht die Tür auf und eines der Mädchen kommt herein. »Ich bin's, wissen Sie noch? Die mit der Lehrstelle. Sie haben mit mir dafür gebetet.« Sie setzt sich. »Ja, und nun bin ich gekommen, um Danke zu sagen. Hab ein Jahr lang gesucht. Vergebens. Und jetzt – ein paar Tage nach Ihrem Gebet geht das Telefon und habe ich eine Lehrstelle! Und was für eine! In einer Apotheke, wie ich's mir immer gewünscht habe. Verstehe ich nicht, aber ist doch toll, oder? Jetzt danke ich Gott jeden Morgen, dass er mir so geholfen hat.«

Die Wirklichkeit Gottes mag uns, mag mir manchmal wie eine Illusion erscheinen. Aber es ist umgekehrt. Unsere beschränkte Wirklichkeit ist die Illusion. Und Gottes lebendige Persönlichkeit und sein Handeln, das daraus hervorgeht, ist die wahre Wirklichkeit.

Der Heilige Geist hat so seine eigene Sprache. Er redet, wie er will. Sogar durch Betrunkene hindurch. Er weht, wohin er will. Sogar mit Sperlingschwärmen. Und flüstert ihnen zu, kein Sperling falle tiefer als in die Hand seines Schöpfers.

NACHWORT

La cabane steht immer noch da. Ihre Gäste kommen, ihre Hüter wachen, ihre Sprache überrascht weiterhin, der Geist weht, wo und wohin er will.

Das Tipi reist immer noch freudig hin und her, mit Speedy, Eselwagen, Hund und mir – wenn auch nicht mehr an jedem Sommerwochenende, denn *la cabane* ist zu wichtig, um sie plötzlich sechs Monate leer stehen zu lassen. Also wechseln wir ab: ein Wochenende Tipi, eins vorher und eins nachher *la cabane*.

Der Direktor ist immer noch zu beschäftigt, um sich daran zu erinnern, dass wir uns eigentlich treffen wollten, um zu überlegen, wie lange und unter welchen Umständen die Hütte bleiben darf, wo sie ist. Also lassen wir das ruhig so.

Der CS hat auf die Spenden von 2012 verzichtet unter der Bedingung, dass die von 2013 der Kirche zukommen als Kompensation für mein ungeplantes Gehalt. Man hat dann doch versucht, *la cabane* in die kirchlichen Strukturen einzuordnen; das hat inzwischen geklappt, und das heißt: Es gibt nun doch wieder ein Gehalt! Allerdings nur für die »Hütten-Arbeit«. Nicht für das Tipi. So werde ich für mein Nomadendasein ab 1. Januar 2014 freiwillig arbeitende Pfarrerin sein; vom Spendengeld wollen wir Material, Reparaturen, Versicherungen, Kilometergeld für die Mitarbeiter und Sonstiges bezahlen.

EEC ist immer noch schwach und stark zugleich, in dieser seltsamen Mischung, die meiner Meinung nach »made in heaven« ist. Wie's weitergeht, weiß ich nicht. Gott aber. Das sage ich jeden Morgen laut, wenn ich den Tipi- beziehungsweise *Cabane*-Text bete:

»Herr, wir danken dir in jedem Augenblick, unter allen Umständen und für alle Dinge – in dem Sinne, dass all diese Augenblicke, all diese Umstände und all diese Dinge in deinen Händen sind: Du kommst in sie hinein, du wohnst in ihnen, du erleuchtest sie, du bearbeitest sie und du verwandelst sie, damit sie uns zum Guten wirken.«

Dieses »*alles* in deinen Händen« ist mir unendlich wichtig geworden. Der Sperling, der ich selber bin, braucht das zum Leben. Dann, und nur dann kann der Satz nämlich wahr werden: »Noch nicht fertig? Trotzdem los!«

So möchte ich abschließen mit einem Lied, das ich geschrieben habe und das die Freude über dieses Versprechen zum Ausdruck bringen möchte:

Über die Hügel, die Seen, die Wälder,
über die blumenberieselten Felder,
über die Berge im Königsgewand...
Über uns alle hält Gott seine Vaterhand,
über uns alle hält Gott seine Hand.

Über des Himmels unzählige Sterne,
über die Wolken, die eilen von Ferne,
über den Nebel, sich senkend aufs Land...
Über uns alle hält Gott seine Vaterhand,
über uns alle hält Gott seine Hand.

Über die Menschen, die starken, die schwachen,
über ihr Leben, ihr Leiden und Lachen,
über die Kinder, die spielen im Sand...
Über uns alle hält Gott seine Vaterhand,
über uns alle hält Gott seine Hand.

Herr, du bist groß, in unendlicher Weite,
und doch so nahe, hier an meiner Seite,
gabst deinen Sohn uns als Hilfe und Pfand...

reichst uns in ihm deine eigene Vaterhand,
reichst uns in ihm deine eigene Hand.

Unsere Welt, so voll Willkür und Fragen,
unsere Ängste und Zweifel und Klagen,
und auch der Mensch, der als Freund dich nicht fand,
können nicht tiefer fallen als in deine Vaterhand,
können nicht tiefer fallen als in deine Hand.

Herr, wenn der Tag kommt, dass alle dich sehen,
alle erkennen und schuldig dastehen,
sei uns dann gnädig, nimm uns bei der Hand...
und führ uns alle zu dir in dein Vaterland,
und führ uns alle – ja, alle, ja, alle! – zu dir in dein Land.